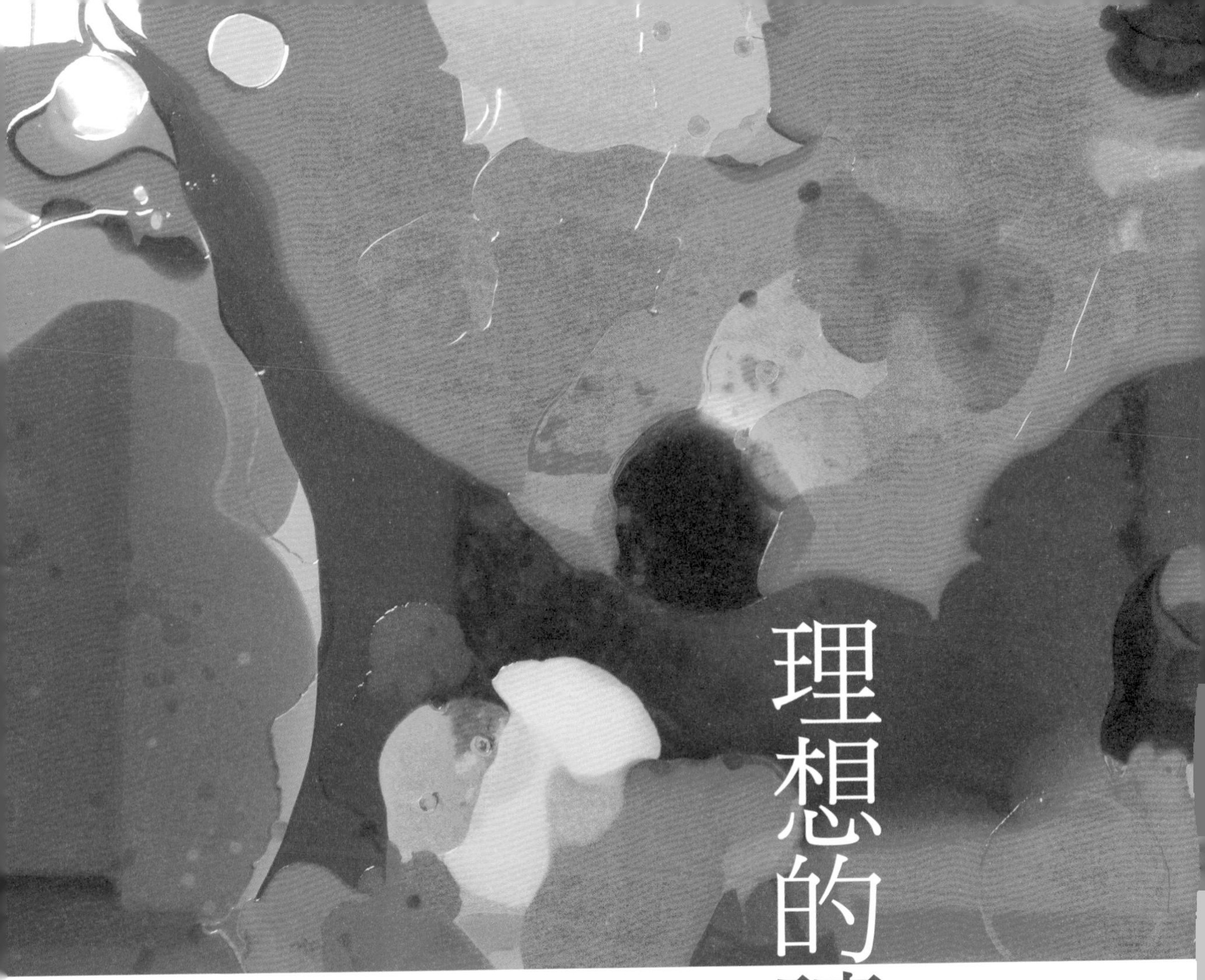

理想的讀本

國文6

目錄

序言

《理想的讀本》是我們依循對語文教育的期待與理想，從先秦至清末積累數千年的經典文學、五四以降蔚為盛境的現當代文學以及最能代表西方文明精萃之翻譯作品中，精選、編輯而成的國文讀本。由懷抱經典傳承使命的「一爐香」文化事業策畫、製作，長年推動「恢弘漢字」、「創新漢藝」的財團法人漢光教育基金會贊助並共同推出；多位充滿文學教育熱情與使命感的大學國文系教授、學者、專家共同執筆書寫。

《理想的讀本》系列的選文判準，以歷年來高中六個學期的國文教學內容為基礎，加以擴大、延伸、改良，希望更能符合強化語文教育的目的與當代年輕學子的需求。我們計劃編輯製作八冊國文讀本，原則上選讀十五篇課文，其中包括固定比例的文言文作品與古典詩詞，近當代創作或翻譯的白話文作品或現代詩歌。

本書主要的導讀元素包括選文的原因、作者與出處、選文與注釋；課文賞析「可以這樣讀」則是文學知識與思想精髓所在，教授們以深湛的文學素養，現身說法，將經典作品條分縷晰、深入淺出，詮釋文字之用、文學之美、文化之豐；「再做點補充」則以語文萬花筒型態開展，經營相關的資訊與討論。教材安排由簡入繁、由淺入深、希望成為學生、老師、家長、及不同年齡層跨代閱讀國學經典與當代文學的「理想讀本」。

在科技突飛猛進、世局快速變遷、價值板塊飄移的時代，我們既希望我們的下一代與時俱進、經得起考驗，也希望他們能堅持信念、屹立不搖、紮根於多元豐美的人文土壤，悠遊於開闊自在的現實生活。國文教育是提供給他們成長的人文環境中最核心、最根本的一環，我們至為關心，故不揣淺陋，邁出拋磚引玉的一步，希望志同道合的各方人士不吝指正、共襄盛舉，一步一步把這條深化與活化語文教育、傳承與開創中華文化的道路延伸下去。

財團法人漢光教育基金會　董事長

宋具芳

使用說明

1．本國文讀本計劃編製八冊，每冊以十五篇選文為原則，內含適切比例的古典、現代與翻譯作品。每一冊共選讀文言文及古典詩詞九篇、白話文及現代詩五篇、中華文化基本教材或「共讀一本書」一篇。

2．每一篇的內容包括：「為何選這篇」、「作者與出處」、「選文與注釋」、「可以這樣讀」、「再做點補充」等五個元素。其中，「為何選這篇」表達這篇文章的定位與意義，或我們選讀這篇作品的目的。「可以這樣讀」以選文導覽為主，也會伺機增添一些申論，讓讀者了解其中深意。用這樣的標題，則是為柔化我們的解讀主張，鼓勵大家主動思考。「再做點補充」則包括了一般的相關資訊、文學常識與建議的「延伸閱讀」。

3．編排上我們配置悅目的圖片，為了美觀，為了調劑閱讀的節奏感，更多時候是提供訊息豐富的圖片或影像，以幫助對選文內容的投入、對選文背景的理解。

編輯撰述委員（依姓氏筆畫排序）

王安祈

臺灣大學名譽教授、國光劇團藝術總監。曾任臺灣大學戲劇系講座教授、清華大學中文系特聘教授、清華大學中文系主任。臺灣大學文學博士。研究專長為古典戲曲、當代戲曲。學術研究曾獲科技部傑出獎、胡適學術講座；創作曾獲傳藝金曲特別貢獻獎、金曲獎最佳作詞獎、國家文藝獎（戲劇類）、十大傑出女青年、教育部文藝獎、金鼎獎等殊榮。著有《性別、政治與京劇表演文化》、《海內外中國戲劇史家自選集——王安祈卷》、《戲曲物質載體研究》、《崑劇論集》等數十本學術專書及百餘篇學術論文；《十八羅漢圖——劇本及創作全紀錄》、《水袖．畫魂．胭脂：劇本集》等數本劇本集以及《王有道休妻》、《三個人兒兩盞燈》、《金鎖記》等數十部新編京崑作品。

向鴻全

中原大學通識教育中心副教授。研究領域為中國思想史、現當代文學、通識教育。擅長散文創作，對科幻文學涉獵亦深。曾主編《臺灣科幻小說選》，著有《借來的時光》、《何處是兒時的家》等散文集。並曾獲聯合報文學獎散文獎、宗教文學獎散文獎、倪匡科幻獎評論獎、梁實秋文學獎散文獎、教育部文藝創作獎散文獎、臺北文學獎市民書寫獎等獎項。

江江明

南華大學文學系助理教授。研究領域為現當代文學，近年致力文學與VR虛擬實境結合運用之研究，著有博士論文《論當代台港故事新編體華文小說 1949-2006》。曾發表現當代文學研究〈五〇年代台灣女性小說史觀點之詮釋策略〉、〈古典新詮，海上群芳：論海上花電影改編之女性角色重構〉等多篇學術論文，曾獲教育部文藝創作獎、桃園縣文藝創作獎等。

何淑貞

暨南國際大學華語文教學碩士班兼任教授。曾任國立高雄師範大學國文系所教授兼系主任。研究領域：中國思想史、文化史、文學史、古典文學、漢語語法、華語文教學。專書有：《柳宗元及其詩研究》、《嘯傲東軒》、《展現生命芬芳的神話傳說——列子的智慧》、《新編抱朴子・內篇校注》、《新編抱朴子・外篇校注》、《華人社會與文化》、《華語教學語法》、《華語文教學導論》，單篇論文及創作刊登在各討論會論文集及報章雜誌。

李玲珠

高雄醫學大學通識教育中心副教授。研究領域為魏晉玄學、通識教育，著有《魏晉新文化運動—自然思潮》、《懂了，紅樓夢》等書。長期關注經典教育，發表〈經典教育通識化的理念與實務〉、〈經典通識化舉隅：表達能力的人文回歸與底蘊探究〉等論文。曾獲高雄醫學大學傑出教師、傑出教學評量、通識特色教師、優良教材成果等獎項。

林安梧

臺灣師範大學國文學系榮休教授、東華大學榮譽講座教授、元亨書院創辦人。曾任清華大學通識教育中心主任、慈濟大學人文社會學院院長。主要著作有：《中國近現代思想史論》、《論語聖經譯解：慧命與心法》，《老子道德經新譯及心靈藥方》、《存有、意識與實踐》、《當儒家走進現代民主社會：林安梧論「公民儒學」》、《儒道佛三家思想與廿一世紀的人類文明》等專書廿餘部，論文三百多篇。

林玫儀

中央研究院中國文哲研究所研究員退休，現為兼任研究員。曾任淡江大學中文系所教授、臺灣大學中文系所及中央大學中文研究所兼任教授、山東大學流動崗位特聘教授。研究領域為詩詞曲學、敦煌學及古典文學批評。多年來致力於詞學文獻之蒐集與整理，並建置《歷代詞作結構及檢索資料庫》。曾獲中山文藝創作獎（文學理論獎）、中興文藝獎章文學理論獎及國科會優等研究獎。著有《敦煌曲研究》、《敦煌曲子詞斠證初編》、《晚清詞論研究》、《詞學考詮》、《詞學新詮》、《南山佳氣——陶淵明詩文選》、《少年讀唐詩》（合撰）、《新譯元曲三百首》（合撰），編有《詞學論著總目》、《清詞別集知見目錄彙編——見存書目》（合編），並編校《北山樓詞話》（施蟄存全集第七卷）、《稼軒詞校注附詩文年譜》（鄭騫先生手稿）、《近代詞人手札墨跡》、《樹新義室所藏忍寒廬詞人書札》、《臺靜農先生輯存遺稿》、《臺靜農先生珍藏書札（一）》（合編）等。

林淑貞

中興大學中國文學系教授。曾任中國唐代學會理事長、中興大學中文系主任、日本山口大學客座教授。研究以文學、美學為進路，著有《詩話的別響與新調：晚清林昌彝詩論抉微》、《詩話論風格》、《中國詠物詩「託物言志」析論》、《寓莊於諧——明清笑話型寓言論詮》、《表意．示意．釋義：中國寓言詩析論》、《尚實與務虛：六朝志怪書寫範式與意蘊》、《笑看人間：中國式的幽默》、《對蹠與融攝：唐人生命情調與審美風尚》、《圖像敘事與多元文本》、《詩話美典的傳釋》等，散文著有《等你，在燈火闌珊處》、《寂寞如歌》等書。

張高評

成功大學名譽教授。曾任成大中文系教授兼主任、特聘教授兼文學院長。香港中文大學訪問教授、香港樹仁大學教授兼主任、浙江越秀外國語學院一級教授。專著分四類：一，左傳導讀、左傳之文學價值、左傳屬辭與文章義法、比事屬辭與古文義法、屬辭比事與春秋詮釋學、左傳英華等十三種。二，唐詩三百首鑑賞、宋詩之新變與代雄、會通化成與宋代詩學、自成一家與宋詩宗風、印刷傳媒與宋詩特色、創意造語與宋詩特色、王昭君形象之轉化與創新、唐宋題畫詩及其流韻、宋詩特色之發想與建構等十一種。三，苕溪漁隱叢話與宋代詩學典範、詩人玉屑與宋代詩學、清代詩話與宋詩宋調等詩話學等三種。四，論文選題與研究創新、研究綜述與論文選題、論文寫作演繹等三種。

曾昭旭

淡江大學中文系榮譽教授。曾任高雄師範學院國文研究所所長、中央大學中文系主任。專長領域為中國義理學、生命哲學、愛情學。著有《論語的人格世界》、《經典·孔子·論語》、《讓孔子教我們愛》、《老子的生命智慧》、《在無何有之鄉遇見莊子》、《中國義理學之思維與實踐》、《儒學三書》、《我的美感體驗》、《從電影看人生》、《不要相信愛情》、《永遠的浪漫愛》、《把丟掉的心找回來》、《因為愛所以我存在》、《讓沈睡的愛情甦醒》等四十餘部。

黃儀冠

彰化師範大學國文系副教授。曾擔任教育部閱讀與書寫計畫主持人。研究專長為女性文學、現代文學、文學理論、電影文學。著有《臺灣女性書寫與電影敘事之互文研究》、《從文字書寫到影像傳播：台灣「文學電影」之跨媒介改編》、《晚明至盛清女性題畫詩研究：以閱讀社群及其自我呈現為主》等專書。

楊宗翰

台北教育大學語文與創作學系副教授，曾為淡江大學中文系專任副教授、國立清華大學華文所兼任副教授。著有專書《破格：臺灣現代詩評論集》、《逆音：現代詩人作品析論》、《異語：現代詩與文學史論》、《台灣新詩評論：歷史與轉型》、《台灣現代詩史：批判的閱讀》、《台灣文學的當代視野》，主編《大編時代：文學、出版與編輯論》等六部，合編《台灣一九七〇世代詩人詩選集》等八部。

解昆樺

中興大學中國文學系副教授兼人社中心研究發展組長。學院詩人、文藝影音創作者。著有《繆斯與酒神的饗宴：戰後台灣現代詩劇文本的複合與延異》獲科技部人社中心研究出版獎助，以及詩集《寵你的靈魂》，長篇小說《螯角頭》。詩、小說、散文曾獲教育部文藝創作獎、林榮三文學獎、全球華文星雲獎、台北文學獎等。經營數位影音頻道YT 解昆樺、Podcast 聽見你的好。

蕭麗華

佛光大學中國文學與應用學系教授兼人文學院院長、國語日報《古今文選》主編。曾任元智大學通識教育中心副教授、心理輔導中心主任，後任臺大中文系教授、台灣大學佛學研究中心主任、臺大中文系副主任、佛光大學中國文學與應用學系教授兼主任。學術專長為中國詩學、佛教文學、文學理論、教育，近年主要研究領域為詩歌與禪學。著有《古今詩史第一人——杜甫》、《道心禪悅一詩佛——王維》、《唐代詩歌與禪學》、《「文字禪」詩學發展的軌跡》、《從王維到蘇軾——詩歌與禪學交會的黃金時代》、《東亞漢詩與佛教文化之傳播》等專著與學術論文五十餘篇。

羅智成

詩人、作家、文化評論者。曾任中時報系副刊主任、副總編輯，美商康泰納仕雜誌公司編輯總監、樺舍文化事業總經理、TOGO 旅遊情報雜誌發行人、FM91.7 廣播電台共同創辦人兼台長及出版社、電視製作公司負責人等，2005 年後擔任過相關公職，並於文化、東吳、元智、東華、師大等大學兼任教職三十餘年。出版有詩集《光之書》、《擲地無聲書》、《夢中書房》、《黑色鑲金》、《透明鳥》、《諸子之書》、《地球之島》、《迷宮書店》、《問津》、《荒涼糖果店》，散文《M 湖書簡》、《亞熱帶習作》，遊記《南方以南沙中之沙》、《遠在咫尺》、評論《文明初啟》、《知識也是一種美感經驗》等二十餘種。

1 道德經節選

先秦諸子裡頭，老子可能是最神秘的一位。
但是他的學說以及繁衍而成的道家思想，
對後世的啟發與影響卻超越當時許多顯學，
而與儒家思想相互辯證、分庭抗禮。
可以說，道家與儒家就是兩千多年來中國人心靈的一體兩面。
代表老子思想的《道德經》文字簡約高遠，
充滿玄機與洞見，弔詭而挑戰常識的論點，
深蘊著迷人的智慧與處世的哲理。
第六冊的開頭，讓我們來一窺這玄之又玄的經典。

壹・作者與出處

老子（西元前五七一～四七一），姓李，名耳，字聃，楚苦縣厲鄉曲仁里人，是周朝守藏室之史，就是今日國家圖書館館長之職，他也是中國道家的代表人物之一，生存時代眾說紛紜，約處於周代衰敝之際。

有關老子記載以《史記・老莊申韓列傳》為最早。根據《史記》記載，孔子曾經問禮於老子，孔子見了老子之後，以「龍」來形容老子，乘風雲上天，不知其所向。老子曾修道德，「以自隱無名為務」，

見周朝衰敗，乃西去。到了關口，關令尹喜知道他將隱居，請他著書留給世人，老子乃著書上下篇，共五千餘字，內容以「道德之意」留給尹喜。因為《史記》稱他西去「莫知所終」，這給了後世很大的想像空間。學者們指稱他出函谷關是到了秦國，後來死於扶風，葬於槐里。後來有關老子化胡成佛的傳說，大抵是穿鑿附會之說。司馬遷雖然為我們記載老子事蹟，但是關於老子究竟有多少歲？是否是老萊子或是太史儋皆不可確定，僅留給我們「李耳無為自化，清靜自正」的人格風範。

《老子》一書又稱為《道德經》，分上下二篇，是春秋時期重要的道家思想典籍。為何稱為「道德經」呢？因為上篇第一句「道可道，非常道」、下篇第一句「上德不德」，是以取上下篇的「道」、「德」稱為「道德經」。全書八十一章、五千二百多字，通稱五千言。「道經」在上，有三十七章；「德經」在下，有四十四章。後來出土的「帛書老子」，次序反過來，上卷為「德經」，下卷為「道經」。如果我們從內容及義理來講，應該將「道經」置上，「德經」置下才合理，現在通行本即依此。復次，八十一章分法，從劉向《七略》、河上公《老子河上公章句》大體論定，雖稍有異同，然定此格局，是有道理的。目前以王弼《老子道德經注》及河上公《老子 河上公章句》流傳最廣，前者是哲學的老子，後者是道教的老子。

《老子》也是道教最尊奉的經典，唐太宗貞觀廿一年下令將它翻譯成梵文，是該書最早翻譯之始；唐玄宗奉道教為國教，開元二十二年親自為其作注，並將這部書尊稱為《道德真經》，其被帝王重視，不言而喻。日本遣唐使亦將《老子》及天尊接引到日本，從此開展日本道家與道教興發。

十六世紀之後，《老子》一書隨著法國、義大利、比利時等國傳教士傳到歐洲。目前，《老子》是中國經典被世界各國翻譯最多的書籍。

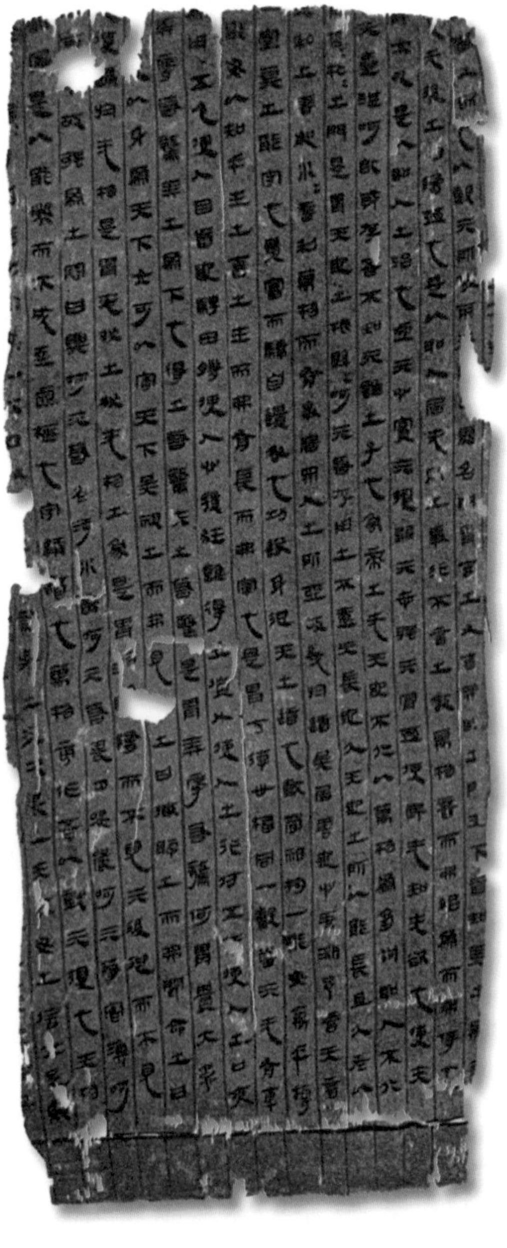

《老子》帛書，1973 年馬王堆出土，現存於湖南省博物館。

貳．選文與注釋

〈天長地久〉

天長地久[1]，天地所以長且久者[2]，以其不自生，故能長生[3]。是以聖人後其身而身先[4]，外其身而身存。非以其無私耶！故能成其私。[5]（第七章）

「**外其身而身存**」接著「**後其身而身先**」，這是排句重言，意義接近，有強化語意的作用。「外其身而身存」說的是「領導者把自己放在外頭，好讓人民能在裡頭生存！」這說的是領導者，要把自己放下，放後、放外，要把人民提上、推前、置內；要以民意為依歸，要放在天地之間，傾聽民意，不可以自己為中心。

「**非以其無私耶！故能成其私**。」一句，前面的「無私」的「私」說的是偏私、自私。後面的「成其私」的「私」說的是自己、個我，是每一個個體的我。管理者能沒有私心，所以能夠讓每一個人都成就它自己。

1 天長地久：天在上、地在下，人腳立在地、頭頂著天，能通天接地，在時空交錯下，人參贊於其中，方顯示了天長地久；有了天地，才使得人有可能天長地久。長，指空間的寬闊廣大。久，指時間的悠遠綿延。

2 天地所以長且久者：天地何以能夠廣袤且悠久呢？「所以」，即「何以」、「以何」，指「憑藉著什麼」之意。

3 以其不自生，故能長生：指因為祂不偏私地生長，因此能長久地生長！這闡明了道在天地，是不偏私、天長地久、自然順成。以：因為。不自生：不偏私於自己生存、生長。自：於此處有偏私、自私之義。

4 聖人後其身而身先：聖人對天地了然於心，是人間人倫與社群的領導者，不偏私故而把自己放到後面去，好讓人民能擺在前面來。後其身：將自我意識退到後頭，讓開自身，留下餘地。後：置於後面。身先：指將自身退後，其他人才有機會到前面來。身：自身。先：居於前位。

5 非以其無私耶！故能成其私：不以領導者的私心為思考重點，而是以老百姓每個人為考慮的對象。此藉反詰以加重語意。

〈上善若水〉

上善若水[6]，水善利萬物而不爭[7]，處眾人之所惡[8]，故幾於道[9]。居善地[10]，心善淵[11]、與善仁[12]、言善信[13]、正善治[14]、事善能[15]、動善時[16]。夫唯不爭，故無尤[17]。

（第八章）

6 上善若水：最好的、最上乘的善如同水的特質一般。本篇以「水」做為比喻，「水」可以譬喻多方，是柔軟的、包容的，有活力的、創造的。顯然地，道家取用的是「柔軟、包容」，儒家則取用「活力、創造」，比如：「源泉滾滾，沛然莫之能禦」；孟子說「人性之善，如水之就下」，這取用的是「水有定向」，就好像人性之善有其定向。道家取用的譬喻與儒家剛好形成一互補性的結構，這正相應於「儒道同源互補」。一剛一柔，一陽一陰，兩端而一致。

7 水善利萬物而不爭：由「水」的柔軟、包容，進一步說「不爭」之德。道家不主張競爭，更不主張鬥爭，他主張共生共長、共存共榮。

8 惡：指厭惡、不喜歡，音ㄨˋ。

9 幾於道：接近於道，即與道相去不遠。幾：接近、相去不遠，音ㄐㄧ。

10 居善地：以下所舉七事，既就水的七大特質而言；同時也藉以反應上善之人者的七種德行表現。故就「水」的狀態來說，指水善於居處在低下的地方；而以「人」觀照，則意謂著上善者其謙卑為下，不與他人爭強。居：處也。善：善於。地：低下、至下之意。

11 心善淵：心以淵為善，即用心學習深水潭子般的包容。淵：比喻其德，顯示其包容性質。

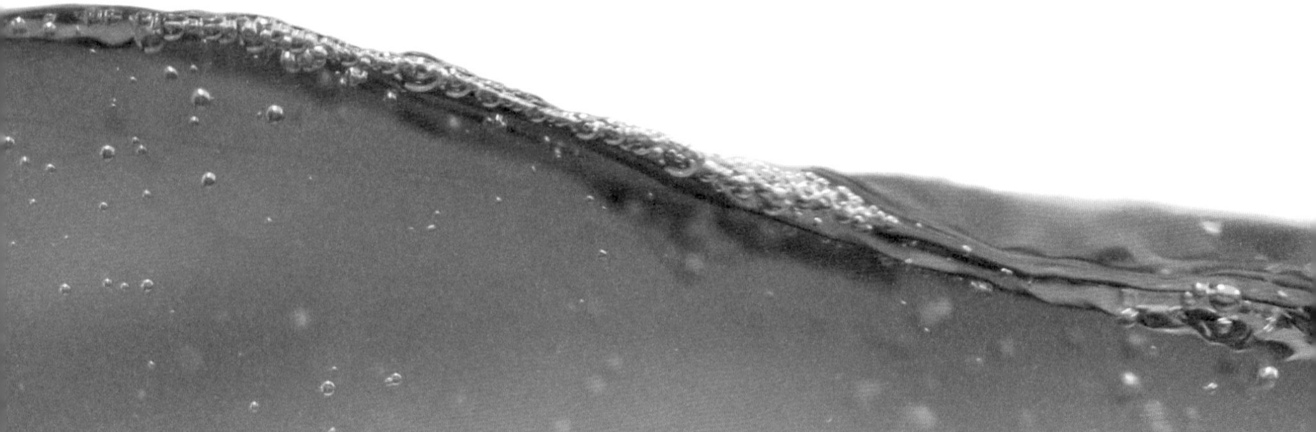

12 與善仁：與以仁為善，即交往要學習人際的真實感通。仁：指對關懷與愛的真實感通。

13 言善信：言以信為善，即說話要學習信用的確定。信：指信用的確定。

14 正善治：政以治為善，即為政要學習治事的穩健。正：指為政。治：指治事的穩健。

15 事善能：事以能為善：即行事要學習才能的運用。能：指才能的運用。

16 動善時：動以時為善，即變動要學習時機的抉擇。時：指時機的抉擇。

17 故無尤：老子認為撤除了鬥爭、競爭，這世界有一種更好的和平邏輯，自然和諧，天下均平。尤：愆尤，過錯，罪咎，引起怪責。

「**正善治**」除了為政要學習治事的穩健外，也可以換句話說，「把事做好了，叫做正」，儒家強調做事動機的正直，道家重視的卻是做事的完成，他說的是「曲全」。因為世間事，往往正直無法完成，道家看到的是「曲全」。

〈致虛守靜〉

致虛極，守靜篤[18]。萬物並作，吾以觀復[19]。夫物芸芸，各復歸其根[20]，歸根曰靜，是謂復命[21]。復命曰常，不知常，妄作凶[22]。知常容，容乃公[23]，公乃全，全乃天[24]，天乃道，道乃久，沒身不殆[25]。

（第十六章）

道家強調「虛無寂靜」，儒家強調「實有生動」，形成對比，可以說是相反，但也可以是相成的。相對來說，道家要人盡量「無心應物」，不要「師心自用」，心的主觀性要盡量放下，讓事物回到事物本身，他更注重組織、結構、制度，更留意天地、場域與氛圍。

18 致虛極，守靜篤：指要極力回到虛靈的本心，要篤實守著寧靜的元神。「極」、「篤」為副詞，放在句後。虛：指虛靈。靜：指寧靜。

19 萬物並作，吾以觀復：道家相信大地充滿著長育的力量，萬物並作，自然天成。如同植物在生長，不用拉拔，只需要回歸到大地，讓其好好汲取土地的力量，就會長育生成。作：如「作物」之作，「乾知大始，坤作成物」，說的是從地底長育出來。觀復：對比而視之，沒有執著，讓他回到自身。觀：指宏觀。復：以《易經》來說，一陽來復，指回到生命的源頭，重新啟動。

20 夫物芸芸，各復歸其根：事物雖然眾多，但不是一個一個處理，而是讓它歸回到生命的根源；萬物是多元的，但道理是相通的，可以通為一的，這裡有著多元而一統的格局。芸芸，眾多的樣子。

21 歸根曰靜，是謂復命：道家強調回歸生命的根源，強調「靜為躁君」，寧靜是躁動的主宰；儒家強調「正德」，道家強調「復命」，老子認為唯有「復命」，回到生命源頭，才能「正德」。

22 復命曰常，不知常，妄作凶：「常」包蘊著「變」，在「變動」中，去了解體會變動的韻律，往復循環，有個恆定的次序規律，這就叫做「常」。常：指回到生命的源頭，帛書本、竹簡本，多把「常」字寫作「恆」字。較早先的版本應該是「恆」，因漢文帝劉

恆，避諱「恆」字，將「恆」字改為「常」字。「恆常」是同義複詞，兩者相通。妄作凶：不守常道，而胡作非為，這樣會帶來凶災險禍。

23 知常容，容乃公：體會得常道就會生出包容，體會得包容就會變得廓然大公。這裡點出了包容差異，包容多元才可能大公。這樣的「公」不是近代的權利意識下的公，而是生命意義的「公」。知：體會之意。

24 公乃全，全乃天：廓然大公才得周遍完全，周遍完全才能自然天成。包容差異與多元，才能有真正的公共性、全體性，這樣的普遍性，是具體的、實存的普遍性，是能包容差異與多元，不會是被權力宰制的普遍性。公是包容多元、包容差異的，正因為這樣才能「全」。容：指其包容性。公，指其公共性。全，指其全體性。天，指其普遍性。

25 天乃道，道乃久，沒身不殆：自然天成就能符合於道，符合於道也就能悠久無疆。道家主張不落入兩端的對立競爭，對決鬥爭，強調共生共長、共存共榮，也就能「沒身不殆」，終其一身也就不會有什麼危險了。這便是天下和平的邏輯。天：指其普遍性、理想性。道：指其全體性、根源性。「普遍性、理想性」包蘊著多元性、差異性，這樣才能「久」。久：持續性、永續性，生生不息。

〈道法自然〉

有物混成，先天地生[26]。寂兮寥兮[27]，獨立而不改，周行而不殆[28]，可以為天下母[29]。吾不知其名，字之曰道[30]，強為之名曰大。大曰逝，逝曰遠，遠曰反[31]。故道大、天大、地大、人亦大[32]。域中有四大，而王居其一焉[33]！人法地，地法天，天法道，道法自然[34]。

（第廿五章）

26 有物混成，先天地生：有個東西混然而成，在天地之前即已存在。物：此非指一個對象物，而是一指稱詞。

27 寂兮寥兮：指無聲無息、無邊無際的樣子。

28 獨立而不改，周行而不殆：指敻然獨立，永不遷動；周而復始，運行不已的樣子。

29 可以為天下母：它可以做為一切天地萬物的母親，老子可說是最早以「母親」為重要象徵的思想家。

30 吾不知其名，字之曰道：王弼說「名以定形，字以稱可」，名言概念的指稱是指向對象物。此言「道」不是對象物，所以不可名。不可命名，但可以約定地稱呼它，約定稱呼它叫做「道」。

31 強為之名曰大，大曰逝，逝曰遠，遠曰反：勉強形容它，說它是廣大無邊；廣大無邊而運行不盡，運行不盡而玄遠無際，玄遠無際而又返迴本源。此指由根源開展擴張，一層層的散布出去，往復循環，最後則又回到本源。

32 道大、天大、地大、人亦大：指道、天、地、人等四者皆大。道大：指總體根源、創生不已。天大：指普遍高明、寬廣無涯。地大：指具體厚藏、涵藏無盡。人則虛靈明覺、自強不息，人具有參贊天地化育的能力，正因如此，四大得以確立。

33 王居其一焉：作為一個統治者、領導者，必須要能貫通天地人三才，這樣才能稱為「王」。

34 人法地，地法天，天法道，道法自然：指人們學習「地」的厚實涵藏，進而學習「天」的高明寬廣，進而學習「道」的本源創生，最後則是效法學習「自然」生成。法：指效法、學習。

老子相信這天地宇宙有自發的、調節的、和諧的力量，涵藏其中，「人」與「地」、「天」、「道」，共成「四大」，人要接地氣，進而通天道，入本源，而達於天下，自然順成。

參．可以這樣讀

儒、道同源與互通

中國文明的獨特性就是強調一切回到「天、地、人、我、萬物」，通而為一的「道」。「道」可以說是中國文化的總樞紐、總主導。不管是「儒、道、墨、法、名、陰陽」，司馬談所論的〈六家要旨〉，乃至後來《漢書．藝文志》說的九流十家，都是這樣說的。更早在《莊子．天下》篇，就認為一切都歸於「道」，他認為「道術將為天下裂」以前，都是統屬於「道」。這並非歷史闡釋，而是理論上的推本溯源。

我們發現儒家與道家最具代表性的典籍《論語》與《老子》，昭示著儒道同源互補。道家重視的是天地自然的共同體，儒家重視的是人倫血緣共同體。兩家同時也都承認政治社會共同體、文化教養共同體的必要性，教示各有偏重。道家強調「道法自然」，由道體往下說，儒家則強調要由人的主體自覺往上說。《老子》說「道生之，德蓄之」，《論語》說「志於道，據於德」，顯然是對比而互通的。道法自然與人文主體自覺構成了不可分的整體。人文與自然是兩端而一致，通而為一的，我們強調的是「天人合德」。

民初版本的《老子道德經》

儒、道對治與互補

中國哲學有個特性，把宇宙人生、存在價值、政治知識、修養功夫，實踐力行通而為一，《老子》也是如此，這本經典既有修身、齊家、治國、平天下等等道理，他與儒家形成對比的兩端，但又是統合為一的。儒家強調的是「人文」一面，道家則是強調「自然」一面，兩者剛好形成有趣的對比。儒家強調「主體的自覺」；道家強調「天地的自然」。相對來講，儒家更強調「血緣人倫的共同體」，道家更強調「天地自然的共同體」。

顯然地，道家、儒家這兩者是各有所著重。儒家強調的是「實、有、生、動」，道家則強調「虛、無、寂、靜」，兩者和合互協。儒家講「志於道，據於德」；道家講「道生之，德畜之」，講「尊道而貴德」。「道為根源，德為本性」，儒道兩家是共許的。只是道家更從根源本性落實，從上往下講；儒家從人主體的自覺往上說。儒家要「志於道，據於德」，道家講「道生之，德畜之」，雖然明顯不同，卻是兩端而一致。

藉著《易經》乾坤兩卦來說，儒家更強調「天行健，君子以自強不息」，道家則更強調「地勢坤，君子以厚德載物」，兩者形成乾坤並建的關係。道家更強調「守柔曰強」，更強調「道法自然」；儒家則強調「剛健不息」，強調「人倫孝悌」。儒家強調「正名以求實」，道家則強調「無名以就實」。儒家強調人文有為；道家則強調自然無為。還有，儒家與道家都反對戰爭，他們希望天

太極生兩儀

下和平，只是儒家強調大一統，道家則更強調多元的，甚至是小國寡民，多元互動融通而存在。

儒家強調「老者安之，朋友信之，少者懷之」；道家則強調「甘其食，美其服，安其居，樂其俗」。儒家強調人要努力地去參贊化育，道家則強調要好好地順成自然。儒道兩家其實是互補的，儒家強調要「敬而無妄」，道家強調「靜為躁君」，這也是很好的對比。我們要記住，讀儒家書，也要讀道家書，乾坤並建。儒家更強調「攝所歸能」、「以主攝客」，道家則「付主於賓」、「付能於所」，這在在形成有趣的對比。

明代 張路〈老子騎牛〉 國立故宮博物院藏。

另外，《老子》常被作為道教的經典，哲學的道家與宗教的道教，意義上是可以相通的，當然有些不同。《老子河上公注》、《老子想爾注》，被認為是道教很重要的來源，道教其實是把道家的思想宗教化，完善成的一個系統，它從原先就有的古老的巫祝薩滿信仰，加上了許多道家的元素，融通了儒家的系統，這就形成了所謂的「道教」。

「天長地久」與公私共成

道家對於天地有百般的信任，只要人們好好參贊它，也就能綿綿若存、天長地久。天地是長久的，天地何以能既長且久呢！祇因為不偏私地生長著。偏私多因執著而起，能不執著，能放開，自自然然，這天地就能長久地生長！正因為這人間社群共同體的管理者，也就是老子所說的聖人，能了然於心，把自己放到後面去，這樣讓人民擺在前面來；把自己放在外頭，讓人民能在裡頭生存！正因為大道本來就是無私的，聖人也該學習這樣沒有私心，就能夠讓每一個人都成就他自己。

想想，要是我們有天地般的心量，就根本不用勉強追求，自能長久！其實，只要「讓開」了，一切都會好些，原來讓開是最重要的藥方。別人生長了，你也生長了！成就別人，也就成就了你自己，這種生生與共的哲學，不是很自然嗎！其實，「私」這個字不一定那麼不好，「私」原只是個體的我，並無不好；只執著在自己的個體，才會偏了，這叫偏私，偏私當然不好。做一個領導者要盡量不偏私，因為他能不偏私，他能公，就能寬廣、包容，給出一片天地，也就能成就每一個人的「私」。這樣的「私」就不會偏私，成就每一個人的「私」，這不是「大公無私」，而是「公私分明」。「公私分明」，才能由「公」來成就「私」，也因為「私」成就了「公」，這便是「公私共成」。

道家的思考不強調佔有性、它是非掠奪性的。或者說，它是「非積極性的思考」、「非正面性的思考」，道家也不是正面「縱貫性的思考」，它是一「水平式的思考」。道家思考問題是平鋪開來的，是要你回到那事物本身去，它不是我要你怎麼樣，而是讓它怎麼樣，這一點很獨特的。儒家說，我們應該自覺地怎麼樣，我的自覺帶動你的自覺，大家自覺應該怎麼樣，而這自覺好像是共通的。往俗情世間，依著法家來講，就是我要你怎麼樣，我要你自覺。道家把這個撤掉，主張就讓它這樣吧！你只要看看它，由它去吧！讓它來吧！他相信有種天地般的自然運化的力量，儘管理想的方向有很大不同。

道家這種非佔有性、非掠奪性、非積極性、非正面的、非縱貫的方式，它是非控制性的，它強調的是自然地生長，它強調的是「包容」與「生長」，這是徹底的關懷，道家就是用這種方式，一種「有容乃大」的方式。

「上善若水」與生生和諧

中國哲學的表達，不同於西方哲學，西方哲學習慣用的是論辯，中國哲學習慣於詩意的思考（poetic thinking），用的是類比、隱喻，像老子說的「上善

若水」，莊子所說的「用心若鏡」，意蘊深厚、明白透徹、情味雋永。是啊！最上等的善就像水一樣，看似柔弱卻是包容，水的潤澤，滋養了萬物，遇物謙讓而不與之相爭，常安處在卑下的地方。正因為這樣，它更接近於大道本源，包蘊萬有。人類在這個世界上，要好好學習大地的渾厚，學習深水潭子的包容，和人交往重視真實感通，與人交往重視誠實無欺，參與政治重視經世濟民，為人行事重視自身才能，事物遷化重視時機掌握。記得：我們相信這世間是共生共長、共存共榮的，所以我們要用「生生和諧」的邏輯，去看待世界。

不要擔心別人會以為你是柔弱，其實你是大肚包容，因為包容而寬廣，因為寬廣而自有天地，因為天地而可以生長，可以免除鬥爭。事情總要有個定準，要抓準它，不要放過，但也不用擔心。治事要穩健，注意時機的抉擇，當斷則斷，不要猶豫，但不能違反天地的韻律，自然、均平、和諧。該做的好好做！做你喜歡的，喜歡你所做的！這樣就能無怨無悔，好自生長。

「致虛守靜」與悠久無疆

道家主張一種「不費勁、不揪心」的哲學，他主張「致虛守靜」。他認為人要極力的回到虛靈的本心，篤實的守著寧靜的元神，讓萬物如其自如地各自生長。靜靜地體會著生命的回歸，一切存在芸芸生長，它們總是各自回到自家的生命本源。回復到自家生命本源，這是一種寧靜的功夫，心平氣和。心平了，心地就寬廣了，氣和了，萬事萬物生意盎然。能好好回歸生命本身，才能體認

明代 石芮〈軒轅問道圖〉
黃帝在崆峒山問廣成子
國立故宮博物院藏

到常道，沒體會常道，胡作非為，那就會產生了禍害。體會常道才能生出包容，體會包容才能變得廓然大公，廓然大公才得周遍完全，周遍完全才能自然天成。自然天成就能符合於道，符合於道也就能悠久無疆。如此一來，終其一身也就不會為各種憂危擔心。

道家這種「致虛守靜」的哲學，相信生命自己有一回歸與生長的可能，不必造作，不必擔心。只要虛心，給出天地，給出可能，由它去吧，它會自己好好生長的，只要關懷它，不要控制它。這樣的思考，可以啟發我們：真正的包容不是勉強，不是忍受，而是讓他來去自由，如如生長。「道」是你的道、我的道、他的道，大家的道，它靜靜地等著你。

「道法自然」與參贊化育

對於天地萬有一切起源的追溯，這是人類文明所共有的，只是隨著各個文明的發展，其詮釋的向度也就有些不同。在華夏文明裡，「道」的追溯指向的是天、地、人、我，萬物通而為一的本源，認為「道」這樣的存在，原先是混然而成的，在天地之前即已存在，無聲無息的、無邊無際的，敻然獨立，永不遷動。但卻有著一個相反而相成的動能，從最初的震動，一直發展開來，周而復始，運行不已，可以作為一切天地萬物的母親。我們不知如何稱呼它，約定叫它做「道」；勉強地形容它，說它是廣大無邊；廣大無邊而運行不盡，運行不盡而玄遠無際，玄遠無際而又返回本源。這就叫做四大：道大、天大、地大、

道家主張「致虛守靜」。
認為人要極力的回到虛靈的本心，
篤實的守著寧靜的元神，
讓萬物如其自如地個自生長。

人亦大。

最原初，他們是混而為一的，那總體之本源的「道」是創生不已的，普遍而高明的「天」是寬廣無涯的，具體而厚實的「地」是涵藏無盡的，虛靈明覺的「人」也一樣具有自強不息的創生可能。整個宇宙中有這四大，而人居其中之一，人是最為重要的，他能參贊天地之化育，最後朝向天人合德、天人合一。人學習「地」的厚實涵藏，進而學習「天」的高明寬廣，進而學習「道」的本源創生，最後則是效法學習「自然」生成。

人之為人，是因為天地萬有一切都可以在一剎那間被納到心中，除非你自己看小了自己。我們要懂得一切就在當下、腳下，具體落實，好好生長，普遍的發展，脈絡的安排，自自然然地，就能如如無礙！果真是如此的，人要能放下，一切就輕鬆了；人要能放空，天清地寧，明明白白，朗然而現。

《道德經》十三章提到「吾有大患，為吾有身。」這句話聽起來，好像道家強調「身」不好，其實不是，關鍵在這個「有」字。「身」怎能夠取消呢？它是要你不要執著那個「有」，執著「這是我的身」。「及吾無身，吾有何患」？我把那個「身」「無」掉，就是覺得那沒什麼，吾又何患？

道家是要「去他返自」，把「他」取消掉，真正回到「自身」，也就是「去名就實」；「名」可以擺脫掉，而把真正的「實」呈現出來。道家雖然強調「無」，但它並不是要把萬物無掉，而要我們把心的執著取消掉，使得萬物能夠恰當的存在。道家強調的是「自然無為」，它重在如何恰當的情境生發出自發的次序

「道」是混然而成的，
在天地之前即已存在，
無聲無息的、無邊無際的，
敻然獨立，永不遷動。

來，而在這自發的次序底下，人在那裏獲得一個安頓。這是道家最值得稱許的地方，這也就是前面所說的「天地有道，人間有德」。我覺得現代性最嚴重的是，掠奪性的思考太強了，好像要掠奪什麼東西才能說明「我」的存在。面對這個問題，應該回到真正的自身，不應該一天到晚想到那一些是「我的」，而應該更清楚的理解什麼是「我」。惟有回到「我」，才能釐清「我的」。要是一直執著「我的」，甚至落到那個「的」上頭，這「我」豈不失去了呢？我們要回到自己，好好的活。甚至，要由「我」進一步放回「天地」，「縱浪大化中，不喜亦不懼」。

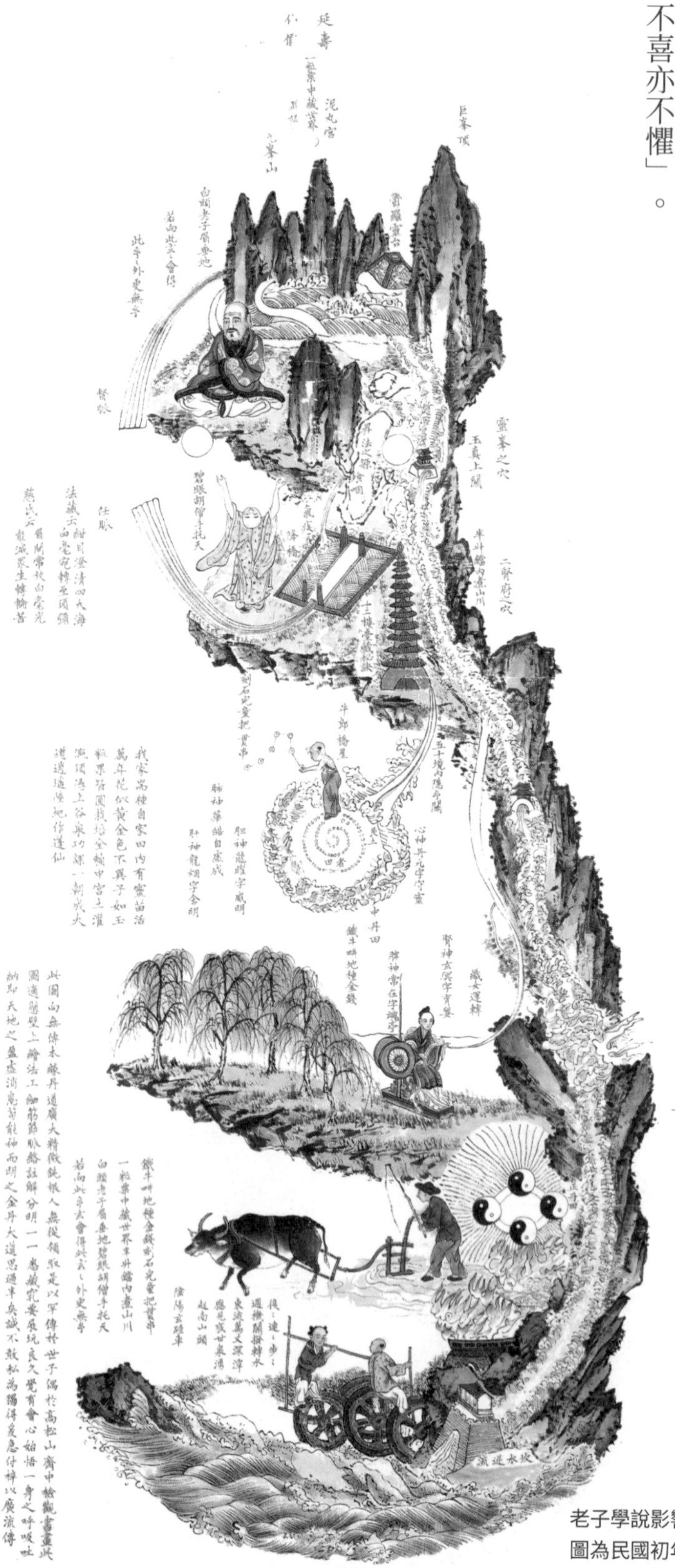

老子學說影響後世養生觀念甚鉅，
圖為民國初年的《內經圖》。

老子哲學著重「身心一如」，而不是「以心控身」的系統，或者可以把它理解成是「健身以安心」的系統。這麼一說，就把「存在的情境」與「心靈的意識」密切結合起來了。如果我們恰當地安頓、安排這「存在的情境」，我們「心靈的意識」就有一恰當的生長，這是整個道家很重要的一個觀念。整部《老子》的著重點在於，假使天地有「道」，那麼人間才真正有「德」；「道德」就是「天地有道」，而「人間有德」。

肆・再做點補充

新時代的道家思維

◎面對現代化的良方妙藥

現代化之後，一方面重視的是全球化，而另方面則是本土化，思想家們對於主流思想，即「理智中心主義」（Logocentrism）提出很多批評。這個批評，不只是哲學上的批評，它已形成另外一種運動的氣氛，他們把很多東方的東西引到西方，像古印度的思想、禪宗思想、道家思想，對西方來講都有一定的市場。

這正告訴我們，人不再只是以理智中心思考，而像新物理學的發展，混沌理論種種，都還在變化中。這在在顯示人正重新理解這個世界。這世界已不同於以前，它將進入到某一意義下的「失序」年代，原來的秩序需要重新調節。整個世界都在變動之中，原來大家認為很當然的事，現在已不是那麼當然，以前認為很不應該的事，現在已不再是那麼不應該。

目前已到了一混淆的年代，東方的古代思想，值得我們重新去發現，讓它重新活過來，進到我們的生活世界裏，進入到我們的心靈意識中，進入到我們言說的論域裏，讓它有個重新發展的可能。道家思想是面對現代化之後的良方妙藥，但並非只有道家最好，或者佛教最好，或者那一家最好，這只是代表著一個方式，我們應提供更多的人類思考方式，至於未來會如何，我們只能虔誠祝禱天地和平。

◎傾聽儒道佛三教經典的聲音

「傾聽」經典，是我們開啟與古聖先賢對話的契機。

傾聽《論語》、《孟子》，一念警惕，體貼得儒家的「自覺」。在此「自覺」中，人進到世界中，擔起來，說「我，就在這裏」。傾聽《老子》、《莊子》，致虛守靜，體貼得道家的「自然」，在此「自然」中，人在天地間，看開了，說「我，歸返天地」。傾聽《金剛經》、《六祖壇經》，萬塵俱落，體貼得佛教的「自在」，在此「自在」中，人在宙宇間，放下了，說「我，當下空無」。

有傾聽、有交談，有融會、有溝通，新的話語就在耳際重新響起，佛陀說「我，當下空無」。正因這「無我」的「自在」，讓「我，歸返天地」，就這歸返天地，我醒覺到「我，就在這裏」。老子說「我，歸返天地」。由於這「無為」的「自然」，「我，就在這裏」承擔挑起，就這承擔挑起，我猛然覺悟還得放下，

回到「我，當下空無」。孔子說「我，就在這裏」。只因這「承擔」的「自覺」更須「生而不有、為而不恃、長而不宰」（使其生長，卻不占有；任其作為，卻不依恃；由其生長，卻不宰制），如此，「我，歸返天地」，既歸返了天地，進而「我，當下空無」。

孔子說「我挑起」為的是蒼生，回到天地，「看開」一切，終而能「放下」。老子說「我看開」所以能放下，面對蒼生，「放下」執著，這才能「挑起」。佛陀說「我放下」更而能挑起，如如無礙，「挑起」志業，把世界「看開」。「放下」、「挑起」、「看開」、「放下」、「挑起」、「看開」，環環相續、永不停歇！是儒—道—佛，也是佛—儒—道，也是道—佛—儒，是「日」、是「月」、是「星辰」，是「山」、是「河」、是「大地」，是「心」、是「佛」、是「眾生」，有等分、有差別，卻又還歸於虛空同體。

佛家由「無緣大慈，同體大悲」說起，這是由「般若智」破解一切執著，因之而能同體大悲的發起願力，去渡濟天下蒼生。儒家由「人倫孝悌，仁智雙彰」起論，這是由「孝悌行」長養一切道德，因之而能親親仁民、仁民愛物，大道之行也，天下為公。道家由「無為順成，道法自然」歸源，這是由「本真性」任化天地萬物，因其能「致虛極、守靜篤」，因而「萬物並作」、「歸根復命」。在華人文化傳統裏，儒道佛早已通而為一，作為華人文化心靈的共同土壤。

▶道家思想是面對現代化之後的良方妙藥，
但並非只有道家最好，這只是代表著一個方式，
我們應提供更多的人類思考方式，
至於未來會如何，我們只能虔誠祝禱天地和平。

◎對現代性的批判與提醒

道家強調「既知其子，復守其母」。他強調人間事物，必須回到根源。他擔心任何世俗存在事物，由於人們的貪取欲求，因此會有掠奪性的紛爭出現，形成一種「勢」往下墮；道家著重的是要把這情形取消掉。道家的思考是這樣子的！以白板為例，如果這是一塊很好的白板，你應該考慮的是什麼？不是它「好寫」而已，更重要的是它「好擦」！人要是活得很好，這意義不只是他「好生」，也要「好死」，道家思考問題是從這個角度。道家從這個角度來思考的時候，人間追求的不是卓越，而是自然。現代化之後，人們開啟了更多的思考，人們不再只是追求卓越，現在坊間裏強調身心如何安頓的書愈來愈多。顯然地，人們並不是追求外在的名利來說明自己的卓越，而是追求內在的充實來證成自己是一個活生生的人。後現代這變化正在啟動中，逐漸盛大。

道家思維的時代來臨了，人們反核、反過度開發，強調環保、生態的重要。道家的思維強調人不能勝天，人只能活在天地之間，這正是所謂的「人法地，地法天，天法道，道法自然」（《道德經》第二十五章）。道家追求的是非佔有、非掠奪、不積極、不控制，不是非黑即白的生活態度，這非常重要。當然你會說，可能嗎？其實很困難啊！為什麼？因為人類的麻煩就在於習慣運用一種以力量或權力為優先的思考，以控制外在的事物，用這種方式來肯定他的自我，申張他的自我。這麼一來，就會有種不可自已的力量，一直牽引下去，如《孟子》

道家的思維強調人不能勝天，
人只能活在天地之間，
這正是所謂的「人法地，地法天，
天法道，道法自然」。

說的：「物交物，引之而已矣！」《老子》的：「物形之，勢成之。」這時候就極需要「致虛守靜」、「尊道貴德」。

◎「傳統社會」與「公民社會」

傳統社會是以親情和血緣為核心擴展出去的，是一種同心圓的連結方式，從家庭擴展到社會，到天下，與整個大自然也就連成一個由道統攝，自然而然的整體。公民社會強調的是主體與客體的精確關係，個人與公共之間的義務與權利。從傳統社會發展出來的道家思想，對當代公民社會可以有什麼樣的貢獻與意義？

道家思想強調的自然無為，對於當代社會關係的疏離與分化，有著重大的啟發，絕對不只是心靈修養這樣一個面向而已，必須放在整個時代的脈絡中來看。人如何安身立命，萬事萬物如何各得其所？也許，我們將發現道家思想正是通過清虛自守、自然無為的方式，使得物各付物，各可其可，各然其然。這正是當代社會覺悟之後，極力追求的「多元生長」的觀念。（林安梧）◆

2 古典詩歌三首

之一・越人歌

「今夕何夕兮……」
很難想像這首深情款款、令人蕩氣迴腸的詩歌，
竟是我國最早的一首翻譯作品，相傳是戰國時代的越人所作，
而且還保留了原始越語發音的版本。
在這首詩歌裡，我們可以感受到水鄉澤國的
南方風情、勇敢直白的感情傾訴，以及悠揚婉轉的歌聲。
那是前禮教時代的天籟，值得珍惜與再三回味。

壹・作者與出處

《越人歌》是春秋時期流傳至今的經典文學作品，傳說是百越之地少數民族的口傳歌謠，後來收錄於西漢劉向所著雜事小說集《說苑・善說篇》，南朝齊代又收入徐陵所編的《玉臺新詠》卷九之中，最後見錄於郭茂倩《樂府詩集》卷八三「雜歌謠辭」，成為千古愛情的名作。

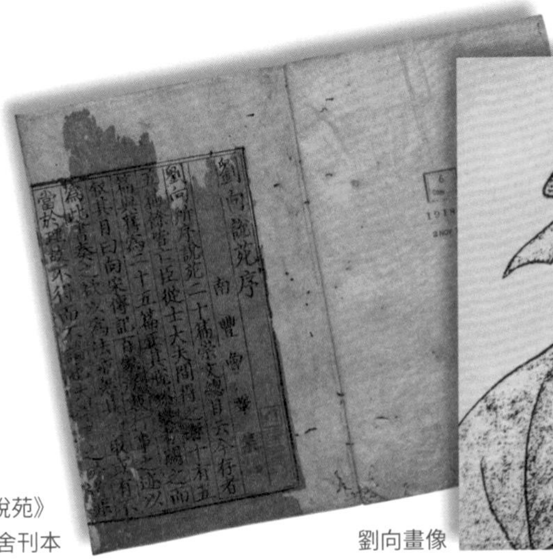

劉向《說苑》
明永樂十四年西園精舍刊本

劉向畫像

故事的背景是戰國時期楚國鄂君子晳乘坐雕繪著青鳳鳥的船隻，泛舟遊於春天的河面上，華船上鐘鼓聲歇停的片刻，打槳的越人船夫是個少數民族的女子，她一見鍾情仰慕著鄂君子晳，情不自禁的擁楫而歌，對鄂君訴說著愛慕的情意。因為越人的古越語與華夏語言不同，鄂君子晳遂請人翻譯為楚語，鄂君聽完後非常歡愉，舉起修長的繡被把女子包覆起來，願與之同牀共寢。

直到今天劉向《說苑．善說篇》還記錄著此詩以漢字標記發音的越語語音的原歌：「濫兮抃草濫予？昌枑澤予？昌州州𩜱，州焉乎秦胥胥，縵予乎昭澶秦逾滲，惿隨河湖」。這些越語語音今天已成為極古老的古代方言，需要古音專家才能解。幸好當年的越語已經經過翻譯，且成為漢字譯意的紀錄，所以我們今天還能讀到中國相傳的第一首翻譯歌謠。

古越人居住在江漢流域的鄂地（今湖北省境內），古稱百越部落，子晳可能是楚懷王左右時的令尹，得楚王封於鄂地，故稱之為「鄂君」。楚越原為不同民族，後世楚已併了越，楚越成了一家。越國的船夫女子，以卑微身份愛慕鄂君，那是一份天然的情懷，不涉及後世禮教尊卑與民族分別，鄂君雖然身分高貴，在真情感人之下，也衝破階級界線，促成了早在先秦時代就發生的愛情詩篇；越人的歌聲真誠感人與鄂君之平易近人雙雙成為千古美談。

貳・選文與注釋

今夕何夕兮，搴舟中流[1]。
今日何日兮，得與王子[2]同舟。
蒙羞被好[3]兮，不訾詬恥[4]。
心幾煩[5]而不絕兮，知得王子。
山有木兮木有枝，心說[6]君兮君不知。

1 搴舟中流：在河中盪舟。搴舟：古代盪舟入河要先拉縴，稱為「搴舟」。搴：音ㄑㄧㄢ，拉、拔。中流：河流的中央。

2 王子：春秋時期楚國的王子黑肱（?～前五二九年），字子皙，其父為楚共王。

3 被好：蒙受美好的情意。被：音ㄆㄧ，同「披」，覆蓋、蒙受。

4 不訾詬恥：不因為我身分的卑下而厭惡責辱我。訾：音ㄗˇ，厭惡。詬：責罵。恥：恥辱。

5 幾煩：這裡形容心緒紛亂。幾：音ㄐㄧˇ，反覆多次。

6 說：同悅，喜歡。

參・可以這樣讀

前禮教時代天然的戀歌

〈越人歌〉出現在先秦時的楚國，相當於春秋時期，是中國歷史上文字記載下來極為早期的一首情歌。它與《詩經》國風中許多戀歌同時，可以說是孔子禮樂教化前的民間歌謠，是少數民族留存的天然戀歌。

這首詩背後有一個動人的故事：根據《說苑．善說篇》的記載，有一天夜晚，當時的楚令尹鄂君子晳「泛舟於新波之中」，所謂「新波」是指春天潮汛時期，江面上潮水高漲蕩漾。就是在這樣一個美麗的季節、美麗的夜晚裡，一艘雕有青鳥圖案的華麗船隻上，發生了這段動人的故事。青色彩飾的鳳鳥船襯托著鄂君子晳這位翩翩公子，儀表出眾，船上鐘鼓音樂與歌聲齊鳴，顯示貴公子遊江的華美盛況。「新波」的潮汛高漲，在詩歌意象中是象徵美好的春光與滿滿的愛意，此情此景下，越國船夫女子不由得產生了滿漲的愛慕之情，情不自禁的用自己的母語唱出了這首動人的情歌。

歌詞中「今夕何夕兮，搴舟中流。」一開始就十分感性的發出浩歎！「今夕」的時間本已十分確定，船子還發出「今日何日兮，得與王子同舟。」更加顯出不可思議般的驚喜，這四句顯露了詩人的內心世界，可以感受到她是何等欣喜與激動，意緒紛亂下的語言，自然產生複沓性；因為貴賤分殊，有緣相遇已經非常不容易，這使她興起莫名興奮的情感，而使此詩的開頭顯得如春光一般旖旋動人；「蒙羞被好兮，不訾詬恥」一句，生動地訴說著自己身份低微卻萌生愛意的羞澀，這使她不避諱別人的恥笑而勇於表達；「心幾煩而不絕兮，知得王子」一句，描寫了她幾度想衝口說出自己的愛慕，期待著蒙受王子垂愛的心情，浪漫而壓抑；「山有木兮木有枝，心說君兮君不知」，這是民歌特有的雙關語，藉「枝」與「知」的同音，表達相知的渴慕，這在中國歷代民歌中叫「謏辭」，在《詩經》的賦、比、興手法中，這裡也達成趁韻的詩「興」，以「山有木」、「木有枝」回環的聲音「興」起下面一句的「心說君」、「君不知」的愛意，「枝」字的諧音正好形成趁韻，也比喻「知」的相愛相知。這種詩歌手法叫做「興」，借「枝」與「知」的諧音雙關、趁韻而形成詩歌的比興手法，是先秦古詩常用的。例如《詩經》的〈衛風．芄蘭〉：「芄蘭之支，童子佩觿；雖則佩觿，能不我知」，〈小雅．小弁〉：「譬彼壞木，疾用無枝；心之憂矣，寧莫之知」即是。而且「山有木兮木有枝，心說君兮君不知」兩句，彷彿是《楚辭》中《九歌．湘夫人》：「沅有芷兮醴有蘭，思公子兮未敢言」的原型。所以，〈越人歌〉作為最早的翻譯歌、最真摯感人的愛情詩，已是無價的文學經典。

整首詩看到彼心、我心，兩顆心之間情感的擺盪，明明希望彼心能知我心，卻又羞怯按壓，形成一條委婉曲折、含藏不住的絲線，最後化成曼妙的歌聲，成了千古絕響。由於〈越人歌〉發生在父權禮教社會形成之前，所能如此純真、熱情、自然的發出自己內心多元、流動以及開放的聲音，很明顯與女性自身的原始的愛情慾望息息相關，她為兩千多年來的女性，留下動人的歌聲！我們可以說〈越人歌〉是一首古老的戀歌，也是一首古老的贊歌，它歌讚著愛情，歌詞優美，章法自然，完全沒有人為造作，船子已經比詩人更詩人，發乎天然情感，不假修飾，更難得的是將激動、興奮、害羞、紊亂的情緒交揉後化為歌聲，幾乎與天地自然合而為一。

愛情是人類最高尚的精神活動，前禮教時期的愛情更是韻律自然、激情如火，如天然的明珠。本詩的時代雖與《詩經》國風同期，國風中也有許多精彩的愛情詩如〈關雎〉、〈卷耳〉、〈靜女〉、〈伯兮〉、〈木瓜〉、〈采葛〉、〈蒹葭〉等等，但畢竟《詩經》國風是孔子刪詩書之餘，已經作禮教化解釋，難與〈越人歌〉純天然原始的力量相比。

勇敢追求自我的愛情

在少數民族穹天席地的生活中，情感的世界本來就極為自然。〈越人歌〉是詩人情不自禁地、非常感情化地，脫口衝出的歌詞；詩人面對現實處境、身分地位懸殊的差距時，也曾理性反思，「蒙羞被好兮，不訾詬恥。心幾煩而不絕兮，知得王子」就是這種反覆的心緒。最後詩人在情感和理性交戰後，已經將平穩激動紊亂的情緒，忠實地以歌傳達出自己的心聲。由於其內涵意蘊深長，帶著生命自然的力量，因此餘韻嫋嫋，形成不假修飾的天然戀歌，也成就一段愛情佳話。

不過，自古以來也有人把〈越人歌〉視為同性戀的文本。主要根據《藝文

「斷髮文身」的越人石雕
（藏於浙江省博物館）

類聚》卷三十三部十七「寵倖」門所錄的吳筠〈詠少年詩〉一首，這首詩的末四句說：「不道參差菜，誰論窈窕淑。願君捧繡被，來就越人宿。」這首詩用〈越人歌〉做典故，把船夫視為男子，而成為男男戀的詩歌。「不道參差菜，誰論窈窕淑。」兩句用了《詩經・關雎》的典故，表示不喜歡〈關雎〉的「參差荇菜」、「窈窕淑女」，明擺著是不喜歡男女戀。「願君捧繡被，來就越人宿。」兩句就是用鄂君子晳的故事，希望那個「君」也能像子晳一樣，捧上繡被來與越人同宿。由此可見，越人之為男性，〈越人歌〉有被解讀為同性戀文本的古文獻記載。

精神分析學家佛洛伊德把人類「生的本能」區分為「認同」與「原慾實現」，簡單來說就是人們有「想要變成」與「想要擁有」的兩種慾望。依照這個理論，不管船子是男是女，〈越人歌〉中勇敢追求愛情的男男女女，顯現的都是這種生命原初的力量。也因此力量如此純真、自然，才有動人心弦的力道。就像席慕蓉〈在黑暗的河流上〉一詩所說的：「在黑暗的河流上被你遺落了的一切／終於，只能成為／星空下被多少人靜靜傳誦著的／你的昔日，我的昨夜。」

五代南唐董源作〈瀟湘圖〉（藏於北京故宮博物院）

肆．再做點補充

族群融合的歷史，楚與百越的情緣

《左傳》魯昭公十二年，楚先人熊繹得到周成王賜封子爵於偏僻的荊山，楚人開始艱辛的開闢草萊，建立楚國，共同幫助周天子。其實當時周王室已式微了，中原的諸侯國紛紛想爭奪霸權，楚人的後代只能另圖發展。從當時的版圖來看，北、東面群雄林立，楚人無法與之抗衡；南面江河滔滔，沃野千里，居住在當中的人部落林立散在廣袤的江河之上，尚未開發，這就是越人之地。他們崇尚自然，還沒有宗族概念，內聚力較小，比較容易融合。因此，楚人從荊山南下進入揚越（居住於揚州地域的越人部落）和鄂地（含今湖北、湖南、江西等地），而後擴大到嶺南地區（今福建、廣東、廣西、越南北部）形成百越族群。這個歷史記載在《史記．楚世家》中，是民族擴充、遷移的歷史，也是楚與百越融合的歷史。《史記》說「熊渠深得江漢間民和」，楚國國君熊渠能深得居住在江漢之間的百越居民之民心，楚越融和一氣，於是冊立他的第二個兒子子紅為鄂王，在這裡建立了一個楚人的政權，世代居住在鄂國的揚越人也與楚人合而為一。揚越，指居處於揚水、漢水之南的百越族群。先秦時期百越可以說早與楚人成了一家人了。

楚王賜給鄂君啟青銅鑄造的「鄂君啟節」
1957 年 4 月在安徽省壽縣城南邱家花園出土

說是融合，是在沒有族群藩籬下的觀點。實際上，過程中不免戰爭、侵略、大欺小、強凌弱的血淋淋事實。楚莊王三年（前六一一）熊渠破鄂，封其次子為鄂王。由於楚人對於揚越族眾採取懷柔安撫、和睦相處的政策。熊渠入江漢後，揚越人早已支持楚人，因此楚人與揚越人在鄂東一帶形成民族融合，仍保有各自的習俗、生活與語言，並自在地橫楫逐波或從事其他行業。這首〈越人歌〉見證了當時楚人與越人的親暱與感情。

現存〈越人歌〉既是一首越歌原作，又是一首楚語翻譯的歌謠。劉向《說苑・善說篇》在記存兩種語言體的歌謠中，同時為中華民族見證一段歷史融合與楚越民歌特質。西漢到現在已兩千多年了，歷代文人學者們對〈越人歌〉的漢譯品質與藝術水準展現，有著亙古文學經典的價值肯定，因此它對後來的文學作品產生了漣漪般的影響，賞愛不絕。但是，對於那個難得的越語原文，卻隨著越語語言失傳，視之為「蠻夷鴂舌」，無人問津。未經翻譯的越歌原詞為三十二字，翻譯成楚歌後變了五十四字。由於中華文化以漢字流傳，楚辭民歌體的〈越人歌〉成為千古傳唱的文學經典，越語體漢音的〈越人歌〉，只能留給歷史比較音韻學的學者去研究了。

兩個版本的〈越人歌〉召喚出中華民族的集體潛意識，讓我們回到先秦吳、越融合的時代。〈越人歌〉中鄂君子晳與越女（男）船夫的故事，正是楚人與百越的情緣見證。

文化水乳交融，楚越一家的見證

在楚文化形成的過程中，因為楚國併了越國，二國融合為一，所以越國文化給予楚國豐富養分。從楚越文化的歷史博物館中可以看到許多青銅鑄造、建築形式與樂器樣式，都處處顯示楚文化吸收越文化的痕跡。我們可以說，楚文化之所以在中華文化中鼎盛，是涵容吸納了越文化的結果。根據古史學者的分析，早期的楚文化帶有宗周華夏文化胎痕和原始南方巫風特質，鼎盛期的楚文化則完全擺脫了中原理性文化的因子和巫風蠻質，表現出更為奔放、自由與充滿想像力的自然力量，這種力與美的結合經過歷史的沉澱，轉化為深邃的理性思維。使得楚文化這種浪漫與現實高度結合的特徵，形成中國文化最深邃而優美的一環。

任何民族文化特徵的分辨，最明顯的區別就是在圖騰崇拜上。原始的越文化是典型的江河文化，圖騰崇拜為龍、蛇；而楚文化則是為鳳鳥崇拜。鳳鳥一向是楚人最尊崇的靈物，它出現在許多楚文物中，是楚民族的象徵。在楚人的心目中，鳳鳥是人們魂魄升天的導引。所以在楚與越文化的差異上，從舟船圖騰樣式便可分辨，越人喜歡龍舟，楚人偏愛鳳船。根據記載，〈越人歌〉中鄂君子皙所乘坐船的是「青翰之舟」，我們可以直接理解為「雕繪著青鳳鳥的舟船」，就是反應了楚人崇拜鳳鳥的觀念。從文化圖騰上來看，鄂君的俊美之所以如此吸引著越人船子，可以說是帶著圖騰的原始力量，本詩因此也代表著胡、

鳳鳥是楚人尊崇的靈物，
楚民族的象徵。

越文化水乳交融成為一家的見證。

先秦時期的揚越民族，擅長操舟鑄劍，主要鑄的是銅劍，個性自由真率，多情而善於謳歌。這位當著顎君子皙的面直接傾吐愛意的船夫女子，可以看出她熱情奔放、性格率真，是個情感激越而委婉的多情兒。越人舟子按捺不住心中的戀慕，歌聲纏綿，動人心神，深深地打動了尊貴的王子。這份以歌聲真摯「求愛」的熱情，穿越了身份的差異，性別關係的對應，穿越了語言不通的兩個族群。讓人心悅誠服的接受純粹的「情」而不計較其他。難怪朱熹《楚辭集注》說：「胡、越一家，有非人之所能為者」，民族融合、歷史遷移，固然還有許多扞格，真切的愛情出自生命的天然本真的力量，哪是人為力量可以改變的呢！（蕭麗華）◆

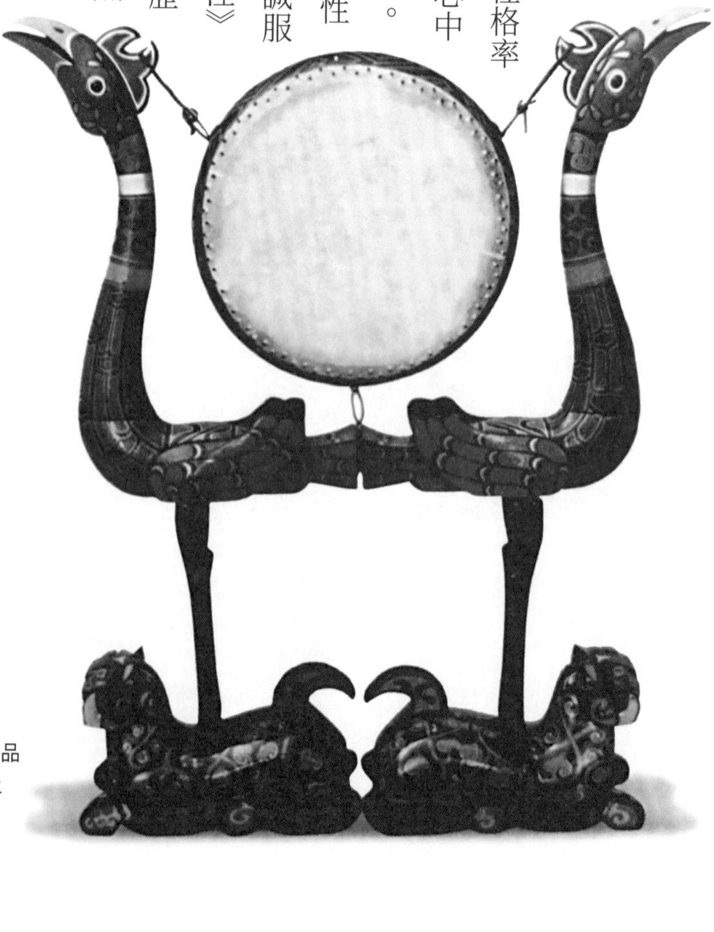

「彩繪描漆虎座雙鳥鼓」的複製品
原件在 1965 年從江陵縣望山楚墓出土
（現藏於湖北省博物院）

古典詩歌三首

之二・遣懷

「十年一覺揚州夢，贏得青樓薄倖名。」巨星雲集的唐代詩壇裡，有幾位不凡的詩人，他們的情感、態度與個性，似乎特別能與後世讀者起共鳴。因此他們的詩句也特別容易流傳，一般人都能琅琅上口，杜牧就是其中最具人氣的。他的浪漫與率性，甚至落魄與自嘲，都帶著鮮明的個性，連「江湖」這個字眼，都因為他而有了瀟灑、豪放、令人嚮往的氣息。

壹・作者與出處

杜牧（八〇三～八五二年），字牧之，京兆萬年（今陝西西安）人。晚年居長安南樊川別墅，號樊川居士。後世稱「杜樊川」，著有《樊川文集》，晚唐著名詩人。

杜牧是杜預、杜佑的後人，這一世系可以追溯到西漢御史大夫杜周，杜氏在唐代更加顯赫，曾祖杜希在玄宗朝曾官拜西河郡太守、涼州節度使，封襄陽公，補左僕射。祖父杜佑做過德宗、順宗、憲宗三朝宰相，父杜從郁，以蔭入仕（唐代有因父祖庇蔭入官的制度），後遷太子司議郎，可說是「一門朱紫，世代公卿」。

杜牧生於唐憲宗十九年（八〇三年），才華穎異，抱負不凡。他是名符其實的官二代。在家族中排行十三，據唐人習慣，人稱杜十三。因為家學，養就一身的文才武略。尚未中進士之前就寫了有名的〈阿房宮賦〉和〈感懷詩〉。二十六歲中進士，又連中賢良方正能直言極諫科，授校書郎，在當時傳頌一時。杜牧先後任沈傳師江西幕府、宣城幕府、淮南節度使牛僧孺揚州書記，直到五十一歲去世。《舊唐書・杜牧傳》說他「解褐（做官）弘文館校書郎，試左武衛兵曹參軍」，指出他擅長軍事。他曾結合歷代用兵的虛實形勢，注釋曹操所定《孫子兵法》十三篇，充分表現軍事長才；曾寫〈罪言〉綜論天下大事，是政治方面著作，可以看出他允文允武的才華。可惜他一生官場失意，只能以詩文立言行世。

由於杜牧的詩才得杜甫精髓，《新唐書》稱：「人號『小杜』，以別於杜甫」。作為晚唐傑出的詩人、散文家，也與李商隱並稱「小李杜」，李商隱有一首〈杜司勛〉詩相贈：「高樓風雨感斯文，短翼差池不及群。刻意傷春復傷別，人間惟有杜司勛。」卻寫出晚唐社會風雨飄搖下的政治形勢和詩壇上詩人寂寞落拓、無可奈何的悲哀，同時也在詩中也表達了對杜牧的惋惜與感傷。

杜牧因少年登第，落拓不得志，曾流連酒色，放浪形骸。最初辟為淮南牛僧孺幕下，夜晚常微服遊妓舍，屢遭檢舉。因此杜牧詩有一

元代 喬孟符撰〈杜牧之詩酒揚州夢〉雜劇的插圖
取自明萬曆刊本《元曲選》

大特色，是他對江南名妓的溫存，如「十年一覺揚州夢，贏得青樓薄倖名」、「自是尋春去較遲，不須惆悵怨芳時」等，這是他浪漫的一面。然而，才子風流畢竟還有重要的文學成就，那就是他的詠史諷諭詩，他對統治階級的豪奢誤國，頗多諷刺，如〈過華清宮絕句〉名句「一騎紅塵妃子笑，無人知是荔枝來」、〈泊秦淮〉名句「商女不知亡國恨，隔江猶唱後庭花」等詩，都極高明而膾炙人口。在諸多題材中，他似乎對華清宮題材特別感興趣，曾寫有五言排律〈華清宮三十韻〉一首、七言絕句〈過華清宮絕句〉三首、〈華清宮〉一首，這都是詠史、諷諭的名作。杜牧特別突出的文學才華是翻案詩。例如：〈赤壁〉名句「東風不與周郎便，銅雀春深鎖二喬」、〈題烏江亭〉名句「江東子弟多才俊，捲土重來未可知」，這些詠史之作也因翻案手法而有強烈的諷諭功能。清趙翼《甌北詩話》說：「杜牧之作詩，恐流於平弱，故措詞必拗峭，立意必奇闢，多作翻案語，無一平正者」，可見他立意出奇的才子性格。感時諷世、反思歷史，才是杜牧以詩留名的真正成就。

杜牧也特別擅長寫七言絕句，除詠史深刻之外，抒情、寫景之作風格爽朗俊逸，如〈山行〉：「遠上寒山石徑斜，白雲深處有人家。停車坐愛楓林晚，霜葉紅於二月花。」這不僅是千古流傳的名詩，也為此詩的背景——長沙嶽麓山留下一座「愛晚亭」名勝，詩句與名勝因杜牧的才子本色而雙留名。

貳・選文與注釋

落魄[1]江湖[2]載酒行[3]，楚腰纖細[4]掌中輕[5]。

十年一覺揚州夢[6]，贏得[7]青樓[8]薄倖[9]名。

1 落魄：仕宦潦倒不得意，飄泊江湖。「落魄」一作「落拓」，指過著無拘無束、放縱逸樂的生活，宦途失意和放蕩不羈兼而有之。

2 江湖：江河湖海，與朝廷相對，泛指民間社會。

3 載酒行：四處飲宴交遊。載酒：攜酒。

4 楚腰纖細：指揚州歌女體態纖細。典故出自《韓非子・二柄》：「楚靈王好細腰，而國中多餓人。」記載楚靈王喜歡細腰，宮中女子就束腰，忍飢以求腰細，後世因以楚腰喻美女。

5 掌中輕：據說漢成帝的皇后趙飛燕身體輕盈，能在掌上翩翩起舞。這是一種誇張的形容。典故出自《飛燕外傳》：「體輕，能為掌上舞。」

6 十年一覺揚州夢：在揚州生活的十年光陰，回首起來恍如一夢。杜牧在大和七年（八三三）入揚州幕府，至會昌二年（八四二），又受李德裕排擠，被迫出為黃州刺史，故居於揚州約有十年。

7 贏得：一作「占得」，有反諷悔恨自我調侃的心情，也有負才自負的誇耀之意。

8 青樓：本指精美華麗的樓房，也指妓院。

9 薄倖：薄情，輕薄負心。

參．可以這樣讀

風流倜儻的才子，感懷深長的自我調侃

〈遣懷〉一詩從題目可知，是排遣、抒發情懷。究竟此詩抒的是甚麼情懷？據《唐才子傳》的記載，太和年間（八三三～八四二），杜牧曾任淮南節度使牛僧孺幕府的揚州書記，當時的淮南經濟發達，遠勝長安，絕色名妓更是雲集於此。那時候杜牧年華正茂、詩名正盛，宴會的邀請頻繁，不免放蕩縱逸，與歌妓舞女產生似有若無的戀情。後來杜牧被人排擠，出為黃州刺史，回憶揚州時期而有此詩。詩首句起於「落魄」二字，既放縱逸樂又宦途失意，與失意於黃州的情境吻合，定下了全詩感傷的基調，並藉著「載酒行」連結第二句「楚腰」與「掌中輕」的典故，點染當年和歌妓舞女之間的浪蕩情懷。兩句合看，有酒有色，反映出杜牧揚州生活浮薄的一面。

少年浪蕩更加看出才子落拓不遇的苦悶，這是本詩的主旨。其實，杜牧懷才不遇的感慨與經世大略虛懸的無奈，正是此詩的背後張力。他的經世大略如他二十五歲所寫的〈感懷〉一詩，從高祖、太宗一路說到安史亂後藩鎮割據的局面，少年早已寄寓了自己的壯志，此中的憂憤之情正是落拓之感的作用力。他的詠史詩常常有警刻的語言，含意深遠，委婉諷刺，也可以一窺才子愁懷的原由，例如〈泊秦淮〉寄寓了聲色誤國的歷史教訓；〈過華清宮三絕句〉其一：「一騎紅塵妃子笑，無人知是荔枝來。」諷刺玄宗勞民傷財的行為，每一首都

透露著強烈的諷諭與感慨。大才廓落，不為時代所用，正是此詩才子所遣之懷。《唐人絕句精華》說：「才人不得見重於時之意，發為此詩，讀來但見其兀傲不平之態。」

整體來說，本詩是杜牧懷才不遇與自我調侃的詩篇，沉重的感傷在「十年一覺揚州夢」一句，在寄身「江湖」，藉「酒」消愁的過往，杜牧甚至還以「贏得青樓薄倖名」自嘲，來反襯出這份感傷。此詩既有調侃戲謔，又有眷念反思，夾雜著一絲絲的懺悔和深刻的慨嘆，詩心浸透了抑鬱與煩悶，是杜牧對自己少年頹廢、荒誕浪蕩行為的自嘲和一生失志的自剖。

儘管放浪形骸、流連聲色場所的杜牧受到許多非議，致使他和其他的詩人有所不同。杜牧詩歌動人之處在於他的真性情，他敢於向世人展示他蹉跎歲月、浪蕩不堪的生活。多情種子放蕩不羈的真摯情懷，有自得，有追悔，也有悵然若失，在感傷中烘托得更深刻。後來，杜牧以御史的身分來到洛陽，也不乏風流韻事。但才名從揚州到洛陽不減，《古今詩話》記載，杜牧在洛陽為御史時，洛中名士都想拜見他，當時有一位李姓司徒本來因杜牧的放浪迴避他，最後迫於盛名只好為他大開筵席。看來這風流倜儻的才子，不管到哪裡都洗不掉年少輕狂的浮名，但也更加烘托出才子風流、壯志未酬的蒼涼。

怎樣理解杜牧的千古名篇〈遣懷〉？

杜牧的作品風格既有盛唐的昂揚、進取，又有晚唐的唯美、憂傷。這與他本人胸懷大志，卻身陷晚唐政治環境中有關。杜牧年輕時，曾為《孫子兵法》做過註解，還曾經隨軍參戰，提出建議策略，改變戰場局勢，贏得了勝利。這樣一個人，如果在盛、中唐，會是不世出的文臣武將，起碼也有類似於高適、顏真卿一類的功業。可惜杜牧生不逢時，中進士之後成為京城小官，入官僚體制內卻又無能作為，他發現了晚唐政權的大問題——中央政府已經無力控制地方藩鎮割據的勢力。這也就是他投身入節度使幕府，成為淮南節度使牛僧孺的幕僚之因。

本詩是杜牧在黃州追憶青樓歲月而作。唐代社會狎妓冶遊成風，杜牧將這些行為鮮明地訴諸文字，才讓人感覺他是一個頹廢且浪蕩的公子。而杜牧實際上也是一個飽讀詩書的文人，他在二十幾歲便寫下了〈赤壁〉、〈泊秦淮〉等激昂慷慨的作品，可以看出他是個有理想有抱負的人。此外，他還寫了〈阿房宮賦〉，向唐朝統治者建言獻策，足以看出他正直而憂國憂民的一面。

杜牧的詩有時豪邁、有時俊朗、有時旖旎，文辭清麗又極具感染力，正是盛唐精神和晚唐詩風結合的標竿。他把敘事、議論、抒情三者融會貫通，形成自己的一派風格，這首〈遣懷〉夾敘、夾議、夾抒情，一方面訴說著自己年少虛度光陰的荒唐，一方面充滿對晚唐政治的不滿。閱讀此詩也就必須從杜牧個人的生命史與晚唐社會奪權爭鬥的政壇入手，我們才能理解詩人的輕狂與苦悶。

西安市大唐不夜城
街心花園中的詩人杜牧雕像。

「算博士」迷人的風采

對於能靈活運用數字入詩的詩人，古人稱之為「算博士」。杜牧是唐代詩人中有名的「算博士」之一，常常用數字入詩。下面幾例是比較突出的，〈江南春絕句〉說：「南朝四百八十寺，多少樓臺煙雨中。」實際上南朝的寺院並非四百八十座，這只是個大約的數字，卻比史實更深入人心；〈洛中送冀處士東游〉說：「四百年炎漢，三十代宗周；二三里遺堵，八九所高丘。」因著數字的排比，讓時代、世系、距離與空間，都充滿歷史感懷的悲愴；其他如〈村舍燕〉說：「漢宮一百四十五，多下珠簾閉瑣窗。」〈寄揚州韓綽判官〉說：「二十四橋明月夜，玉人何處教吹簫？」都充滿數字的魔力，特別是「二十四橋明月夜」是杜牧膾炙人口的名句，描繪了揚州美麗動人的風貌。提起揚州，誰都知道有二十四橋；而到了揚州，實地真有二十四橋嗎？查考史料，可以發現這根本是子虛烏有，只能說是揚州橋梁的總稱，是「算博士」迷人的本事造成人們的錯覺，千古留下「二十四橋」的芳名，成為揚州美景的代稱。

〈遣懷〉這首詩也有一句名句，「十年一覺揚州夢」，在「十」與「一」的張力下，形成年少風流的杜牧神采。杜牧年輕時在江南任職，頭尾大約十年，作者詩中多處提到這「十載」，如〈念昔游〉說：「十載飄然繩檢外」。此詩應當作於杜牧在黃州刺史任上，為追憶十年前的揚州歲月而作。當時他三十一、二歲，頗好宴遊。他在揚州期間，與青樓女子多有來往，詩酒風流，放浪形骸。

二十四橋明月夜，玉人何處教吹簫？

所以日後追憶起來，繁華如夢、光陰如幻、悔恨感嘆，交織成一場十年後才覺醒的夢。這「十」與「一」的張力，映顯著光年紀事與生命感懷，有虛與實、夢與覺、成與敗、得與失的對照，淬礪成形象飽滿、滋味豐富的詩句。

肆．再做點補充

允文允武的落魄詩人

《舊唐書．杜牧傳》記載：「牧好讀書，工詩為文，嘗自負經緯才略。」與唐朝大部分詩人不同的是，杜牧除了詩才，還有出眾的政治才華。唐憲宗討伐藩鎮時，杜牧正值少年。曾專注研究政治的治亂與軍事。他為曹操所定的《孫武十三篇》作注，一度流行於天下，當時年僅二十歲。據《舊唐書》記載：「武宗朝誅昆夷、鮮卑，牧上宰相書論兵事，言『胡戎入寇，在秋冬之間，盛夏無備，宜五六月中擊胡為便』。李德裕稱之。」諸如此類言辭精彩、頗有見地的上書不止一回，難怪能令宰相李德裕稱美。

身為一名官宦子弟，杜牧少時條件可謂得天獨厚。自幼便飽讀詩書，可謂滿腹經綸。二十歲的年紀，杜牧已深諳用兵治世之道。二十三歲作〈阿房宮賦〉，此文一出便名揚天下。二十五歲時寫下長篇五言古詩〈感懷詩〉。二十六歲的他，進士及第，授弘文館校書郎。《舊唐書》說他「牧剛直有奇節，不為齪齪小謹，敢論列大事，指陳病利尤切至。」可見他剛勁的性情、不拘小節的個性與針砭時事的本事。身懷如此奇才，卻是官運不順。至宣宗大中六年（八五二年）逝世，杜牧一直處於無關緊要的官職之上。

杜牧一生困頓不得志，究其原因，與晚唐長達四十年的「牛李黨爭」分不開。作為牛黨核心人物的牛僧孺，一度官至宰相，權傾朝野，對杜牧有知遇之恩。牛僧孺後因為朋黨之爭，為皇帝責問，請辭至淮南做節度使。杜牧此時被其收入治下，做了掌書記，也算是良駒遇伯樂。但是，杜牧家族與李德裕為首的「李黨」世代交好的家庭背景，註定使杜牧要成為一個游離於兩黨之間，不受重視的人物，雙面為難。牛李兩派對杜牧都極力拉攏，卻不給予足夠重視和信任，這是既定事實。杜牧徒有報國之志、治國之才，卻無法走進大唐政治核心。二十四年的官宦生涯，在江南之地就占去了大半。或許只有流連在煙花柳巷，才能減輕生平抑鬱之氣吧！

彼此傾慕與相知的風流韻事

故宮博物院藏有一幅杜牧的〈張好好詩帖〉，行草書法瀟灑雄渾，足以令後世領略杜牧的氣度。此詩帖為杜牧唯一墨跡，經各代流傳，傳世至今。

張好好，是杜牧生命中不可多得的異性知己。他們相識時，張好好正是豆蔻年華。男未婚女未嫁，兩人彼此傾慕。杜牧那首膾炙人口的〈贈別〉：「娉

牛李黨爭黨魁
李德裕（右）
牛僧孺（左）

娉裊裊十三餘，豆蔻梢頭二月初。春風十里揚州路，卷上珠簾總不如。」就是為張好好寫的。兩人心生情意，卻以分別收場。杜牧死後，張好好隱忍心事，最終於杜牧之墳前殉情。此詩中才子與佳人彼此知心的韻事，何嘗不是另類的「知己」意義？

（蕭麗華）◆

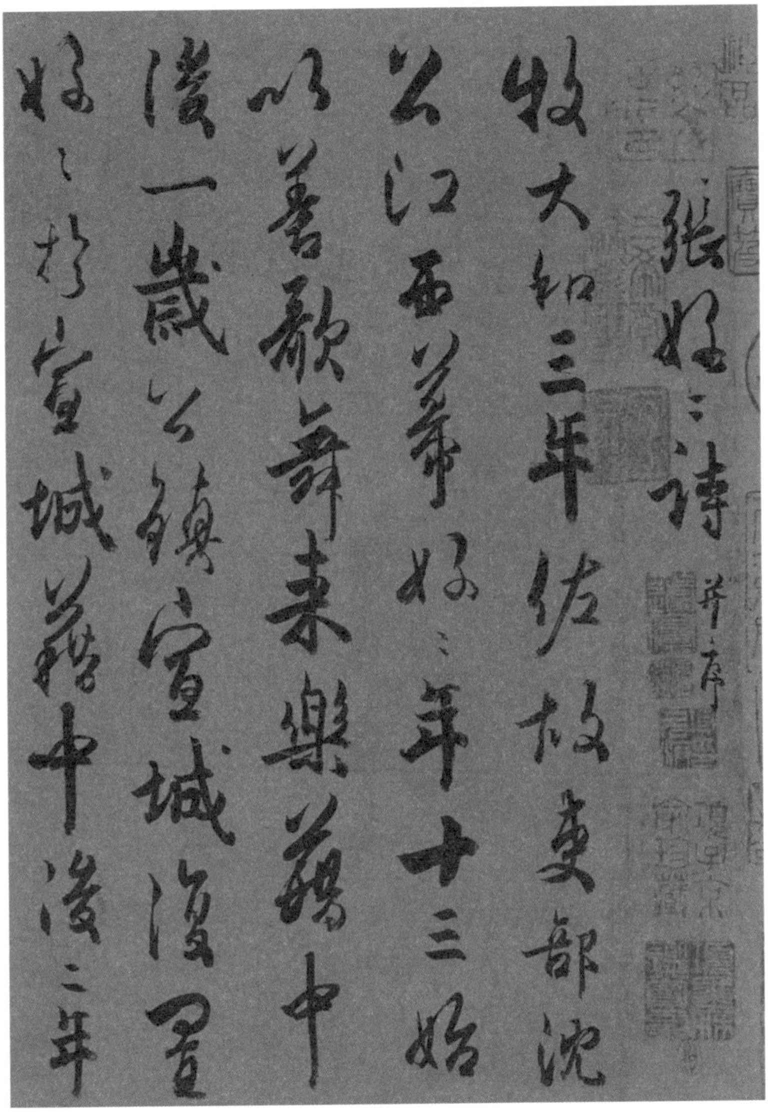

杜牧唯一墨跡〈張好好詩帖〉（北京故宮博物館藏）

古典詩歌三首
之三・寄黃幾復

在盛唐詩歌燦爛照射下，宋朝詩歌似乎相對顯得沉默，但是在內行人眼中並非如此。宋人以學唐、變唐為手段，以新唐、拓唐、自成一家為終極追求。奪胎換骨、點鐵成金，成就了深遠、內斂、深思見長的宋詩，不只能抒情敘事，還能議論說理，兼容知性與感性。江西詩派創始者黃庭堅的這首〈寄黃幾復〉，具體展現他活用典故、轉出新意的詩觀，為宋詩另闢幽深的蹊徑。

壹・作者與出處

黃庭堅（一〇四五～一一〇五），字魯直，自號山谷道人，晚號涪翁，世稱黃山谷。北宋洪州分寧（今江西修水）人。生於仁宗慶曆五年（一〇四五），英宗治平四年（一〇六七）進士，任葉縣尉。熙寧初，任北京國子監教授，知太和縣。元祐初，召為校書郎、為《神宗實錄》檢討官，遷著作佐郎。紹聖二年（一〇九五），貶涪州別駕，黔州安置。徽宗立，再貶宜州，於徽宗崇寧四年（一一〇五）卒於貶所，年六十一。

宋神宗任用王安石，施行變法革新。黃庭堅擔任地方官，關懷民生疾苦。認為新法不能一概否定，當擇善而從。但對於新法的理財措施，不便於民處，多委婉譏諷，體現於詩歌中，字裏行間，否定批評多於稱許推崇，故被新黨變法人士視為舊黨成員，在變法人士掌權期間，屢遭貶謫。

黃庭堅歷經熙寧變法，元祐更化，政治理念與王安石不合，於是宦海浮沉，與熙寧變法共始終，亦與新舊黨爭相糾結。哲宗紹聖元年，因參與編修《神宗實錄》，其中庭堅直書「用鐵龍爪治河，有同兒戲」，坐以誣慢不恭，謗訕先烈，獲罪遭貶，責授涪州別駕，黔州安置。釋惠洪《石門文字禪》稱：「山谷初謫，人以死弔。笑曰：『四海皆昆弟，凡有日月星宿處，無不可寄此一夢者。』」過三峽，作〈竹枝詞〉：「鬼門關外莫言遠，五十三驛是皇州。」，樂觀曠達，可以想見。庭堅謫居黔州，頗得知州王獻可盛情照拂。更諄諄教誨當地學子，談文論藝，砥礪品德。元符元年（一〇九八），再貶戎州安置。題名住屋為「任運堂」，寓所為「槁木菴」。可見其隨緣任運，生死榮辱早已置之度外。

元符三年（一一〇一），哲宗崩，徽宗立，重新啓用元祐舊臣，庭堅改知舒州，獲得放還。遂離戎州，前往荊南。徽宗崇寧二年（一一〇三）十一月，以所作〈承天院塔記〉，被指為「幸災謗國」，再貶謫宜州羈管。三年五月，抵達宜州貶所，詩所謂「萬死投荒，一身弔影，不復齒於士大夫矣」；「憂患之餘，癯瘠未復，鬚髮半白……已成鐵人石心」，處境之艱難不堪，可以想見。四年乙酉，撰《乙酉家乘》，人生暮年之孤單、窘迫、愁苦，盡在其中矣。是年五月，除黨人之禁。九月，詔黨人貶謫者量移內徙，於是由宜州移永州。唯量移之詔令未至，一代文星已於九月三十日與世長辭，終年六十一。

黃庭堅作詩，推崇杜甫，深信杜詩「無一字無來歷」。所貴在推陳出新，化陳腐為神奇。於是提出點鐵成金、以故為新、以俗為雅、奪胎換骨諸詩法。在在多是師古與創新，厚積薄發與自成一家的轉化。著名的「奪胎換骨」，如釋惠洪《冷齋夜話》卷一所詮釋：「然不易其意而造其語，謂之換骨法；窺入其意而形容之，謂之奪胎法。」如此詩的「持家但有四立壁」，將《史記》司馬相如傳中「家徒四壁」的成語，依語言重組，去除其陳熟套語，而成新鮮詩句，便是換骨法。用同一詩料，別出新裁，賦與不同的詮釋，如此詩的「治病不蘄三折肱」，即窺入原典卻反用原典原意。以創新語言，重新描述前人已表達的意思，便是奪胎法。黃庭堅作詩，揭示詩法，由於有門可入，有法可學，於是南宋時江西詩派風行天下。

本詩原註為：「乙丑年德平鎮作」。在宋神宗元豐八年（一〇八五），黃庭堅時年四十一，移監山東德州德平鎮。四月，奉詔為校書郎，九月間離德平赴汴京。時趙挺之通判德州，欲行市易法，庭堅以為鎮小民貧，不堪誅求，必致逃散，關心民瘼如此。他日黃庭堅宜州之貶謫，肇因於此。本詩創作時間，大抵在本年一月至五月間。

黃庭堅著作，流傳之版本，有《山谷內集》三十卷，《山谷外集》十四卷，《山谷別集》二十卷。南宋人任淵作《山谷詩集注》二十卷，史容作《山谷外集詩注》十七卷、《山谷別集詩注》兩卷。今人黃寶華整理黃庭堅詩集，滙集上述兩宋諸本，參考宋明清善本而點校之，名曰《山谷詩集注》。

位於江西省修水縣縣城南山崖的黃庭堅紀念館。

貳．選文與注釋

〈寄黃幾復〉[1]

我居北海君南海，[2] 寄雁傳書謝不能。[3]

桃李春風一杯酒，[4] 江湖夜雨十年燈。[5]

持家但有四立壁，[6] 治病不蘄三折肱。[7]

想得讀書頭已白，隔溪猿哭瘴煙藤。[8]

1 黃幾復，名介，江西南昌人，黃庭堅年少時好友，與黃庭堅曾於北京大名府國子監同任學官。其後，移長樂尉，舉廣州教授，仕於嶺南十年。後改楚州團練推官，知四會縣。

2 我居北海君南海：北海、南海，指天南地北，路遠不相及。《左傳．僖公四年》載齊桓公伐楚，楚成王說：「君處北海，寡人處南海，唯是風馬牛不相及也。」當時，黃幾復在廣東四會縣擔任縣令，黃庭堅在山東德州德平鎮。一南一北，皆海濱之地，故云。

3 寄雁傳書謝不能：黃庭堅在山東德州，本欲託雁傳書於任職廣州的黃幾復，然鴻雁因南飛不過衡陽而辭謝拒絕。本句化用「雁止衡楊」與「雁足傳書」兩則典故，前者因大雁南遷至衡陽已是春天，故就北返的習性而言；後者出自《漢書．蘇武傳》，據載：蘇武出使匈奴遭拘北海多年，相傳曾託雁帶書信至朝廷而終獲返。謝：表推辭拒絕做某事的婉辭。

4 桃李春風一杯酒：回想當時的得意心情，二人同在北京大名府國子監擔任學官。據《山谷年譜》記載，黃幾復與黃庭堅於熙寧九年同學官出身，至寫此詩時，經歷十年。桃李、春風、一杯酒，皆實字名詞。經由巧妙安排，遂推陳出新，呈現良辰美景、賞心樂事的往事。

5 江湖夜雨十年燈：敘寫今日宦遊之苦。江湖、夜雨、十年燈，亦陳熟常語，藉由新奇組合，呈現孤苦冷落、蕭瑟淒清的場景詩境。

6 持家但有四立壁：形容窮困至極。持家：操持家業，指家境。但有四立壁：只有四面牆壁，其他無有。典故出自《史記．司馬相如列傳》：「家居徒四壁立。」

7 治病不蘄三折肱：指黃幾復年少才銳，不必一再經歷挫折，即已熟練世故，希望此後人生不要有變故挫敗的逆境。典故出自《左傳．定公十三年》：「三折肱，知為良醫。」蘄：音ㄑㄧˊ，同祈、期，祈求之意。

8 瘴煙：瘴癘之氣，指南方山林間因濕熱而引發的毒氣，古人認為是瘧疾等傳染病的病源。廣東四會縣為嶺南之地，所以黃庭堅想像黃幾復身處瘴煙聚集之地。

參．可以這樣讀

思親懷友，作詩寄意，自《詩經》以下，歷經六朝、隋唐五代，自是古人民生日用的應酬俗事。這樣的陳熟主題，到了宋代，如何化俗為雅，推陳出新？甚至新變代雄，自成一家？清方東樹《昭昧詹言》稱：「涪（音ㄈㄨˊ）翁以驚栁為奇，意、格、境、句、選字、隸事、音節，著意與人遠。」著意與人遠，即盡心致力於疏離、疏遠、陌生之創意造語，這是黃庭堅詩作的殊勝處。誠如方東樹所謂「山谷之妙，在乎迴不猶人，時時出奇。」黃庭堅〈寄黃幾復〉詩，可見端倪。

這是一首七言律詩，開門見山，首聯就使事用典：「我居北海君南海，寄雁傳書謝不能。」可見黃庭堅宗法杜甫作詩「無一字無來處」的詩法：上句，化用《左傳》典故；下句，反用《漢書》典故。此時，黃庭堅在山東，黃幾復在廣東，一北一南，皆位處海邊。貼切拈出北海南海，凸顯天南地北，路途遙遠，相思而不得相見。「寄雁傳書」反接「謝不能」，成為否定句。著一「謝」字，將鴻雁擬人化，化陳熟為生新。無可奈何之情，溢於言表。不但婉轉有味，而且點鐵成金，推陳出新。晚清陳衍《宋詩精華錄》所謂：「次句語妙，化臭腐為神奇也。」

頷聯「桃李春風一杯酒，江湖夜雨十年燈」，膾炙人口，是傳世不朽的名句。第三句，回想往時同時在北京大名府國子監任官的共遊之樂，年少得意。桃李、春風、一杯酒，皆三組名詞，六個實字，乃當年所見所感之美麗物事，要皆熟語陳詞。詩人進行新奇組合，意象重疊密集，促成詩意繁富，文約而義豐。呈現的場景詩境，皆良辰美景、賞心樂事。第四句，敘寫今日宦遊之苦，與昔年年少同時任官的得意愉悅場景對比，無限感慨。江湖、夜雨、十年燈，亦三組名詞，六個實字，陳熟常語、實字名詞，經由創意造語，意象重疊密集，促成文約義豐。呈現的場景詩境，孤苦冷落、蕭瑟淒清。十年前於北京大名府國子監同任學官，之後十年間的仕宦生涯，常在作客江湖的夜雨場景中，懷念以前兩人共遊的青春歡樂。宋代釋普聞《詩論》釋其意境云：「大凡頷聯皆宜意對。春風桃李但一杯；而想象無聊，窶空為甚。飄蓬寒雨十年燈之下，未見青雲得路之便。其羈孤未遇之嘆，具見矣。」宋代《王直方詩話》以為「真是奇語」，意思是此聯僅用名詞並列，句中無任何動詞及虛詞，在並列的各組名詞中，讀者便能自動連結生發其詩意，不勞作者解釋，意思自出，故為奇語。其他，《呂氏童蒙訓》、《竹莊詩話》、《詩林廣記》諸家詩話，對此聯亦皆推崇備至。至於清吳喬《圍爐詩話》卷一稱：「唐詩有意，而托比興以雜出之，其詞婉而微……宋詩亦有意，惟賦而少比興，其詞徑以直。」近人更云：「唐詩多用形象思維，宋詩多用邏輯思維。」要之，大多是以偏概全之論。若論運用比興，凸顯形象思維，「桃李春風一杯酒，江湖夜雨十年燈」，何嘗遜於溫庭筠〈商山早行〉：「雞聲茅店月，人跡板橋霜」？較之杜甫〈衡州送李大夫七丈勉赴廣州〉詩：「日月籠中鳥，乾坤水上萍。」陸游〈書憤〉詩：「樓船夜雪瓜州渡，鐵馬秋風大散關。」有同工異曲之妙，亦不遑多讓。

宋代 沈子蕃 〈緙絲秋山詩意〉
國立故宮博物院藏

黃庭堅作詩宗師杜甫，講究讀書精博，所謂「長袖善舞，多錢善賈。」黃庭堅在〈論作詩文〉中亦云：「詞意高勝，要從學問中來爾。」持此觀點，以考察〈寄黃幾復〉詩，略可見此中消息。除了首聯外，頸聯為「持家但有四立壁，治病不蘄三折肱。」第五句援引《史記．司馬相如列傳》原典，而稍加化用：《史記》原作「四壁立」，本詩改為「四立壁」，「立」字，由動詞變為形容詞，凸顯家境苦寒，清高自守，詩意生新警策。第六句添增「不蘄」二字，反用《左傳》定公十三年典故，遂成反言以顯義，賦古典以新貌。推崇黃幾復天生幹才，為官不需經過挫折磨練，即可勝任愉快，所以未來不祈望仕途再有逆境來培養經驗。宋嚴羽《滄浪詩話》稱：「夫詩有別材，非關書也；詩有別趣，非關理也。然非多讀書，多窮理，則不能極其至。」由此觀之，讀書窮理，有助於賦詩作文。《滄浪詩話》評論江西詩派：「以文字為詩，以才學為詩」、「夫豈不工？終非古人詩也。」資書以為詩，既「非古人之詩」，自是新變唐詩，以學力作詩、以哲理入詩，則蔚為宋詩的一大指標。

尾聯「想得讀書頭已白，隔溪猿哭瘴煙藤」，文字看似白描如話，細究發現其實不然。任淵《注》此二句：「東坡詩：『讀書頭欲白，相對眼終青。』老杜詩：『殊方日落玄猿哭，舊國霜前白雁來。』」指詩意取自蘇軾、杜甫。由此觀之，〈寄黃幾復〉第七、八句，立意措詞，亦自有來處，所謂「擬似依倚為勢」。其場景營造，懸想千里外的白頭好友，仍埋首書海閱讀。但廣東殊方異鄉，瘴溪猿猴攀藤啼哭，此起彼落，與讀書聲隔溪相應和。訴諸視覺與聽

「四立壁」，凸顯家境苦寒，清高自守。

覺，懷思之情，溢於言外。末聯亦展現黃幾復仕途不順遂，十年的仕宦生涯，頭白時志氣尚在，還想讀書經世濟民，但卻隔溪聽到猿猴於瘴溪藤中哭叫，而不是在廟堂魏闕之上發揮治才，友人時運不濟，黃庭堅無限感慨。

郭紹虞《宋詩話考》說：「宋人談詩，要之均強調藝術技巧，罕有重在思想內容者。」誠然！詩話、筆記，或提供創作經驗，或分享閱讀心得，或鑑賞詩歌藝術，或總結詩學原理。要之，皆為一代詩歌創作，詩人、詩風之如實反應。宋詩如何注重藝術技巧？山谷詩如何點鐵成金、以故為新？如何化俗為雅、奪胎換骨？從黃庭堅這首〈寄黃幾復〉中，可見江西詩派所標榜的詩法，而宋詩宋調的特色，於此亦可見一斑。

明代 文徵明〈春山烟樹〉國立故宮博物院藏。

肆．再做點補充

唐詩的輝煌燦爛，堪稱精華極盛，體制大備。所謂「宋人生唐後，開闢真難為。」唯宋代嚴羽《滄浪詩話．詩辨》稱：「國初之詩，尚沿襲唐人。至東坡、山谷，始自出己意以為詩，唐人之風變矣！」蘇軾、黃庭堅作詩，以學唐、變唐為手段，以新唐、拓唐為目的，追求創意造語，自成一家。故詩歌造詣，新變代雄。黃庭堅與蘇軾齊名，並稱蘇黃，為宋詩宋調之代表。在宋代詩歌史的地位，猶唐詩之有李白杜甫，致有蘇、黃爭名、蘇、黃優劣之說。王水照教授有「宋清千年一脈論」（《鱗爪文輯．重提內藤命題》）。主要指清代桐城派、同光體詩人，對蘇、黃二家詩的受容，尤其是黃庭堅詩歌的影響。

黃庭堅以杜甫詩為師法之入門、學習的標竿，如在〈答洪駒父書〉稱：「自作語最難。老杜作詩，退之作文，無一字無來處。蓋後人讀書少，故謂韓、杜自作此語耳。古之能為文章者，真能陶冶萬物，雖取古人之陳言，入于翰墨，如靈丹一粒，點鐵成金也。」深信杜詩「無一字無來處」，所貴在陶冶陳言，推陳出新，化陳腐為神奇。點鐵成金，自是其中一法。同時，提出以故為新、以俗為雅、奪胎換骨諸詩法。宋代釋惠洪《冷齋夜話》卷一引山谷云：「詩意無窮，而人之才有限。以有限之才，追無窮之意，雖淵明、少陵不得工也。」在在多是師古與創新，厚積薄發與自成一家的轉化。

黃庭堅與蘇軾訂交，始於元豐元年（一〇七八），黃執弟子禮，始終視蘇軾

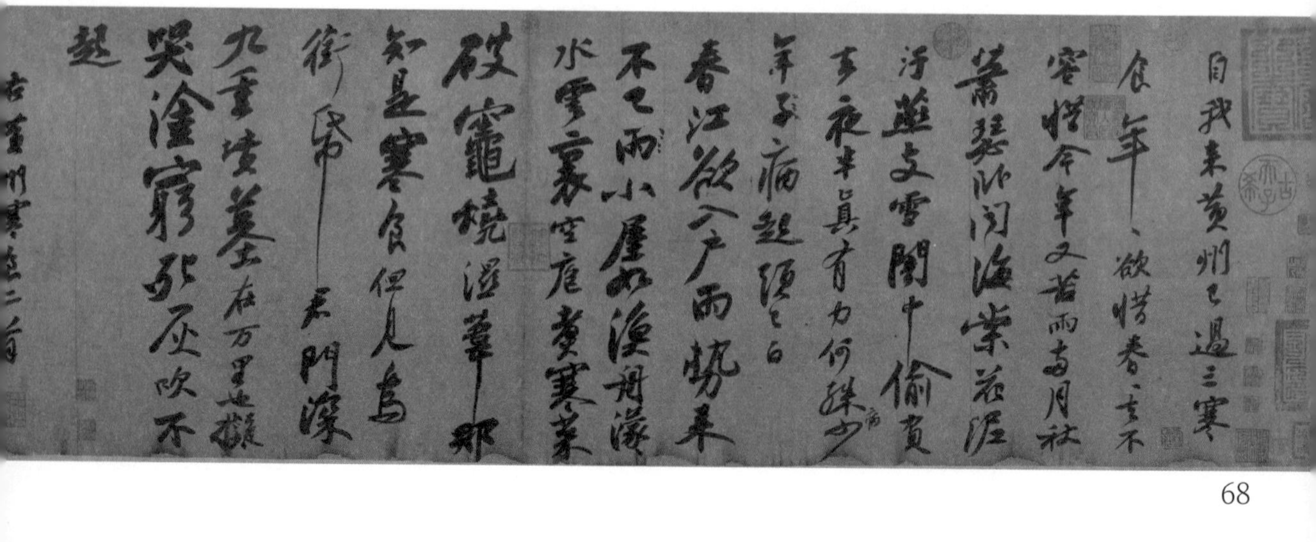

為師長。元祐中，蘇軾除翰林學士，曾舉薦黃庭堅自代，稱其「孝友之行，追配古人；瑰瑋之文，妙絕當世。」元祐時期，與秦觀、晁補之、張耒交遊，皆得蘇軾之獎掖，合稱「蘇門四學士」。加上陳師道、李廌，皆以文章見知於蘇軾，合稱為「蘇門六君子」。黃庭堅開創江西詩社宗派，與蘇軾齊名，為宋詩之代表，並稱蘇、黃，猶唐詩之有李、杜。江西詩派中人論宋詩宋調，持與杜甫、陳師道、陳與義合論，有「一祖三宗」之稱。

黃庭堅於元豐五年（一〇八二年）任太和縣令，作〈登快閣〉詩，已有「萬里歸船弄長笛，此心吾與白鷗盟」之懷想。誠所謂身處魏闕之上，心思江湖之遠。黃庭堅的思想，圓融儒釋道三家之學，形成內儒外佛道的人生哲學：內在，發用儒學之是非善惡，克己正心之道德實踐；而外在，則體現佛禪老莊之養心寡欲，逍遙任運，和光同塵，與世委蛇之胸懷。所謂「俗裏光塵合，胸中涇渭分」、「胸次九流清似鏡，人間萬事醉如泥」，此之謂不俗。由品格修養不俗之高尚精神境界，轉化為謀篇、安章、鍛句、煉字藝術美學之不俗，成為黃庭堅詩學與江西詩派詩論的特色與立足點。

黃庭堅亦長於詞：所作俗詞，俚俗粗直，為金元曲子詞的濫觴。雅詞，多作於貶謫期間，以之遣興抒懷，體現仕宦與貶謫之精神世界。

黃庭堅出身江西，爲禪宗文化發祥地，作詩、繪畫、書法，往往「以翰墨作佛事」。北宋書法有四大家，黃庭堅名列其中，與蘇軾、米芾、蔡襄齊名。黃庭堅《山谷題跋》，書論強調韻、俗、意，可與詩論詩作相發明。（張高評）◆

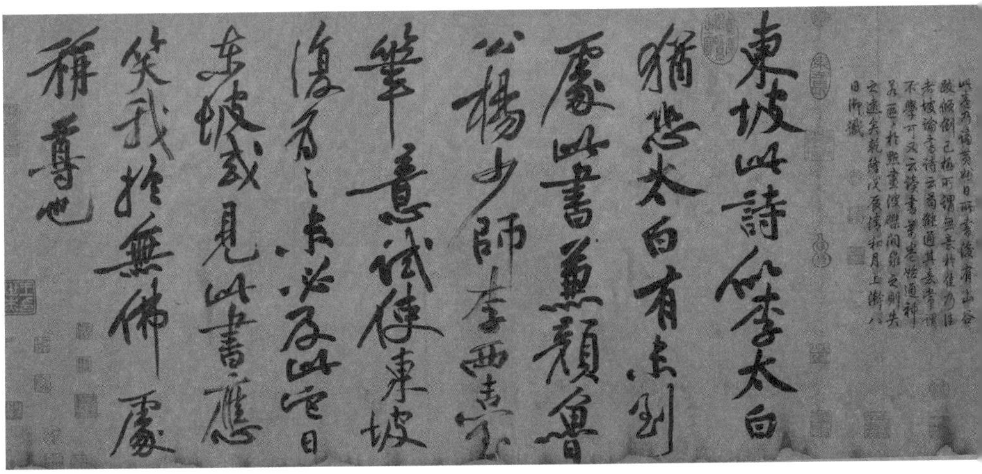

〈寒食帖〉是北宋蘇軾的行書代表作，左側有黃庭堅跋文，藏於國立故宮博物院。

3 山海經 節選

在謎樣的三星堆不斷以出人意表的出土文物震驚世人之際，《山海經》有些文本，因為和三星堆文化所呈現的豐富心靈世界頗能呼應，再度引起世人的關注。

歷史悠久、身世如謎的《山海經》，是中國最為奇異、神秘的古籍，它一方面記載了許多遙遠、怪誕的山川地理與生靈，一方面又暗示著與現實世界的連結，以至於學者迄今對它的意義仍眾說紛紜，難有交集。但是千百年來，它一直激發著歷代文人的解讀與想像則是不爭的事實。現在，讓這些神奇的描述，打開我們的好奇心吧！

壹・作者與出處

《山海經》是一部充滿奇幻瑰麗、珍奇薈萃的先秦古籍，全書僅三萬多字，內容卻涉及了神話、巫術、民俗、宗教、歷史、天文、地理、水利、動物、植物、礦產、醫藥等；約記載了一百多個邦國、五百五十座山、三百條水道、四百種動物，堪稱上古時期的百科全書，與《易經》、《皇帝內經》同被稱為三大奇書。全書十八卷，計有「山經」五卷、「海經」八卷、「大荒經」四卷、「海內經」一卷。

這樣一部奇書的作者到底是誰？歷來眾說紛紜。現今流傳《山

鄒衍畫像

郭璞畫像

海經》最早的版本是西漢經學家劉向、劉歆父子所整理校刊；劉氏父子認為作者是唐堯、虞舜時期負責治理洪水的大禹、伯益，為了勘查「九州」所編輯。或有認為是戰國時期，齊國稷下學宮的著名學者、也是陰陽家的開創者鄒衍；或認為應是南方楚人所作，或認為是東方燕、齊一帶的方士；也有認為出自西南的巴蜀，是蜀文化的典籍……眾說紛紜、莫衷一是。目前學界較肯定的是：《山海經》的成書並非一時、一地，作者亦非一人；成書時間大約是戰國末年，但書中內容確實保留了許多尚無文字記載、口耳相傳的遠古神話。《山海經》最早的注本是晉郭璞所著；明、清都有學者作注，其成果可以參看清郝懿行《山海經箋疏》；民國以後，則以神話學者袁珂的《山海經校注》最為出名。

更有趣的是，《山海經》原來可能不只有文字記載而已，尚佐以圖畫對照，即是《山海經圖》；甚至有認為圖畫才是核心，文字記載的《山海經》只是依圖畫內容敘述，郭璞有《山海經圖贊》，陶淵明也有「流觀山海圖」詩句，都證明了《山海圖》的存在（雖然二人所見未必是古圖）。《山海經圖》後來亡佚了，歷朝也有不少畫家、學者重繪「山海圖」，其成果可以參看中國社會科學院馬昌儀《古本山海經圖說》，臺灣學者李豐楙則依神祇、異獸分類編輯為《山海經圖鑑》。

但由於這部「博物志」年代久遠，記載雖簡略、卻又直指明確，對讀者與研究者彷彿是眾多謎團般的「密碼」，在解碼的過程中也形成不同的閱讀主張與研究學派，益顯這部古籍的豐富有趣。如：

李豐楙《山海經圖鑑》

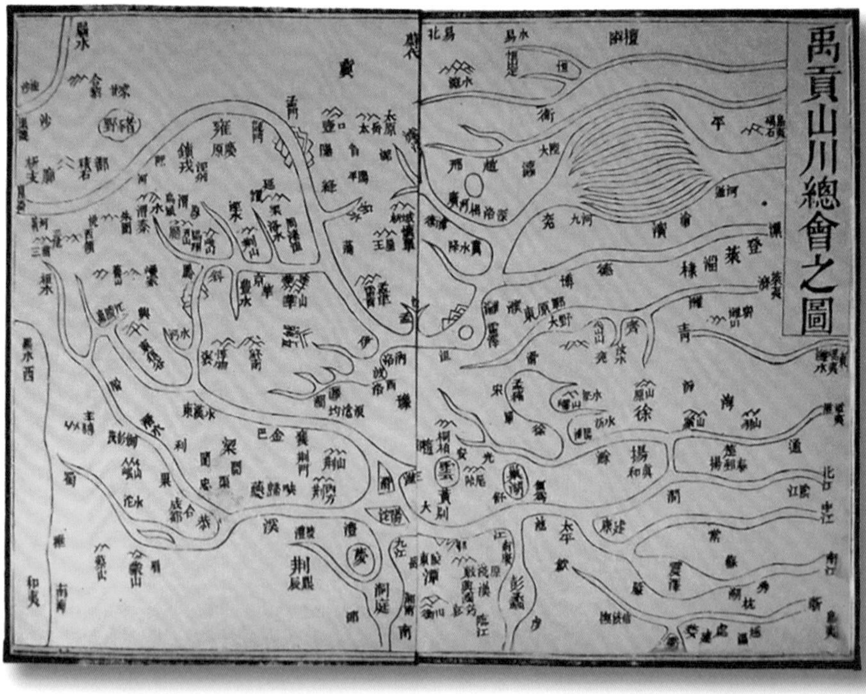

〈禹貢山川總會之圖〉可根據此圖判斷《山海經》中地名的方位。

歷史學者認為《山海經》反映了人類社會從原始朝向文明的進程，可以看到口傳神話到信史記載的演變。考古學者認為《山海經》與「三星堆」（遺址在四川省，屬上古青銅時代）相互輝映，前者以文字、後者以圖像與實物，共同見證了古蜀文明。宗教、民俗學者認為《山海經》是古人的修道或旅行「指南」，可以辨識或避開神鬼精怪、有毒生物，有辟邪、防身的作用，並可藉此瞭解古人的禁忌與祭祀風俗。地理學者認為是古人探勘山川、或為治水的地理實察，所涉範圍不僅到東亞的日本、韓國，也包含鄰近的俄羅斯、蒙古、阿富汗，甚至遠及北美洲、非洲，儼然成為世界地圖。自然科學家認為《山海經》是古人對自然環境的客觀觀察，如后羿時出現的十個太陽可能肇因於空氣中晶體反射、太陽幻影產生的多日假象；書中也載有關於礦物、藥草及疾病的相應治療法，堪稱中國最早的區域醫學地理文獻。

《山海經》的魅力巨大不僅呈現在歷代的注釋或繪本，不少仙俠傳奇的電視劇、電影或線上遊戲，也常以經中所載為想像，都說明了《山海經》閱讀馳騁的豐富性。本文所選，都是我們這個古老民族開天闢地的故事，透過閱讀，進入另類的虛擬世界，與先民一同臥遊「山」與「海」，品味亙古不變的「經」常。

貳・選文與注釋

（一）

大荒[1]之中，有山名曰成都載天。有人珥[2]兩黃蛇，把[3]兩黃蛇，名曰夸父。后土[4]生信，信生夸父。夸父不量力[5]，欲追日景[6]，逮[7]之於禺谷[8]。將[9]飲河[10]而不足也，將走大澤[11]，未至，死於此。

（〈大荒北經〉[12]）

〈大荒北經〉
《山海經》十八卷明崇禎刊本
郭璞注 蔣應鎬繪圖。

1 大荒：荒遠的地方。

2 珥：本指珠玉串成的耳環。此做動詞用，戴耳環，音ㄦˇ。

3 把：握住、拿著。

4 后土：統轄土地的神祇。常與「皇天」並用，以表達傳統文化的尊天敬地。

5 不量力：即自不量力，無法正確評估自己的力量，多指高估自己。

6 日景：即日影，太陽的影子。景：音ㄧㄥˇ，通「影」，陰影、形影。

7 逮：及、到達，音ㄉㄞˋ。

8 禺谷：傳說中日落的地方。禺：音ㄩˊ。

9 將：連詞，又、且，音ㄐㄧㄤ。

10 河：黃河。

11 大澤：古代的雲夢大澤，在長江、漢水之間，約今湖北省東南部。澤：水流匯聚的地方。

12 大荒北經：〈大荒經〉第四卷。〈大荒經〉依據東、南、西、北四個方位再細分為四卷。

（二）

發鳩之山[13]，其上多柘木[14]。有鳥焉，其狀如烏，文首[15]、白喙[16]、赤足，名曰精衛，其鳴自詨[17]。是炎帝[18]之少女，名曰女娃。女娃游於東海，溺而不返，故為精衛。常銜[19]西山之木石，以堙[20]於東海。

（〈北山經〉[21]）

〈北山經〉
《山海經》十八卷明崇禎刊本
郭璞注 蔣應鎬繪圖。

13 發鳩之山：山名，約在今山西省，是太行山的支脈。鳩：音ㄐㄧㄡ。

14 柘木：樹名，又稱桑柘木，可入藥，葉子可養蠶，也是名貴的木料；但因「桑」與「傷」、「喪」諧音，許多地方忌諱製為家具。柘：音ㄓㄜˋ。

15 文首：頭部有花紋。文：線條交錯的圖案、花紋。

16 喙：鳥嘴，音ㄏㄨㄟˋ。

17 其鳴自詨：牠的鳴聲就像在呼叫自己的名字。詨：音ㄐㄧㄠˋ，呼叫。

18 炎帝：傳說中的上古帝王。

19 銜：用嘴含物或叼物。

20 堙：填塞，音ㄧㄣ。

21 北山經：〈山經〉第三卷。〈山經〉依據東、南、西、北、中五個方位再細分為五卷。

（三）

帝俊[22]賜羿[23]彤弓[24]素矰[25]，以扶[26]下國[27]，羿是始去恤[28]下地[29]之百艱[30]。

（〈海內經〉）

湯谷[31]上有扶桑[32]，十日所浴[33]，在黑齒[34]北。居水中，有大木，九日居下枝，一日居上枝。

（〈海外東經[35]〉）

湯谷上有扶木[36]，一日方至，一日方出，皆載[37]於烏[38]。

（〈大荒東經〉）

22 帝俊：上古時期某部族的領袖。另一說指天帝，對人間有影響力的神明。

23 羿：后羿，上古時期擅長射箭的人，音ㄧˋ。

24 彤弓：以紅色顏料漆飾的弓。彤：音ㄊㄨㄥˊ，紅色的。

25 素矰：繫有白色絲繩的箭。素：白色的、樸質無華的。矰：音ㄗㄥ，繫有絲繩，用以射鳥的箭。

26 扶：幫助、輔佐。

27 下國：小國、臣屬的諸侯國或其他部族。另一說是相對於天帝，指人間諸國。

28 恤：賑濟、救濟，音ㄒㄩˋ。

29 下地：瘠地。指耕地貧瘠的下國。

30 百艱：指生存遭遇的眾多艱難。

31 湯谷：傳說中日出的地方。

32 扶桑：傳說中東海外的神木。

33 浴：洗澡、洗滌。

34 黑齒：國名。據〈海外東經〉記載，黑齒國位於東海濱，何以名為黑齒？有二說：一為此地居民牙齒黑，另一為腦袋黑。

35 海外東經：〈海經〉第八卷。〈海經〉以海內、海外為綱，再依據東、南、西、北細分為八卷。

〈海外東經〉
《山海經》十八卷明崇禎刊本
郭璞注 蔣應鎬繪圖。

〈海內經〉
《山海經》十八卷明崇禎刊本
郭璞注 蔣應鎬繪圖。

〈大荒東經〉
《山海經》十八卷明崇禎刊本
郭璞注 蔣應鎬繪圖。

36 扶木：即傳說中的神木扶桑。

37 載：乘載。

38 烏：烏鴉。古代傳說中、太陽是由三足烏鴉馱載著出巡的。

參．可以這樣讀

《山海經》的閱讀解碼

解讀《山海經》的入徑如此多元，歷史學、神話學、民俗學、自然科學等，無論是哪一個閱讀切入，但回到經典的原始名稱：「山海」，觀山看海、搜天遁地，都點明了古人對所生存空間亟欲進行的理解、探勘；也因摻入了先民的表達與詮釋，山與海就不再只是毫無生命氣息的客觀存在，《山海經》構築出包羅萬象、瑰麗迷人的文化空間。但閱讀到書中那羅列眾多、記載簡單的名詞時，彷如兒童面對大千世界的蒙昧；尤其以現今物質科學的角度視之，許多超乎人類經驗與想像的描述，可能更讓人如墜五里雲霧、迷茫難解。

身處亂世、不為五斗米折腰的陶淵明，極愛《山海經》，曾有詩作〈讀山海經〉十三首，在那苦悶、沒有希望的年代，桃花源最後都成了「遂無問津者」，《山海經》又何以成為詩人心靈的寄託？

閱讀如此特殊的經典，建議先放下慣性的頭腦思維，放下自詡高明的科學視角，放下習以為常的物質文明。練習直接契入清淨無分別的本心，以孩童般純淨的心靈、清澈的眼睛，才能開啟無限馳騁的想像力；想像回到鴻蒙初開、天地混沌，一探文化先祖面對生存艱難的戮力、面對夢想永不放棄的態度，是人類最原始、最簡單素樸，卻也是最動人的力量。或許，更能真實感受到這部奇書的魅力，開發出無限的閱讀樂趣。

《增圖山海經補註》全十八卷四冊
光緒甲午善成堂影刻、畢氏圖注原本。

大大的夢想・夸父逐日

夸父出場的形象其實頗為猙獰：雙手把玩著、雙耳垂掛著的都是黃蛇。蛇在許多宗教、神話中代表著強大的生命力量，象徵再生、轉化與不朽；心理學、人類學研究卻認為，蛇、恐龍等爬蟲類動物在遠古時期即威脅人類的生存，因此，恐懼蛇成為人類的集體潛意識。但夸父毫不畏懼，竟將蛇當作玩具、裝飾品，點出他已超越常人的恐懼，益顯神勇。但何以是黃蛇？而非其他顏色？或許與陰陽五行學說有關。五行（木火金水土）配合五個方位（東南西北中）、五種顏色（青赤白黑黃）；夸父是后土的孫子，土德居正中央，主黃色，所以黃蛇也可能是夸父氏族的標記，或這個部族崇拜的圖騰。

遠古時期，我們的先祖以農立國，土地是農耕最重要的根基；在土壤中播下種子後，需要漫長時間的灌溉、施肥、除草、等待，才能獲得活命的資糧。「春耕、夏耘、秋收、冬藏」的過程，形成華人安土重遷、落葉歸根的民族性；農業活動必須配合四時節氣，需要分工合作，需要清晰的倫理模式，需要穩定的人際互動，也深深影響我們的民族性，並由此發展出許多美好的文化內涵。夸父是后土的孫子，古人立誓為表慎重，「皇天后土」常成為誓言依止的對象。代表夸父氏族的土德、黃色，不也可以作為民族起源、農業文化的象徵？

然而，我們無法得知因何緣故？這位頂天立地且彷彿具有神力的夸父，竟妄想追逐高掛天空的太陽？並與太陽展開地面上大範圍的競走。我們無法得知

〈夸父神圖〉，出自《古今圖書集成》之〈博物彙編・神異典〉第二十九卷。

他究竟跑了幾天幾夜？翻過幾座山嶽？橫渡幾條溪流？途中感到飢餓、疲憊嗎？夸父沒有同行者，隻身一人孤獨地漫漫追逐，是什麼力量支撐他如此逐日？但可以想像，逐日極耗費體力，極需要過人的毅力！

夸父鍥而不捨地終於追到了傳說中太陽休息的禺谷，但依舊沒有「抓到」太陽。或許也因為這個短暫的停歇，他終於覺得口渴了，暫時回到自身的需求。但這位具有超大耐力、體力的神人，解渴的方式依舊讓人驚奇：他張口狂飲，竟然喝光了黃河的水尚嫌不足；只得繼續向南，想再喝光雲夢大澤的湖水，也許才能讓夸父真正解渴。夸父真「渴」啊！他的渴像個無底洞，但不也與人類欲望渴求的無止盡相仿？我們不也經常為了渴求的欲望而奮戰、苦惱、耗費……？我們對渴求的追逐，在他人眼裡不也可能如夸父般荒誕無稽？因此，「夸父逐日」變成「不自量力」的成語了；但「不量力」的現象又何止在夸父身上呢？

站立在地面的人類妄想觸碰遙掛天際的太陽，不自量力看似可笑；但若沒有這份不量力的堅持，人類生活的文明、科學的發達也可能無法迅即進步。今日，人類不仍接續夸父的夢想持續追日嗎？其中的差別或許只是工具的不同而已。夸父靠著有力的雙腿、過人的體力，二十一世紀的人類靠著太空梭、太空站，依舊夢想能離開地球，邁向宇宙的無垠；因為「追日」，人類不解的宇宙密碼，不也不斷地被解開？

夸父逐日雕像
河南焦作市龍源湖公園內。

「夸父逐日」也記載於〈海外北經〉，文意大致相仿，但多了夸父死後的描述：「棄其杖，化為鄧林。」又提供給讀者更多的想像。「手杖」點出夸父可能經歷過披荊斬棘，經歷過體力的極限；夸父沒有追上太陽，生命卻已然走到盡頭。夸父「死」了，手杖卻化做「鄧林」（桃花林），桃花林可以供路人休憩，果實可以供人食用。夸父化為桃林，是深深紮根於土壤繼續追日對抗？抑或是放棄對抗想與太陽和解？但桃樹需要陽光進行光合作用才能存活。當陽光照耀在桃葉上融進桃樹裡，不也說明了本來就是共存，從未分離；「天人合一」是古聖先賢看待宇宙的視角，是東方哲學裡的奧秘，也是對待自然環境的態度。

夸父示現了逐日，「逐」的結果也許發現根本「不用逐」，本來合一。人間世熙熙攘攘，常為求名逐利而勞頓，閱讀可以讓心靈小憩；閱讀這則神話，或也提醒慣於追逐的生命可以「不逐」，可以優遊，一切原在！

小小的願望．精衛填海

在遠大夢想前，所有的力量都顯得極其渺小；但每一個渺小的堅持，又能匯聚成力量，讓渺小變得偉大。精衛是隻小小鳥，不斷在海邊啁啾著「精衛」、「精衛」，呼喚著自己的名字，彷彿也是訴說冤枉的呼告，又彷彿是自我的期勉。《山海經》告訴我們一個古老卻動人的神話。

故事開端記載了精衛原來是「炎帝」的小女兒。「西東北南中」五個方位

精衛（《三才圖會．鳥獸》）

建構了古人的空間概念，「金木水火土」五行觀念建構了萬物生成變化的質素；二者若對應到上古時期的「五帝」傳說，人類主導宇宙空間的希冀就清晰成形了。炎帝是姜姓部落的首領，被視為南方天帝；中國位居北半球，越是向南、氣候越炎熱，因此炎帝主火德。據說炎帝擅長火耕，他另一個有名的稱呼就是「神農氏」。中方天帝「黃帝」軒轅氏先在阪泉打敗了炎帝，又在涿鹿打敗了蚩尤，統一了各部族，各部族再融合為「華夏」，就成了中華民族的代稱，華夏兒女習稱「炎黃子孫」；「炎」就是炎帝，「黃」就是黃帝，二者是上古時期奉獻頗多、居功厥偉的兩大氏族。

精衛是炎帝之女，跟夸父是后土的孫子有相同的深層意義：兩人都是遠古時期表現特出的氏族之後。出身的高貴彷彿也註定了他們不能同於凡人的命運，更須有超越庸俗、挑戰艱難的勇氣。故事接著敘述，一個炎炎夏日，這位名叫「女娃」的小女孩到了東海邊戲水，卻不小心跌入海中溺斃了；這樣的溺水悲劇，二十一世紀仍時有所聞。因為枉死，所以化作小鳥的精衛也被稱為「冤禽」。

上古時期的人類不僅認為萬物有靈，而且靈魂不滅，只是軀體會死亡、形貌會改變而已。類似手機的 SIM 卡與手機的關連，更換手機時，只要將 SIM 卡提取出來移入至新手機即可；或如電腦硬體與軟體間的關連性，硬體只是「軀殼」，軟體可以重灌、可以升級。夸父死後變成柔美的桃花林，女娃死後，變成自由遨翔的小鳥精衛；所謂的死亡，在神話裡只是形貌改變而已，並未真實消失，依舊在宇宙自然的循環裡。這隻全身羽毛漆黑，頭部有花紋，喙子卻是白色、腳爪紅

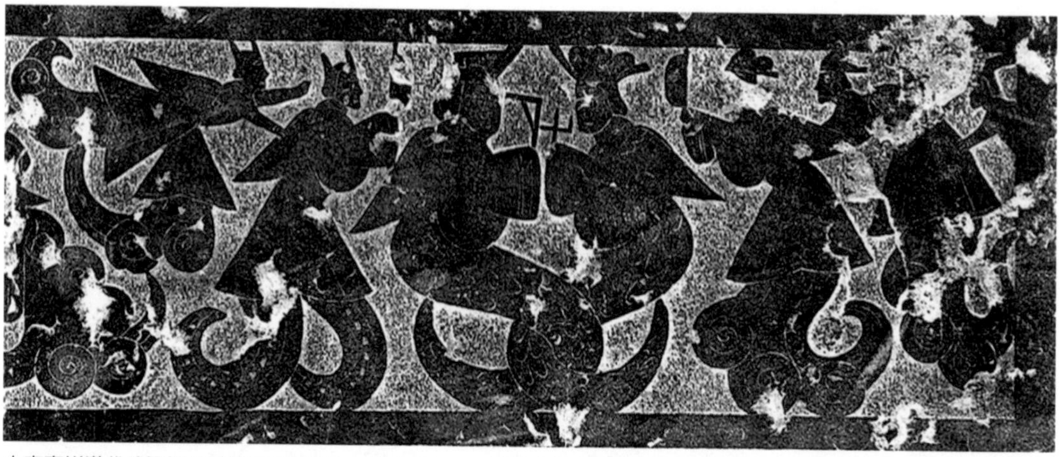

山東嘉祥漢代武梁祠西壁第二層刻了十一位古代帝王，這組古代帝王圖從傳說中人類的始祖伏羲和女媧開始。伏羲和女媧在武氏祠的三座石祠堂中都曾出現：女媧持規，伏羲拿矩，人首蛇身，蛇身交尾。

色的美麗的小鳥，不甘於自己的枉死，立志要填平害她枉死的東海，讓其他人不致與她一樣的遭遇。所以精衛也被稱為「誓鳥」、「志鳥」、「帝女雀」。

相傳小鳥精衛住在西山，每日銜著小石頭、樹枝，向東飛行、拋入東海中；日復一日、年復一年，不辭辛勞。對照中國大陸的地形，西面內陸、多山，東面臨海，所以精衛的飛行路徑幾乎橫越了整個內陸，也是古人對中國東、西向空間所能掌握的概念。想像著精衛千里迢迢如此辛勞地飛行，將自己身量所能承受的小石頭、小樹枝拋向海面時，海面可能也僅是瞬間濺起小浪花、漫出漣漪波紋罷了；接著可能就是「石沉大海」，風平浪靜。精衛的力量著實渺小！

然而，何為大？何為小？大、小只是人類慣性的思維、相對的概念，只要改變「定義」或丈量、觀察的工具，原以為的小可以變大，原以為的大其實是小。在地面覺得巨大的景物，登高之後，變得渺小；肉眼覺得細小、甚至看不見的物象，透過顯微鏡，卻可以清晰分明。沙粒雖小，但積沙可以成塔；滴水本身毫無力量，但加入時間的持續性後，滴水亦可穿石；海洋雖大，但氣候變遷、地球暖化，也讓現代人見識到海水枯竭、滄海桑田了。同理，當人的心量變大、足以包容一切後，原來惱人的爭端也可以化作雞毛蒜皮般小，無足輕重而雲淡風輕了。所以看似荒謬、不可能成功的精衛填海，更可令人深思的也許是：我們還敢保有遠大的夢想嗎？抑或是被現實、「真實」擊垮到不敢作夢？我們還擁有承擔的毅力與勇氣嗎？抑或是隨波逐流地飄移？這則古老的神話，其實也默默訴說著許多古老卻與時俱進的大智慧。

后羿與十個太陽

「后羿射日」是流傳久遠、上古時期的著名神話，但這則神話被完整記載成為今日我們所熟知的故事，實際源自西漢成書的《淮南子》，但《淮南子》所載極可能源自古本《山海經》。射手后羿在今本的《山海經．海內經》中，只介紹了是被賜予弓箭，名叫「羿」的英雄，但帝俊何以鄭重地賜予他弓箭？讓他救濟下國的「百艱」意指何事？從〈海內經〉的記載中實難以確知。甚至這位名叫「羿」的英雄是否即為后羿？因為上古傳說中的后羿有兩位：一位是唐堯時期，奉堯之命射日，解決了大旱的災難。另一位是夏朝東夷部落有窮氏的首領，也擅長射箭，但後被發動政變的部屬寒浞殺害。

根據唐朝成玄英《莊子．秋水疏》引了今本《山海經》未見的文字：「羿射九日，落為沃焦。」或宋代類書《錦繡萬花谷》前集卷一引《山海經》：「堯時十日並出，堯使羿射十日，落沃焦。」因此，古本《山海經》中確實可能有記載后羿射日的神話，只是後來失傳了。

至於十個太陽的傳說，除了兩則選文外，〈大荒南經〉還記載：「羲和者，帝俊之妻，生十日。」換言之，賜予羿弓箭的帝俊就是十個太陽的父親，羲和是帝俊的妻子，也是太陽的母親；但傳說中帝俊還有一位妻子常羲，和帝俊生下十二個月亮。閱讀神話、傳說，或許可以暫時不用考證核實的方式，因為遠古時期的物質條件、科學工具與今相較，都極度欠缺，連文字記載、書寫工具

青銅縱目面具
寬 138 釐米，高 64.5 釐米，眼睛呈柱狀外突，
一雙雕有紋飾的耳朵向兩側展開，
造型雄奇，威嚴四儀，為三星堆「六大國寶」之一，
也是世界上年代最早、形體最大的青銅面具。

都不方便，許多故事靠著口耳相傳，在流傳的過程中，講述者難免依據個人的主觀認定或喜好而加油添醋、張冠李戴；此種衍說的方式雖不科學、不合邏輯，卻保留了上古人類豐富的想像力與「集體創作」的趣味性，特別是四川地區發現的重要考古文物「三星堆」遺址，某種程度「印證」了《山海經》的記述，讓這個傳說更顯得神秘與迷人！

三星堆遺址位於四川省廣漢市城西三星堆鎮的鴨子河畔，出土文物的年代被斷為西元前二八〇〇年至西元前一一〇〇年間，屬於青銅時代。三星堆遺址的發現除了證明古蜀國的真實存在外，也改寫了中華文化源自黃河流域的傳統觀點，尤其是出土文物中的黃金面罩、青銅縱目面具、大立人等造型迥異於中原文化，實證了上古時期長江流域也出現並不亞於黃河流域的文明高度。遺址中相當引起關注的青銅神樹，與〈海外東經〉、〈大荒東經〉裡描述的扶桑、扶木與太陽的關係非常吻合，也可藉此與《山海經》對照閱讀。

青銅神樹高近四公尺，全樹共分三層，每層有三簇樹枝，共九個枝椏，皆以美麗的弧線垂向地面；枝椏弧線的頂端各站著一隻昂首展翅的神鳥，全樹共九隻。回看〈海外東經〉、〈大荒東經〉的記載：十個太陽的棲息地正是扶桑（「神樹」），十個太陽是輪流值班的。一個太陽上工時，就由烏鳥馱著飛上天空，其餘九個太陽便在扶桑樹上棲息；等天上的太陽回到了扶桑神樹上（日落），再由另一個太陽接續照耀萬物的任務，依次循環。所以太陽又被稱為「金烏」，也與這個傳說有關。

金面銅人頭像
廣漢三星堆二號祭祀坑出土。
（廣漢三星堆博物館藏）

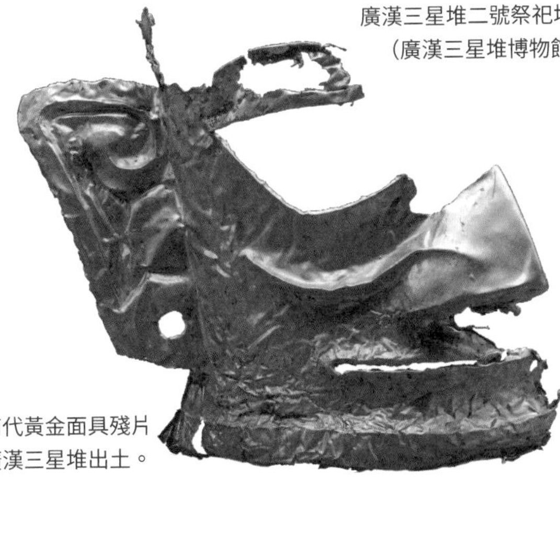
商代黃金面具殘片
四川廣漢三星堆出土。

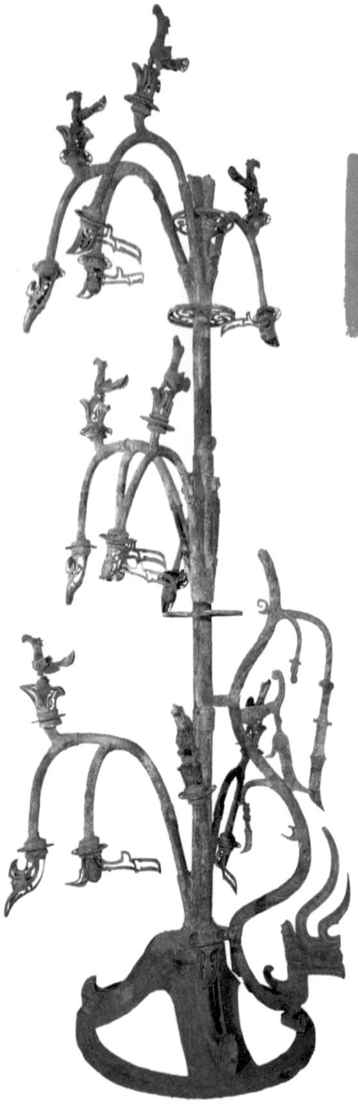
青銅神樹
1986 年四川省廣漢市
三星堆出土的樹形文物。

然而，三星堆出土的「青銅神樹」只有九隻神鳥、九個枝椏，比《山海經》記載的十日少了一個太陽。但何以少了一個？因為這個太陽正高懸在萬物頭頂上領命工作呢，當然不能在神樹上躲懶。因此，將三星堆的神樹對照《山海經》的記載時，更令人感受古人豐富的想像力與合於邏輯的幽默感。

一個太陽可以讓宇宙充滿能量、萬物欣欣向榮，如果應該輪番工作的十個太陽同時躍到天空呢？十倍能量的照耀就會變成災難。不只是《山海經》有十日的傳說，其他地區的古老部族也有十日的傳說，如美國的印地安民族、中美洲的馬雅古文明。這個傳說也可能與當時的地球正遭逢氣候異常有關，嚴重的乾旱、高溫的天氣，變成人類的大災難了；因此，后羿射日就成為遠古先祖面對災難時的共同祈願。

二十一世紀，人類面對地球暖化、氣候異常導致的各種災難，不也依舊束手無策？只是現代后羿不再妄圖以弓箭射日，或許更可以思考的是另九個太陽在扶桑樹「休養生息」的道理。人類無止盡膨脹的欲望，不斷追求自身舒適的科技，正造成地球空前未有的破壞，目前的災難遠遠超過后羿、夸父時期，大自然或其他物種的反撲，猶如十個太陽同時躍向天際。疫疾的威脅讓人類減少外出活動、消耗資源，竟讓天空澄明、河水清淨了，許多破壞趨緩……，現代后羿的箭或許不應射向太陽，而應射向自己。人類的欲望與環境的平衡一直是跨世紀、跨時空的議題，千年以來不斷考驗人類的智慧——「山、海」（自然環境）、「經」（永恆的思維與辯證）。

肆．再做點補充

奇趣動物大觀．山海神獸

《山經》除了記錄許多座山脈外，也記錄了山裡的奇珍異獸近四百種，彷彿稀有動物圖鑑；但由於所描述的樣貌多非尋常動物，超乎尋常經驗，故以往常被視為古人的想像。然而，陸續也有許多研究與考察認為可能不全然是古人的想像，甚至是真實存在；特別是與現存的動物對照之後，更讓人大開眼界。如：〈南山經〉裡的「旋龜」雖長得像烏龜，卻是鳥頭、蛇尾（「其狀如龜、而鳥首虺尾」），可能是分佈在中國南部、東南亞地區，已瀕臨絕種的古老龜類「鷹嘴龜」。〈東山經．東次四經〉裡象徵豐收，聲音像在叫自己的名字的祥獸「當康」，長得像豬卻有大獠牙（「其狀如豚而有牙」），可能是主要分佈在非洲的「疣豬」。〈中山經．中次九經〉裡可以呼風喚雨的「鼉」（音ㄊㄨㄛˊ），可能是長江、太湖特有的保育動物「揚子鱷」。

〈中山經．中次九經〉裡可呼風喚雨的鼉，可能是長江、太湖特有的「揚子鱷」。

〈南山經〉裡的「旋龜」，其狀如龜而鳥首虺尾，可能是瀕臨絕種的「鷹嘴龜」。

從現代地理區域對照這些《山海經》裡記載的上古神獸，多為現今生存在特定地區、瀕臨絕種的動物，但古人如何跨越如此大範圍的區域？如何與這些奇珍異獸相遇、並做觀察、描繪？依舊令人不可思議，更彰顯《山海經》被視為「奇書」的魅力。《山海經》不僅可能記載了瀕臨絕種的動物，也有在文化傳統中著名的禽鳥動物，如〈南山經〉裡代表吉祥的鳳凰，〈西山經〉裡的兇獸檮杌（音ㄊㄠˊㄨˋ），更有讀者排列出《山海經》十大神獸，都增添了不少閱讀趣味。

〈大荒北經〉中記載的「燭龍」，更是引發不少研究觀點的著名「神獸」：「西北海之外，赤水之北，有章尾山。有神，人面蛇身而赤，直目正乘，其瞑乃晦，其視乃明，不食，不寢，不息，風雨是謁。是燭九陰，是謂燭龍。」〈海外北經〉裡的「燭陰」也有類似記載：「鍾山之神，名曰燭陰，視為晝，瞑為夜，吹為冬，呼為夏，不飲，不食，不息，息為風。」燭龍或燭陰都是人面蛇身，張眼是白天，閉眼就是黑夜，也都不需要飲食休息，如此的描述更超乎人類的經驗想像；所以也有不少學者認為燭龍不是動物，或認為即是太陽，或認為是「祝融」的音轉；或認為是「北極光」，說明古人已觀察到「極光」現象。燭龍究竟是神？是稀有動物？是神獸？還是光影（陽光、火光、燭光、極光）？是生物性的存在？抑或是自然現象的捕捉？雖然眾說紛紜、莫衷一是，但所有的猜測與推論都增添了《山海經》的閱讀趣味。

尋找創世神話．女媧補天

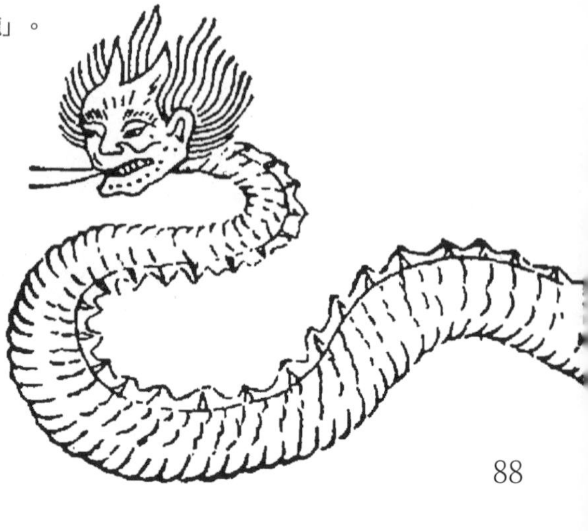

〈大荒北經〉裡的神獸「燭龍」。

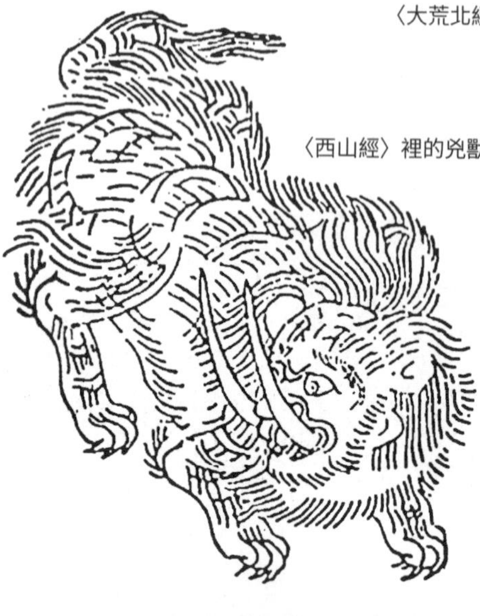

〈西山經〉裡的兇獸「檮杌」。

女媧又稱媧皇，在神話傳說、宗教文化與民間信仰上，更是位知名神祇。傳說女媧摶土造人，成為人類始祖，建構了中國的創世神話；她曾煉石補天，斷鼇足以立四極天柱，積蘆灰以防洪水漫流，平息上古時期足以毀天滅地的大災難，讓人終得可以安居樂業；她還發明了樂器笙簧，並創設婚姻制度，穩固人倫基礎。由於女媧對人類的奉獻居功厥偉，在民間被視為重要神祇，歷來奉祀的香火不斷。

這位女性神最著名的事蹟當推「女媧補天」，但與「后羿射日」一樣，今本《山海經》中並無記載，而是《淮南子》保留了完整故事。但《山海經》確實也記載了「女媧」，〈大荒西經〉：「有神十人，名曰女媧之腸，化為神，處栗廣之野，橫道而處。」此處只是說明女媧的腸子變成十名神人，居住在名為「栗廣」的原野上，並未記載她摶土造人，更遑論補天。

相傳女媧補天的緣起是因為水神共工怒觸不周山，不周山是天地之間的重要支撐；共工的怒觸導致天柱折斷，天便向西北傾斜、地向東南凹陷，所有的江河都向東南匯流，進而引發大洪水。〈海內經〉記載共工是炎帝玄孫祝融的兒子，〈大荒西經〉則寫到「有禹攻共工國山」。但共工為何怒觸不周山？大禹為何攻打共工？據說禹是黃帝的玄孫，共工因為不滿黃帝後裔顓頊為帝，所以發動戰爭，亦即接續了當年炎帝、黃帝兩大部族不和的衝突。大禹除了打敗共工外，為了解決水患，又開啟了大禹治水的故事，相關事蹟在《淮南子》、《尚

清初蕭雲從繪〈女媧補天圖〉
（選自順治二年刊印的《離騷圖》）

書》、《荀子》都有類似記載。

《三皇本紀》卻記載為水神共工與火神祝融交戰，導致共工怒觸不周山。雖然不同經典有不同的記載，但遠古時期的人類可能真的曾經面對大洪水的災難，《舊約聖經．創世記》也有「諾亞方舟」解救人類逃離水患的記載，另外古巴比倫、古印度、古埃及都有大洪水的類似記載。有科學家認為中國的大洪水可能肇因於印度板塊撞擊歐亞板塊，導致西部山脈隆起、河川向東漫流，這個觀點或也可以與經典所載相印證。

雖然水患得到治理，但因為天柱折斷導致的破洞該如何處理？女媧就是善後的重要女神。《淮南子．覽冥訓》：「女媧煉五色石以補蒼天」，這個才是我們所熟知女媧補天故事的由來。雖然女媧將天補好了，但天仍有點向西傾斜，所以日月星辰會向西方沉落；當下雨過後、陽光出現時，天空可能出現的彩虹，就是五色石閃耀出的美麗光芒。「科學」或許只是人類在固定時空下，運用可掌握的物質工具，對宇宙現象進行探勘與解釋；因此，科學發展史也可以視為人類對宇宙認識偏差的糾正過程。若能尊重不同時期，人類能掌握的物質工具迥異，不直斥神話為迷信或妄想，則共工怒觸不周山、女媧補天的故事，都可以視為遠古時期，先祖們對宇宙自然現象嘗試進行的解釋，這些解釋也都有古人的客觀觀察作為基礎。

女媧煉五色石補天的故事被曹雪芹拾了去，就成為《紅樓夢》的開端：女媧共煉了三萬六千五百零一塊石頭以補天，最後卻只用了三萬六千五百塊，剩

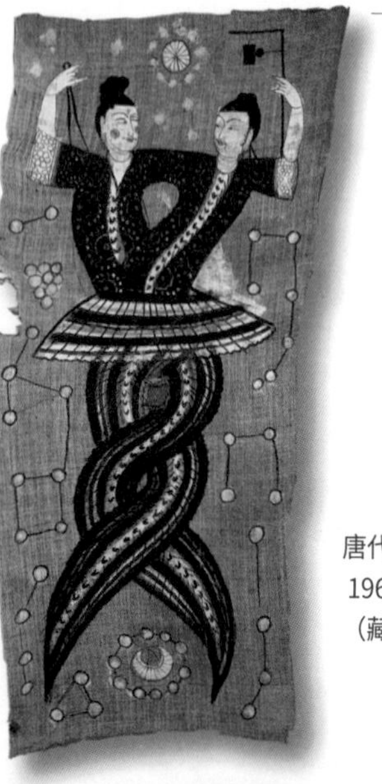

唐代佚名作〈伏羲女媧圖〉
1967 年阿斯塔那墓出土
（藏於新疆維吾爾自治區博物館）

下一塊派不上用場，這「無用」的石頭就被拋棄在大荒山無稽崖的青埂峰下。這塊已有靈性的石頭「無才可去補蒼天，枉入紅塵若許年」，就是小說主角賈寶玉的原型；《紅樓夢》最初的書名《石頭記》，一塊石頭的故事，即寫這塊被廢棄的五色石落入紅塵乃至了悟的歷程。

另一部文學經典《西遊記》的開端，也是從盤古開天闢地的神話敘起，一塊吸收日月精華的仙石後來蹦出了石猴子，就是小說主角孫悟空；這塊石頭雖未直陳為女媧所煉，但與《紅樓夢》都有同工之妙。著名的神怪小說《封神榜》，也是從商紂王至女媧宮上香，卻在牆壁上題詩妄想將上神女媧納為後宮，女媧憤而派遣千年狐狸精、九頭雉雞精、玉石琵琶精化為美女，入宮魅惑以亡商，開始敷演故事。一則「女媧補天」，上天下地、縱橫文化數千年，是神話傳說的魅力，更是《山海經》包羅萬象的生命力。

《山海經》被視為奇書的關鍵，應是書中所載的大量事物、山川地貌超乎一般人的經驗與想像，所以向被視為荒誕不經；經過長期眾多研究者按圖索驥，逐一解碼後，又似乎可解、可知、可對應。換言之，《山海經》彷彿是宇宙奧秘的縮影，讓人從不可思議到彷彿可解，又在彷彿可解間引發更多討論而難以定論，著實是「奇中之奇」！雖然難以定論，但在求知、求解的過程中，已然豐富了生命想像與心靈視野，正是奇書的魅力所在；這些謎團也始終牽引著不同時代的讀者亟欲解答、不同領域的研究者繼續解碼，可以預見的是這部古老經典的魅力必然不減反增，果真是千古奇書《山海經》！（李玲珠）◆

4 前赤壁賦

〈前赤壁賦〉也許源自一個美麗的錯誤，但是它們也絕對是歷史典故最浪漫的一次結合。三國時代風流人物的風雲際會，加上宋朝第一才子蘇東坡的優美情懷，完成了這篇幾乎可以傲視群倫的名作。當時蘇軾正因烏臺冤案受盡折磨，並被貶到黃州，但這些劫難並沒使他灰心喪志、怨天尤人，反而成為他的人生境界更上層樓的契機，超脫一時得失，獲得精神自由。

壹．作者與出處

蘇軾，字子瞻，自號東坡居士，宋眉州眉山人（今四川省眉山縣）。生於仁宗景祐三年（西元一〇三六年），卒於徽宗建中靖國元年（一一〇一年），年六十六歲。

蘇軾是中國文化史上不世出的全方位天才。自幼聰慧，父親蘇洵遊學四方，由母親程氏親自教讀，弱冠便博通經史，登進士第。個性耿介不阿，在政治上無論受到任何迫害，絕不苟合，都能堅持理想，意志操守一直不曾改變，以致屢遭貶謫；憑著超遠曠達的修養，在憂患艱危中超脫出來。跌宕起伏不已的仕途，讓他足跡遍及大半個中國，治理任何地方，都勤政愛民，多所建樹，深獲百姓愛戴。

蘇軾生平事蹟，在《理想讀本》第三冊詞選〈水調歌頭〉作者

欄已作介紹，此處不再贅述。我們不妨談談當時震驚朝野的「烏臺（御史臺監獄的代稱，因四周遍植柏樹，上有成群烏鴉棲息，故又稱烏臺或柏臺）詩案」，是蘇軾人生的轉折點，這個沉重的打擊，使他的人生態度、社會觀感產生了變化，反映到作品上的思想、感情以及風格，也與之前不同。

蘇軾才華卓越，致使同輩人物黯然失色，容易招妒。早在神宗熙寧年間，他有個朋友沈括（宋代科學家，曾依附王安石擁護新法，後被派為兩浙路察訪使），兩人在杭州時交往熱絡，臨返京時要求蘇軾手錄近作詩歌以為紀念。但返京後，除極力讚揚新法外，還將自己逐首加了箋注的蘇詩，附在察訪報告裡進呈神宗，告以「詞皆訕懟」，神宗並未理會。蘇轍為兄下獄所上書中說：「向者曾經臣僚繳進，陛下置而不問。」指的就是這事。

神宗元豐二年（一〇七九年）蘇軾調任湖州，到任後循例上了謝表，按照例行格式，略提自己平凡的政績，感謝皇帝仁厚給他新職重任。這份奏章也循例在朝廷官報上發表，供群臣傳閱。謝表中說：「伏遇皇帝陛下天覆群生，海涵萬族，用人不求其備，嘉善而矜不能，知其愚不適時，難以追陪新進，察其老不生事，或能牧養小民。」新政派一看，真不是滋味。「新進」一詞，在王安石口中是「突然升遷的無能後輩」的代名詞，「老不生事」，難道「新進」就愛生事了？權（代理）監察御史里行何正臣讀了蘇軾的〈湖州謝上表〉，首先發難，上章彈劾，指為「愚弄朝廷，妄自尊大」，接著其同僚舒亶也上章呼應說：「臣伏見知湖州蘇軾進謝上表，有譏切時事之言，流俗翕然，爭相傳誦，忠義之士，無不忿惋。」再選謝表上可以附會「謗訕君上」的文字，連同蘇軾四冊詩一併呈上去，意圖激怒神宗，陷蘇軾於「大不敬」的死罪。最後御史中丞李定上奏蘇軾無禮該廢之罪有四，句句扣緊其怨望謗訕的對象是神宗，極富挑撥性。這樣集體圍剿，讓神宗無法回護，只好下旨：「送御史臺根勘聞奏。」主持勘察的就是以李定為首圍剿蘇軾的臺諫官。

在京的王詵（字晉卿，神宗姐賢惠公主的駙馬，雖為貴戚，卻遠聲色而愛文藝，善畫山水，與蘇軾感情深厚）最先得到消息，立即趕往通知蘇轍轉告蘇軾，好作準備。最後落得「洩露密命」的罪名，成了本案僅次於蘇軾的人犯。

拘捕官員抵達湖州官廳，虛張聲勢，極盡恐嚇之能事，現場目擊的代理州牧說：「頃刻之間，拉一太守如驅犬雞。」押解途中官差態度專橫，有如對待江洋大盜。到達汴京，被關在御史臺一間陰暗狹窄的單人囚房。

御史們大力搜索蘇軾的詩文，羅織罪名，逐條審問，歷時兩個月的酷烈逼供，據隔牆囚犯事後有詩記述：「遙憐北戶吳興（湖州）

守，詬辱通宵不忍聞。」在獄中，兒子蘇邁每天送飯，父子相約平日只送菜和肉，如有壞消息就改送魚。一天蘇邁出城借貸，委託友人代送，忘了把這秘密約定告知，友人精心烹製一尾魚送進去，蘇軾以為死期已至，心中無限悲淒，自己惹來這場大禍，想起了妻兒無所依怙，拖累弟弟子由，便寫了兩首絕命詩託獄卒交給子由，句句出自肺腑，真摯動人。

蘇軾當年由京官外放，首先是到杭州任三年通判，勤政愛民，造福地方。他入獄後，杭人感念他的治績，自動為其作解厄道場，祈求神靈保佑他平安無事。

民間救援活動展開的同時，朝中一些官員，包括王安石的幾個弟弟，冒著株連入罪的危險仗義執言，曹太后惜才勸阻，神宗本也無殺蘇軾之意，終審判決是從輕發落，蘇軾責授檢校（寄銜）尚書、水部員外郎充黃州團練副使，本州安置，不得簽署公事。其餘牽連該案的大小官吏，按情節輕重，也都受到不同程度的處分。

囚禁四個多月後，蘇軾終於走出不見天日的監牢，劫後餘生，驚魂未定，開始四年多的黃州謫居生活。初到黃州以佛老自遣，靜居養神，默坐參禪，白天躬耕東坡，夜間在書齋中勤讀深思，經過深邃細密的思考，重組他人生成熟醇美的信念，寫下不少膾炙人口傳世之作，在我國文學史上掀開了新頁，本選文就是這時期的傑作。

貳．選文與注釋

壬戌[1]之秋，七月既望[2]，蘇子與客泛舟遊於赤壁[3]之下，清風徐來，水波不興。舉酒屬客[4]，誦明月之詩，歌窈窕之章[5]。少焉[6]，月出於東山之上，徘徊於斗、牛[7]之間。白露橫江，水光接天。縱一葦之所如[8]，凌萬頃之茫然[9]。浩浩乎如馮虛御風[10]，而不知其所止；飄飄乎如遺世獨立[11]，羽化而登仙[12]。

1 壬戌：宋仁宗趙頊元豐五年。

2 既望：農曆每月十六日。既：已經、過了。望：十五日。

3 赤壁：山名，吳蜀破曹的赤壁在湖北蒲圻（有謂嘉魚，是不同朝代的異名）縣。蘇軾所遊的在湖北黃岡縣，又名赤鼻磯，不是古戰場。蘇軾借此言彼，以寄情懷。

4 屬客：勸客人飲酒。屬：音ㄓㄨˇ，傾注，引申為勸酒。

5 「誦明月之詩」二句：吟唱《詩經．陳風．月出》首章：「月出皎兮，佼人僚兮，舒窈糾兮，勞心悄兮。」寫詩人被月色下美人的明豔姿容和嫻雅綽約的風姿吸引，牽動了深情和惆悵。

6 少焉：一會兒。

7 斗牛：星宿名，斗宿星座、牛宿星座。

8 縱一葦之所如：任憑小艇隨意漂流。縱：不加拘束。一葦：小船。像一片葦葉的船，比喻小。所如：到達的地方。所：是結構助詞，具指示功能，其構成的短語相當於名詞。如：往、到。

9 凌萬頃之茫然：行駛在漫無邊際的江面上。凌：駕、乘，行駛。萬頃：形容江面廣闊。茫然：廣遠的樣子。

10 浩浩乎如馮虛御風：在廣闊的江面上像騰雲駕霧般乘風飛翔。浩浩乎：廣闊的樣子。馮：同憑。御風：乘風。

11 遺世獨立：拋開人間社會，毫無牽掛。

12 羽化而登仙：成仙飛升。羽化：道教稱成仙為羽化，傳說中成仙的人長了翅膀，可以飛升。

於是飲酒樂甚，扣舷[13]而歌之。歌曰：「桂棹兮蘭槳[14]，擊空明兮溯流光[15]。渺渺兮予懷[16]，望美人[17]兮天一方。」客有吹洞簫者[18]，倚歌而和之[19]。其聲嗚嗚然，如怨如慕[20]，如泣如訴，餘音嫋嫋[21]，不絕如縷，舞幽壑之潛蛟，泣孤舟之嫠婦[22]。

13 扣舷：敲著船舷打拍子伴奏。

14 桂棹、蘭槳：划船用具的美稱。

15 擊空明兮溯流光：划動小船在浮動的月光下澄澈的水面上逆流而上。空明：形容在月光映照下澄澈的水色。兮：語助詞，無義。溯：逆流而上。流光：江面上流動的月光。

16 渺渺兮予懷：我的懷抱高遠。渺渺：高遠。予懷：我的心懷。

17 美人：賢德的人，也可以是理想的象徵。

18 客有吹洞簫者：客人中有一位吹洞簫的。客：道士楊世昌。蘇軾的川籍友人，善畫山水，長於鼓琴吹簫。洞簫：單管豎吹的簫。

19 倚歌而和之：按照歌詞跟著吹奏。和：音ㄏㄜˋ，和諧地跟著吹奏

20 如怨如慕：形容簫聲聽起來像委屈，又像嚮往。

21 餘音嫋嫋：尾聲婉轉悠長。嫋嫋：聲音細弱繚繞。

22 「舞幽壑之潛蛟」二句：潛伏在深淵的蛟龍隨著樂聲感染舞動起來，孤舟上的寡婦為之嚶嚶啜泣。嫠婦：寡婦。嫠：音ㄌㄧˊ。

23 愀然：動容，神色驟然改變的樣子。愀：音ㄑㄧㄠˇ。

蘇子愀然[23]，正襟危坐[24]而問客曰：「何為其然也？」

客曰：「『月明星稀，烏鵲南飛』，此非曹孟德[25]之詩乎？西望夏口[26]，東望武昌[27]，山川相繆[28]，鬱乎蒼蒼[29]，此非孟德之困於周郎[30]者乎？方其破荊州，下江陵[31]，順流而東也。舳艫[32]千里，旌旗蔽空，釃[33]酒臨江，橫槊[34]賦詩，固一世之雄也[35]，而今安在哉！況吾與子，漁樵於江渚

24 正襟危坐：整理衣襟，端正的坐著，形容莊重嚴肅的樣子。

25 曹孟德：曹操，字孟德。

26 夏口：今武昌，屬湖北省武漢市。

27 武昌：今湖北省鄂城縣。

28 山川相繆：山環水複，互相纏回泖繞。繆：音ㄌㄧㄠˊ，通繚，連接。

29 鬱乎蒼蒼：茂盛得一片蒼翠。

30 周郎：三國時吳將周瑜。二十四歲時封為中郎將，時人稱為周郎。在赤壁之戰中率領五萬吳軍大敗號稱八十萬大軍的曹操部隊。

31 破荊州、下江陵：東漢末年，荊州刺史是劉表，曹操率大兵南下，不戰而佔領了荊州、江陵。荊州：湖北省襄陽縣一帶地區。江陵：今湖北省江陵縣。

32 舳艫：指戰船。舳：音ㄓㄨˊ，船後把舵的地方。艫：音ㄌㄨˊ，船前放棹的地方。

33 釃：斟酒，音ㄙ。

34 槊：長矛，音ㄕㄨㄛˋ。

35 固一世之雄也：本來是當時了不起的英雄人物啊。

之上[36]，侶魚蝦而友麋鹿[37]，駕一葉之扁舟，舉匏樽[38]而以屬，寄蜉蝣於天地[39]，渺滄海之一粟[40]。哀吾生之須臾，羨長江之無窮，挾飛仙以遨游[41]，抱明月而長終[42]，知不可乎驟得，託遺響[43]於悲風。」

36 漁樵於江渚之上：生活在江渚上以捕魚打柴為生，這裡比喻貶官遭放逐外地。渚：沙洲。

37 侶魚蝦而友麋鹿：與魚蝦為伴，跟麋鹿交朋友。這裡比喻外於社會。

38 匏樽：酒器。匏：音ㄆㄠˊ，葫蘆瓜的一種，長老了乾了可作盛液體的容器。

39 寄蜉蝣於天地：在世間像蜉蝣一樣的活著，比喻人生短促。蜉蝣：音ㄈㄨˊㄧㄡˊ，夏秋之間生在水邊，只能活幾小時的一種小蟲。

40 渺滄海之一粟：渺小得像大海裡的一粒小米。

41 挾飛仙以遨遊：與神仙為侶，隨興遊玩。挾：懷夾，這裡是作伴的意思。

42 抱明月而長終：與明月一起永恆存在。

43 遺響：洞簫的餘音。

蘇子曰：「客亦知夫水與月乎？逝者如斯，而未嘗往也[44]；盈虛者如彼，而卒莫消長也[45]。蓋將自其變者而觀之，則天地曾不能以一瞬[46]；自其不變者而觀之，則物與我皆無盡也，而又何羨乎！且夫天地之間，物各有主，茍非吾之所有，雖一毫而莫取，惟江上之清風，與山間之明月，耳得之而為聲，目遇之而成色；取之無禁，用之不竭，是造物者[47]之無盡藏[48]也，而吾與子之所共適[49]。」

客喜而笑，洗盞更酌，肴核[50]既盡，杯盤狼藉[51]。相與枕藉[52]乎舟中，不知東方之既白[53]。

44 逝者如斯，而未嘗往也：不斷奔流的江水，始終沒有消失。斯：指江水。
45 盈虛者如彼，而卒莫消長也：月亮或圓或缺，始終沒有增減。彼：指月亮。
46 一瞬：一眨眼，形容極短的時間。
47 造物者：大自然。
48 無盡藏：事物取用無窮無盡。
49 共適：共同享受。
50 肴核：菜餚果品。
51 狼藉：雜亂貌。藉：音ㄐㄧˊ，通「籍」，散亂不整齊。
52 相與枕藉：彼此緊靠著睡覺。藉：音ㄐㄧㄝˋ，墊子。
53 既白：天亮了。

參．可以這樣讀

元豐三年正月初一，汴京城裡到處喜氣洋洋迎接新年，蘇軾帶著兒子蘇邁，由御史差人轉押前往謫居地黃州。黃州位於湖北省東部，長江北岸，北宋時屬於下州，是個荒僻落後，人煙稀少的小鎮。蘇軾虎口餘生，身為逐客，哪能對貶地有更高的要求呢？就寫了一首〈初到黃州〉詩調侃自己：

自笑平生為口忙，老來事業轉荒唐；長江繞郭知魚美，好竹連山覺筍香。
逐客不妨員外置，詩人例作水曹郎；只慚無補絲毫事，尚愧官家壓酒囊。

首二句就以自嘲的口吻回顧自己二十年來的仕宦生涯，為糊「口」張羅，為「口」舌遭殃，至今不但壯志未遂，反而蹉跎至此。生平既然一無所成，黃州筍香魚美，在這裡做一名散官閒員也不錯啊！梁朝的何遜、唐代的張籍兩位詩人不也做過水部員外郎嗎？這好像是詩人的專利。他的正式官銜是：責授檢校尚書水部員外郎、充黃州團練副使、本州安置、不得簽書公事。團練副使在宋代多是安置貶降的官員，並無實權，沒有配備官舍，只有實物配給折抵薪俸，末句「壓酒囊」，是支領造酒用的糧食袋子，作為配給，並不實惠。蘇軾在黃州的生活困窘可知。

黃州，位於湖北省東部、長江北岸。

廩祿皆絕的流放生活

到達貶所，先向當地長官報到，當時黃州的知州是徐大受，對他優禮有加，讓他在州內行動自由。最初寄住在城中清雅的定惠院，住持對這父子倆頗為尊重，給予種種方便。寄住僧舍，隨僧蔬食，白天睡覺，晚上隨處閒逛，「尋溪傍谷釣魚採藥，聊以自娛耳」。家人平安到達後，鄂州知州朱壽昌向有關單位關說，特許遷往臨皋亭。臨皋亭是官員走長江水路休息的驛站，住房狹小，但亭在長江邊上，江水滔滔，浪拍江岸，濤聲晝夜不絕，風濤煙雨，曉夕百變。加上詩人的想像，景色優美如畫。他自己說：「東坡居士酒醉飯飽，倚於几上，白雲左繞，清江右洄，重門洞開，林巒岔入。」江水風月，美不勝收，興起「何必歸鄉哉！」的滿足。

精神上的苦悶，他可以獨自布衣芒鞋，出入阡陌，到處漫遊，享受「曠然天真」之樂；到城南安國寺沐浴，「豈惟忘淨穢，兼以洗榮辱」，每從澡堂出來，就有身心俱淨的快感；還可以坐禪、問道，達到「物我相忘，身心皆空」、「表裡翛然」，甚至以自我嘲諷排遣，在苦境中自得其樂。然而現實的生活，家中食指浩繁，開門七件事，哪能畫餅充飢、望梅止渴呢？

蘇軾出仕以來，「俸入所得，隨手輒盡」、「若問我貧天所賦，不因遷謫始囊空。」初來黃州，「廩入既絕，人口不少」，手頭積蓄不多，以最克難的生活估計，約可支撐一年，還得「痛自節儉」。根據一封寫給秦觀的信說：規

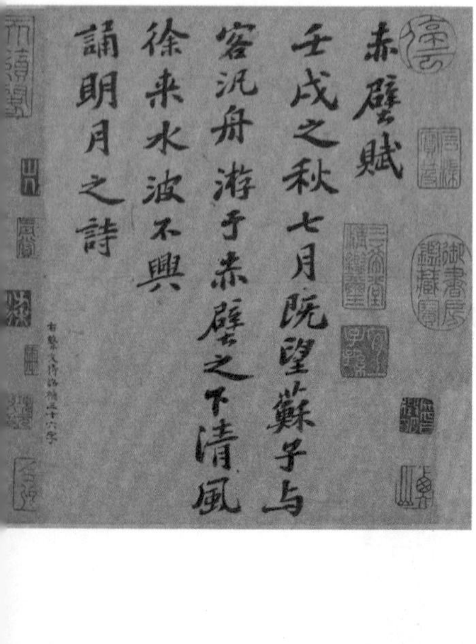

〈前赤壁賦〉（局部）
蘇軾書法真跡
國立故宮博物院藏。

定每天的用度不能超過一百五十錢，每月初一取出四千五百錢，分為三十份，掛到屋梁上，每天用叉子挑下一份，隨即把叉子藏起來。當日未用完的就另藏在一個竹筒裡，作為招待客人之用。一年之後怎辦呢？豁達的他深信船到橋頭自然直，「不須預慮，以此胸中都無一事」。

一年很快過去了，面對生活的壓力，他只想有一塊土地，能躬耕自給就好。沒想到以前在京城始終與他同甘共苦的窮朋友馬夢得，替他奔走請領到一片廢棄的營地，如願以償，可以開墾耕作謀生了。

這營地在州治之東百餘步的山麓上，四周岡巒起伏，中間約五十多畝是平地。山地貧瘠，且棄置已久，是片頹垣草棘的荒地，近年又乾旱成災，蘇軾帶領全家開荒墾地，筋力殆盡，不禁釋耒而嘆。可是他這個「孤旅人」，再苦也無所逃遁的，只好繼續辛勤幹活，數日後總算稍有起色。他周覽全景，按照地勢和土性，初步的計畫是較低的濕地種粳稻，東面邊地種些桑、果，對江的同鄉已答應送來樹苗。愛竹的他自然希望有片竹林，但考慮到竹鞭在地下橫生漫長，妨礙其他作物的生長而作罷。不料燒盡枯草，發現一口暗井，真是喜從天降，只要有水源，還怕沒收穫嗎！溯流窮源，原來山嶺另一邊有個水塘，再沿著嶺上流下涓涓山泉到井裡來。他決定在這裡築水壩、開渠道，保證水流不竭，水塘還可以養魚呢。這荒地本無地名，因在城東，蘇軾便命此地為「東坡」，從此自號「東坡居士」。東坡農場除稻麥外，還種植了蔬菜、果樹、茶樹、黃桑、綠柳等，身耕妻蠶，衣食無虞，妻子王弗還會為病牛治病呢！鄰居又有一大片

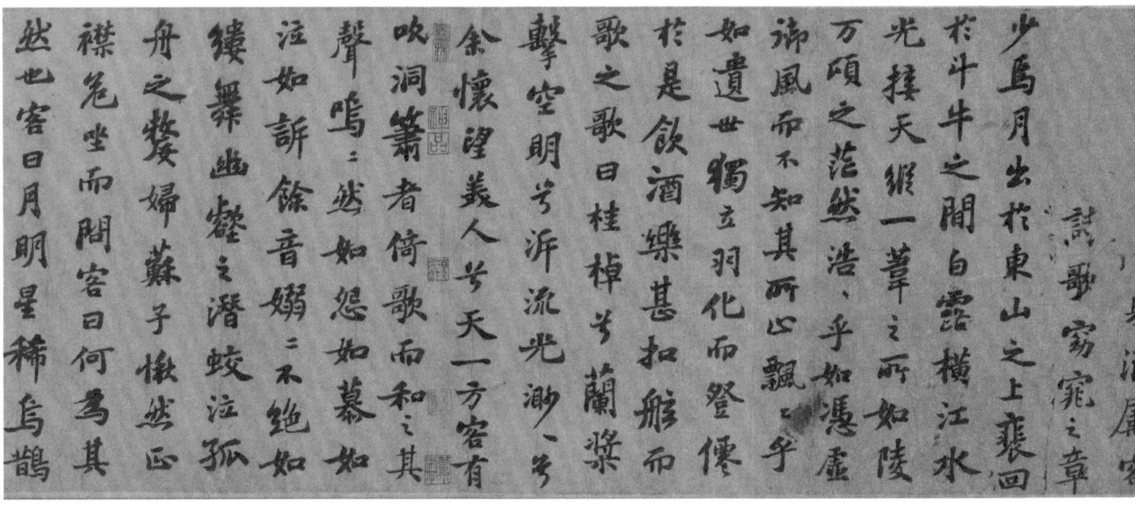
詩歌窈窕之章
少焉月出於東山之上裴回
於斗牛之間白露橫江水
光接天縱一葦之所如陵
万頃之茫然浩浩乎如憑虛
御風而不知其所止飄飄乎
如遺世獨立羽化而登僊
於是飲酒樂甚扣舷而
歌之歌曰桂棹兮蘭槳
擊空明兮泝流光渺渺兮
余懷望美人兮天一方客有
吹洞簫者倚歌而和之其
聲嗚嗚然如怨如慕如
泣如訴餘音嫋嫋不絕如
縷舞幽壑之潛蛟泣孤
舟之嫠婦蘇子愀然正
襟危坐而問客曰何為其
然也客曰月明星稀烏鵲

竹林供他遊息，心裡相當滿足：「腐儒粗糲支百年，力耕不受眾目憐。」自力更生才是正道。

在「東坡」附近一塊高地，視野廣曠，他建築了雪堂，自以為「真得其所居者也」，遊目四顧，可比美陶淵明盛讚的斜川，於是寫了一首〈江城子〉：

夢中了了醉中醒，只淵明，是前生，走遍人間，依舊卻躬耕。
昨夜東坡春雨足，烏鵲喜，報新晴。
雪堂西畔暗泉鳴，北山傾，小溪橫，南望亭丘，孤秀聳曾城。
都是斜川當日境，吾老矣，寄餘齡。

這建築，成為遠道來訪朋友的招待所。

蘇軾同榜進士淮南轉運副使蔡承禧，見他居處狹窄，特地在臨皋亭附近高坡上，為他建造了面對大江的三間瓦屋，不禁喜出望外，命名「南堂」。視野極佳：「客來夢覺知何處，掛起西窗浪接天」，而且「極虛敞便夏」，最宜消暑，「更有南堂堪著客，不憂門外故人車。」用作客房、臥室最適合了；「故作明窗書小字，更開幽室養丹砂」，書齋、丹室也有了著落。

東坡博愛成性，自言「上可以陪玉皇大帝，下可以陪悲田院乞兒。」與任何人都能歡然相處。遠貶黃州，他逐漸有了新交，以及重逢的故友。他認識了三位本地朋友：酒商潘丙、藥商郭遘、誠樸的古耕道，都是市井中人，很重義氣，對東坡照顧有加。地方首長有黃州太守徐大受，性情通達，對這位名滿天

宋代 夏圭作〈雪堂客話圖〉
藏於北京故宮博物院

下的謫官禮遇周到，交往親睦；還有他最敬重的朱壽昌，是位刺血寫經，畢生尋母的大孝子，也就是替他爭取遷住臨皐亭的鄂守。由鄂守介紹，結識岐亭監酒胡定之，他「載書萬卷隨行，喜借人看」，東坡求讀方便，是在貶謫生活中難得的際遇。最早從外地來探望他的是故友杜沂，這空谷跫音，讓他「釋然無復有流落之嘆」。

隱居岐亭的陳慥，字季常，號龍丘居士，出身官宦世家，富敵公侯。少時行俠好義，中年潛心讀書，以期報效國家，「然終不遇」。晚年息交絕遊，不問世事，庵居蔬食，生活恬淡安適。《蘇軾文集．方山子傳》就是讚頌他先俠後隱的人生抉擇，抒發自己對人生出處的無限感慨。他是東坡在鳳翔府出任簽書判官時結交的故友，也是隨時可以開玩笑的朋友。由於東坡一首戲謔詩寫道：「龍丘居士亦可憐，談空說有夜不眠。忽聞河東（陳妻柳氏是河東人）獅子吼（「獅子吼」在佛教裡代表「如來正聲」），拄杖落手心茫然。」從此陳慥就落實了懼內之名。「季常癖」就是「妻管嚴」的意思，「河東獅吼」就是悍婦的標準形象。東坡謫居四年裡，往陳慥家作客三次，陳慥專程到黃州拜訪七次，擠在雪堂西曬的客房裡，每次盤桓十多天，來往密切。

元豐五、六年間，雪堂寓客不絕，道士楊世昌、畫家米芾、琴師崔閒、亡命徒巢谷等，都住過雪堂。僧人參寥更是一住經年，這兩位互相唱和的對手，在雪堂擁被吟哦，坐忘塵世。他的貶居生活，一點都不寂寞。

東坡謫宦雖窮，但一家和睦，妻子賢慧，三個兒子（邁、迨、過）都聰明好學，

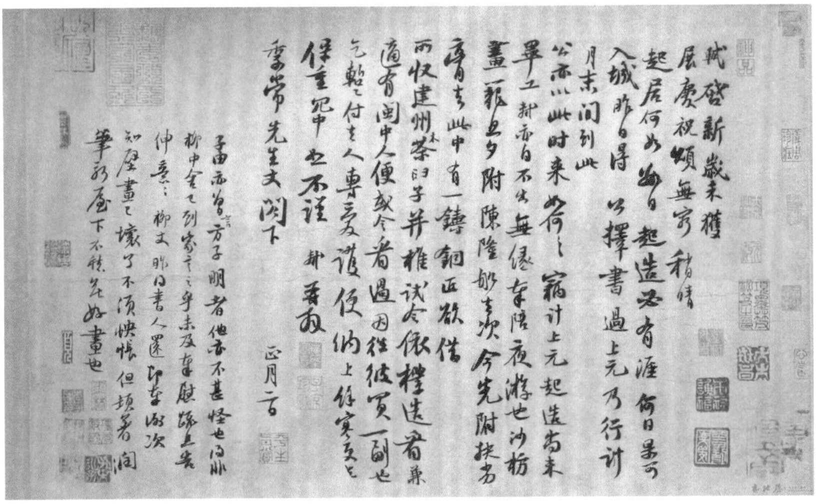

〈新歲展慶帖〉
蘇軾寫給陳慥的書札，
自然流暢、秀逸剛健、姿態橫生，
藏於北京故宮博物院。

談到自己的家庭，他心滿意足。朝雲是這期間納的妾，還為他生了個兒子，名遯，透露了甘心避世之意。那首著名的〈洗兒〉詩：「人皆養子望聰明，我被聰明誤一生；惟願孩兒愚且魯，無災無難到公卿。」就是為這小兒子慶「三朝」寫的。

東坡在黃州的官位是虛銜，並無實權，在艱苦的生活條件下，仍能關切民間疾苦。剛到黃州那年，傷寒症流行，他用苦求才得到的一張巢谷祖傳秘方，合成藥粉，施諸百姓，挽救生命無數。當他知道黃州艱困人家無力養育過多子女，往往在嬰兒剛出生時便以冷水溺斃，這種愚昧陋俗，令他「聞之辛酸，為食不下。」便號召朋友，向當地富戶募集資金，創建育嬰會，尋訪貧窮養不起孩子的人家，予以援助。自己雖然自顧不暇，每年也捐獻十千，他說：「若歲活得百個小兒，亦閒居一樂事也。」

好友季常寄詩慰問他的不幸時，他說：「吾儕雖老且窮，而道理貫心肝，忠義填骨髓。」在冤屈謫廢中，對國家、對人民忠愛之心，始終沒有改變，苦難並未泯滅他悲天憫人的心性，這是古代讀書人可愛可敬之處。

宋神宗元豐五年，蘇軾已在貶地黃州生活了兩年。苦難中，白天在東坡躬耕自給，晚上在書齋讀書寫作，自在閒適，「已將地獄等天宮」。他發現黃州不僅水中有鮮魚，山間有新筍，在城西北長江邊上，還矗立著一片陡峭紅褐色的山崖，風景絕美。一次和友人泛舟遊其下，玩得十分盡興，寫了一篇充滿詩情畫意的〈前赤壁賦〉，記載這一夜的漫遊。

金代 武元直作〈赤壁圖〉
國立故宮博物院藏。

一篇別開生面的記遊文章

◎開展遊記說理的新境

〈前赤壁賦〉按照記遊文章的通例，下筆就說：「壬戌之秋，七月既望，蘇子與客泛舟遊於赤壁之下。」以精練的筆墨交代了遊覽的時間：元豐五年初秋一個月圓的夜晚。地點：赤壁之下。方式：蕩槳水上。人物：蘇子與朋友。

由於「泛舟」江上，送爽的清風徐徐吹來，赤壁下的景色，風平浪靜，恬逸優美，使人興致盎然。於是主客對酌，吟唱古代詠月的詩篇。一輪明月被召喚出來了，從東山緩緩升起，在夜空的星斗間脈脈含情地冉冉移動。白露橫江，在水色天光的映照下，主客陶然忘情的任憑小舟在江面上隨意漂流，好像在浩瀚無邊的太空中騰雲駕霧乘風飛翔。如同羽化登仙，遠離塵囂，自由自在、無牽無掛。作者以清新的文筆、豐富的想像，寫出詩般的境界，帶著讀者沐浴在清風、白露、月色、天光的山水中，享受秋江月夜之美，分享作者之樂。

傳統的記遊文章，多是寫景或藉景抒情為主，而〈前赤壁賦〉並不著意寫景抒情，真正描寫在赤壁下泛舟遊賞之樂的文字，只有上述一小段而已。作者是以江月之景貫串全篇，藉情引發議論，主旨是闡述哲理，表達他對宇宙人生的見解，開創了以遊記說理的新寫法。

◎新創遊記體的散文賦

中國古代遊記從產生到發展，其歷程是由駢文化逐漸走向散文化，唐代柳宗元就是把山水遊記寫成散文的功臣。他大量創作遊記，使遊記卓然獨立，成為散文中的一個品類，劉禹錫編《柳河東集》，就把他遊山玩水的篇章歸入「記」類。「記」在我國古代文體家的眼裡，相當於我們所說的散文。宋代歐陽脩、三蘇、王安石、曾鞏等，更加自覺追求遊記的散文化，他們的遊記都是地地道道的散文。

散文呈現從容、舒放、自然、自在、隨意的韻致，是一種最自由的文體，音韻可以不管，對偶可以不問，只要遣詞達意，言之成文就好。自由靈動的散文，是人與自然界審美關係最適合的文體。

蘇軾撰寫兩篇遊賞赤壁的文章，卻以賦體呈現。從戰國荀子〈賦篇〉創名始，經過宏篇巨製的漢賦，六朝講究駢偶的俳賦，初盛唐格律謹嚴的律賦等發展，中唐以後，受古文運動的影響，賦開始散文化。晚唐杜牧的〈阿房宮賦〉是散文賦的先聲，宋歐陽脩的〈秋聲賦〉標誌了文賦的成熟。蘇軾進一步發展散文賦的寫作技巧，用寫散文的手法作賦，自然靈活的把前後〈赤壁賦〉寫得如詩似畫，哲理深邃。

〈前赤壁賦〉保留了傳統賦的特質和情韻。行文散筆中常使用排比和對偶，押韻和對偶相結合，讀來琅琅上口，頗富音樂美；也像漢賦一樣，採用主客答

宋代 蘇軾作〈墨竹圖〉軸
大都會藝術博物館藏

問的方式，但已不是藉設問來闡述道理，而是展示自己謫居的苦悶、思想的波折，以及超脫的過程。具備了賦的基本特徵，卻突破賦的表現格式，洗盡賦體繁縟富麗之氣，運用散文靈動的筆調，自由流走，不板不滯，筆意空靈飄忽，平易明暢，創造出如詩似畫的意境，把散文賦的寫作技巧發展到極致的地步。

有如一首充滿理趣的散文詩

蘇軾因烏臺詩案被捕入獄，幾經嚴酷審問，九死一生，結案後被貶為黃州團練副使，名義上是一州的軍事副長官，實際上是一名被軟禁的欽犯。他自己形容這段生活：「隻影自憐，命寄江湖之上；驚魂未定，夢遊縲絏（ㄌㄟˊ ㄒㄧㄝˋ 監獄。）之中。憔悴非人，章狂失志……。」〈前赤壁賦〉是在這樣的生活情境中寫成。這篇遊記以景為線索，帶出作者憂患人生的苦悶心情，闡述哲理以自我解脫，將受傷的心靈安頓在大自然的懷抱中，復歸寧靜，也是他黃州時期思想感情發展過程的寫照。

◎融情入景，理與景化

這次遊玩的方式是「泛舟」，開篇就說「清風徐來」；時間是「既望」，於是「誦明月之詩」，邀「月出東山之上」。全文扣緊江、風、水、月展開描寫和議論。

主客陶然忘情於萬頃碧波之上，盡情領略江上清風明月、水波天光自然和諧之美，飄然欲仙，遠離塵囂，借酒助「樂」，把歡樂帶到最高潮。歡樂之情

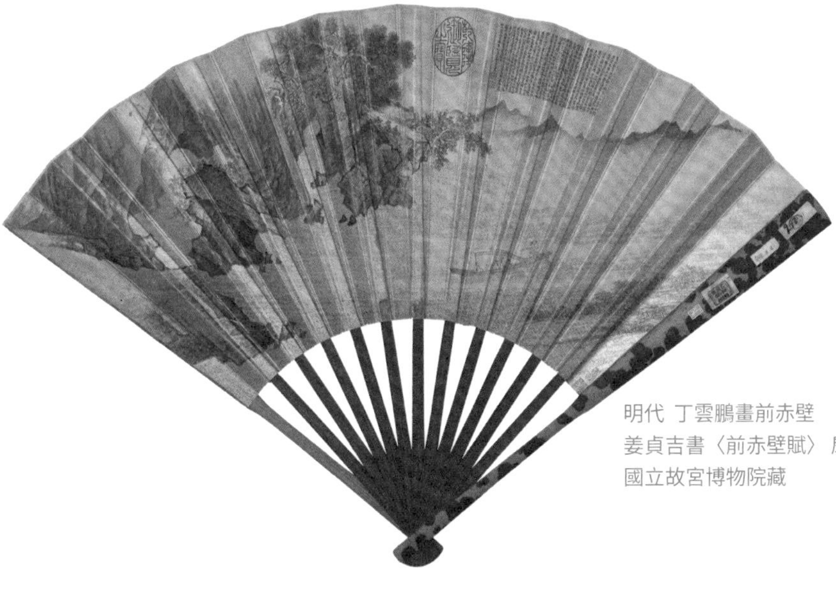

明代 丁雲鵬畫前赤壁
姜貞吉書〈前赤壁賦〉扇面
國立故宮博物院藏

在鋪陳「泛舟赤壁之下」的良辰美景呈現，真實可感。承前誦詩，進而「扣舷而歌」自己即興所作的歌詞，歌詞呼應〈月出〉的內容，悄悄轉為自己遭貶後的感慨；楊世昌伴奏的簫聲，悲涼幽怨，傳達普世的共悲，形象地以「舞潛蛟、泣嫠婦」呈現。從主客飲酒放歌的歡樂場面，為隨風彌漫的悲音替代，多麼自然靈動的表現了人物情緒的變化。藉客人之口，以歷史的事象，弔古傷今，發出盛衰無常，人生苦短的浩歎。客自述悲感，始自「月」明星稀，終於抱明「月」

李可染畫〈東坡夜遊赤壁圖〉。

而長終、託遺響於悲「風」。

蘇子的應答，亦以清風、水月為喻，從清風、明月入論。眼前有聲的江水，不斷東逝，卻始終長流不息；有色的明月，或圓或缺，本體並無增減。天地無私，江上的清風、山間的明月，長存共美，是大自然的無盡藏，取之無盡，用之不竭。投身於大自然的懷抱中，獲得撫慰，安頓心靈。人也是自然界的一份子，參與大化流行，與萬物交輝，只要超脫狹隘的時空觀念，也是造物者的無盡藏，無數「瞬間」連續就是永恆。蘇子「何羨」的肯定，是智者的妙悟。這一大段發人深省的哲理，融入眼前景物，生動地訴諸視覺、聽覺，與詩情畫意高度融合，渾然一體，傳遞了跌宕的感情、曲折的思想，同時也給人美的享受，不只是哲理的形象化說明、富有詩意的圖解而已。

◎行雲流水、舒卷自如

蘇軾通過赤壁之遊來表達對宇宙的看法，表明自己的人生態度。把感情起伏變化的過程和理論的申述，以景物貫串起來，溝通了全篇的感情脈絡，整篇文理轉合無跡，層次井然。

蘇軾在〈自評文〉中說：「吾文如萬斛泉源，不擇地而出」、「隨物賦形」、「常行於所當行，常止於不可不止」。從〈前赤壁賦〉來看，再精當不過了，文中無論敘事、抒情、說理，都能窮形盡相、隨物賦形，揮灑自如，如流水行雲，活潑流暢，充分展現蘇文自然明暢的特色。

清代 陳祖章雕刻
〈東坡夜遊赤壁〉（橄欖核舟）
國立故宮博物院藏

遣詞造句，尤其精練動人，如用「徘徊」形容月亮在夜空緩慢移動，逼真傳神，還令人想起李白說「我歌月徘徊」的繾綣情深。月亮徘徊留連，是對遊人含情眷戀嗎？用「渺」形容「滄海之一粟」，不但是「微小」，還有「漂流動盪」之意，如吳融形容「情」說：「依依脈脈兩如何？細似輕絲渺似波」；還有「消逝」之意，如「仙人已渺」。人生在世，不但渺小、動蕩不安、最後是一去不返，徹底無影無蹤，含意豐富極了。寫赤壁景觀的氣象說：「清風徐來，水波不興。」秋江的爽朗澄澈，正是遊人自得自樂的寫照；「白露橫江，水光接天。」江水、夜空在月光霧氣的映照下，渾然一片，浩瀚無邊，遊人的心境隨之開闊疏朗，自由自在。傳神寫照，費盡丹青畫不成！回溯赤壁戰前曹操的凜凜威風，他說：「方其破荊州，下江陵，順流而東也，舳艫千里，旌旗蔽空，釃酒臨江，橫槊賦詩，固一世之雄也。」筆力雄健，一氣呵成，確是坡公面目。又如渲染簫聲的悲涼：「其聲嗚嗚然，如怨如慕，如泣如訴，餘音嫋嫋，不絕如縷。舞幽壑之潛蛟，泣舟中之嫠婦」一連串的明譬暗喻，精準生動地把抽象的簫聲摹寫得具體可感，形象優美真切。有謂白居易〈琵琶行〉把複雜美妙、出神入化的琵琶聲形容盡致，歐陽脩把筆墨難以形容的秋聲寫得歷歷在目，蘇軾在〈前赤壁賦〉所描寫的簫聲也不遑多讓，他形容洞簫淒切悲咽、婉轉低迴的哀音，令讀者聞之泫然欲涕。本選文在才情富贍的東坡筆下，諸多創獲，能夠膾炙人口、傳誦千古，良有以也。

肆．再做點補充

赤壁古戰場在哪裡

東漢末年發生在長江赤壁地段的一場著名戰役，史稱「赤壁之戰」。孫、劉聯軍以少勝多，擊敗了來勢洶洶的曹軍，從此形成三國鼎立的局面。經《三國演義》的渲染，「赤壁」聲名大噪，在湖北省境內，漢陽、漢川、鍾祥、武昌、蒲圻（嘉魚）、黃州，都有赤壁。

據《三國志．周瑜傳》的描述：周瑜領兵從長江下游的夏口逆流而上，曹軍從上游的江陵順流而下，兩軍在長江赤壁地段相遇，隨即擺開陣勢。當時曹軍已過了巴丘，赤壁戰場應在夏口與巴丘之間。

漢陽、漢川、鍾祥都在漢水流域，可以斷定不是赤壁之戰的戰場；武昌赤壁在今武昌市江夏區的赤磯山，周邊地形並不符合赤壁戰場，歷代研究者都不認同。黃州赤壁經蘇軾一詞二賦的創作而赫赫有名，聚訟紛紛的只是黃州赤壁和蒲圻赤壁而已。

根據《三國志》的記載，兩軍在赤壁相遇後，曹軍初戰不利，「引次江北」，「瑜等在南岸」，是說初次交戰後，曹軍退駐長江的北岸烏林；孫、劉聯軍佔據南岸的赤壁，兩軍隔江對峙。後來孫、劉聯軍詐降，以火進攻，曹軍大敗。這樣說來，赤壁古戰場是在長江南岸，黃州赤壁在長江北岸，位置不符。

蒲圻赤壁山的地理位置和地形比較接近《三國志》的記載，古代地理著作

黃州赤壁只出現在詞賦中，學者稱為「文赤壁」。

也明確指出：「赤壁山在（蒲圻）縣西一百二十里，北臨大江，其北岸為烏林，與赤壁相對，即周瑜用黃蓋策焚曹公船敗走處。」（唐太宗之子李泰主編《括地誌》）元代胡三省的《資治通鑑注》、清顧祖禹的《讀史方輿紀要》等重要史籍，也持同樣觀點。並且有豐富的地下資料佐證：蒲圻赤壁一帶，自宋朝以來，先後有大量古代兵器出土，包括箭鏃、弩機、刀、槍等，都非墓葬品，經考古家據其形制及特點推斷，應屬東漢末年之物。蒲圻赤壁為赤壁古戰場無疑。

黃州赤壁只出現在詞賦中，為了避免混淆視聽，學者稱黃州赤壁為「文赤壁」，清康熙年間黃州知府郭朝祚替赤鼻磯題名為「東坡赤壁」；蒲圻赤壁稱為「武赤壁」。蒲圻縣今已改為赤壁市。

著書立說以及書畫文藝創作活動

貶謫黃州，東坡才四十餘歲，卻被放逐到這個文化沙漠來。貶謫是遙遙無期的懲罰，一個有理想、有抱負、有能力的人，讓他流落荒城，終日無所事事，是最無情的摧殘。時間的壓力如影隨形，剛到黃州，他就感嘆地說：「萬事如花不可期，餘年似酒那禁瀉。」元豐五年所作的〈寒食雨〉二首，是在時序催迫下窮途的哀嘆。（這時期乳母任氏病逝，蘇轍一女兒夭折，堂兄子正病逝任所，一連串至親死亡變故，使他對生命的無常感觸甚深。）直到還朝後，這段歲月的不堪仍然耿耿在懷。他有一首元祐間所寫的〈書王定國所藏煙江疊嶂圖〉題畫詩（王定國就是王鞏，〈煙江疊嶂圖〉的作者是王詵，二人同受烏臺詩案牽連，王鞏貶賓州，王詵貶均州。回

宋代 王詵作〈煙江疊翠圖〉，藏於上海博物院

朝後三人經常聚首，互相唱和。）其中敘寫黃州的生活說：「君不見武昌樊口幽絕處，東坡先生留五年！春風搖江天漠漠，暮雲卷雨山娟娟。丹楓翻鴉伴水宿，長松落雪驚晝眠。」這是他敘述漫長貶謫經歷的回憶，看似自由自在，瀟灑閒適，而他的感受呢？「獨對」四時美景，年復一年的水宿晝眠，百無聊賴，年華虛度，是生命落空的悲憤。

這場文字獄，使他成為驚弓之鳥，「自得罪後，不敢作文字」，有朋友請他寫篇燕子樓記，都婉言推辭了。徐州是他舊遊之地，燕子樓又是個有悽豔故事的古蹟，但只怕一落筆，就被人拿去作「箋注」，只好「牢閉口，莫把筆」了。

讀書是東坡自幼生活的重心，黃州初期，為了抒壓，「專讀佛書」，漸漸以讀史為多。讀史自然會以古證今，證今則不免有感，感覺滿溢，書生積習難除，封筆談何容易！便悄悄地寫下了多篇精短的史論。接著他想「解經」與現實有距離，應該不會招惹是非才對，便計畫寫一部講解《論語》的書。記得蘇轍年輕時寫過疏解《論語》的摘記稿，便要來加以取捨，元豐四年寫成《論語說》五卷，其中十之七、八是他自己的見解。《文獻通考》將該書與蘇轍後來寫的《論語拾遺》並列。今書已失傳，只能在《拾遺》中略窺一二而已。

續寫的第二部書是《易傳》九卷，《四庫全書》據明焦竑本收入經部二，《提要》說該書「推闡理勢，言簡意明」、「其文詞博辯，足資啓發」。《易》是蘇氏家學，蘇洵晚年專心治《易》，研究爻象頗有心得，可惜未及成書已病重，遺命軾、轍繼承遺志，續成這部著作。當時兩兄弟分在異地做官，無暇著

述，直至蘇軾貶謫黃州，才有空閒重理父親舊業。蘇轍將自己早年的一些摘記送到黃州，由蘇軾總其大成。該書在黃州尚未完稿，要晚至謫遷瓊州時才寫定。雖署名蘇軾所撰，實是父子兄弟三人的結集。

讀書寫作是東坡從小培養起來的興趣，又有一枝天生健筆，哪能真的焚筆棄硯。謫居多暇，到處蹓躂，往往觸景生情，不吐不快。當他孤立於風雨中的沙洲，就寫了一首〈卜算子〉（缺月掛疏桐），以孤鴻自喻，抒寫內心的寂寞。沿江陡立的那道赤色崖壁，別有一番挺拔氣象，聽說就是當年周瑜破曹的赤壁，最吸引東坡。初遊赤壁，面對萬里江濤，千年感慨，齊上心頭，不免自傷淪落，就寫下膾炙人口的〈念奴嬌·赤壁懷古〉。其後再三遊赤壁所寫的前、後赤壁二賦，也都傳誦千古。其他如〈江城子〉（夢中了了醉中醒）、〈定風波〉（莫聽穿林打葉聲）、〈浣溪沙〉（山下蘭芽短浸溪）、〈西江月〉（照野瀰瀰淺浪）、〈臨江仙〉（夜飲東坡醒復醉）、〈滿庭芳〉（歸去來兮）等名作，以及小品文如〈記承天寺夜遊〉，把發人深省的人生哲理，滲透到濃郁的詩情畫意中。這都是從謫黃州以來，經過坐禪、問道、自我昇華後，以空靈灑脫之筆，表現翛然曠遠的胸懷和生意盎然的生活情趣。

東坡「幼而好書，老而不倦」，他的書法，除藝術天分外，功力也相當紮實。從小抄書幫助記誦，每抄完一書，就換一體，兼可練字。他的書法不重臨摹，宗法傳統而自出新意，強調自我發揮。他說：「我書意造本無法，點畫信筆煩推求。」這抄書的習慣，終身不懈。在黃州時抄書仍然是他的日課，常把自己

得意的習作自動分贈好友。這時期遭逢挫折，以筆墨宣洩感情，如〈寒食帖〉，他把當時的心境感情灌注到筆畫撇捺中，時大時小，時強時弱，輕重錯落，以氣韻貫串全篇，寫得筆飛墨舞，遒勁飄逸。行家評為「曠世神品」，與王羲之的〈蘭亭集序〉、顏真卿的〈祭侄文稿〉被譽為傳世三大行書（該帖是黃州時期唯一真跡，傳世幾經劫難，今存於國立故宮博物院）。〈赤壁賦〉書法筆力雄渾，從頭到尾心手雙勝，興到筆隨，字態率意，錯落有致，跌宕多姿，字形豐滿肥潤，行（ㄏㄤ）氣自在流暢，筆墨寓意深刻，將情馳神縱、超逸優游的心神表現出來，透露出深厚的文人學養。與王羲之的〈蘭亭集序〉前後輝映。宋人「信手自然，動有姿態」的自由創意書風，是他建立起來的。

蘇洵藏畫豐富，天賦藝術才能的東坡，從小耳濡目染，不但對繪畫深感興趣，也培養出過人的鑑識能力。在黃州時期熱衷寫字作畫，米芾曾去拜訪他，他對這年輕人的才調非常欣賞，招待在雪堂住下，熱烈討論詩畫藝術和詩道。一次酒酣，檢出一張觀音紙，貼在壁上，面壁而立，懸肘畫了兩枝竹，一株樹，一塊怪石送給米芾作為見面禮。米芾對這前輩所畫的怪石枯木非常欣賞，認為「子瞻作枯木，枝幹虯屈無端，石皴（音ㄘㄨㄣ，國畫技法之一，表達山水樹石凹凸陰陽之感，及線條、紋理、形態等的筆法）硬亦怪怪奇奇無端，如其胸中盤鬱也」可謂一語中的。墨竹、枯木、怪石是蘇畫的主項，這個創新畫境，在中國畫史上別成一門類。他以筆墨書懷寄興，多方面使詩、書、畫建立息息相通的美學關係，在文人畫的發展上功不可沒。

 北宋 喬仲常作〈後赤壁賦圖〉（局部）

米芾看東坡畫竹，一筆從地起直至竹杪，以竹竿傳達率直凌雲之氣，便問：「為何不逐節分畫？」他答道：「竹生時，何嘗逐節生。」他又喜用朱筆畫竹，有人問：「世上何來朱竹？」他說：「世上也沒有墨竹啊！」正是「外師造化，中得心源」的最佳說明。

東坡喜歡酒後作畫寫字，非常快捷，對自己的作品很自信：「畫得寒林、竹石，已入神品，草書益奇。」每有得意之作，立即寄給好友，黃州附近的朋友，近水樓台，得到他的墨寶最多。

《蘇軾詩集》中，題畫詩便有一〇九首之多，他認為「詩畫本一律」，只是表現形式不同罷了。他的題畫詩，讓人覺得是用詩來表現與畫相同的題材，不覺得他在題別人的畫。他讀畫觀察入微，作詩根據畫家呈現的畫面，有所發揮，抒寫畫中意境給予他的感受，不但深得畫趣，還常藉畫中形象抒寫自己的懷抱。

東坡美食

東坡好吃，以老饕自居，飲食「講究」，黃州生活時期，經濟拮据，不過土產食材，物美價廉，他寫給秦觀的信說：「柑橘椑柹極多，大芋長尺餘，不減蜀中」、「羊肉如北方，豬牛獐鹿如土，魚蟹不論錢。」黃州價格「賤如泥」的好豬肉，「貴者不肯吃，貧者不解煮」，經他悉心烹調：「淨洗鐺，少著水，柴頭竈煙焰不起，待他自熟莫催他，火候足時他自美。」這樣細火慢燉，「早晨起來

東坡肉（至今仍是宴席上的名菜）。

打兩碗，飽得自家君莫管。」這就是至今仍是宴席上的一道名菜「東坡肉」。

他還有一道拿手菜「魚羹」，經常親自下廚以饗好友。有文詳細介紹烹煮的方法：活殺的鯽魚或鯉魚，冷水下鍋，入鹽，再加入崧（白菜）菜心，幾根蔥白，別攪動，煮到半熟時，加入等量的生薑汁、蘿蔔汁和酒少許，臨熟，加入橘皮絲即可出鍋。很像江浙菜的奶汁鯽魚湯。

有一道「東坡羹」，是素食，用崧、若蔓菁（大頭菜）、若蘆菔（蘿蔔）、若薺，雜煮而成，他說不必加調味料，有自然的甘味。有位道人向他請教如何烹調，他就寫了一篇小文〈東坡羹頌〉，最後四句詩是正文「頌」，頌前一大段是小引，詳細介紹作法：首先將食材揉洗數遍，去菜中辛苦汁，在大鍋及大瓷碗內周圍塗上食油，將切碎的菜及少許生薑、生米（勾芡用）放入鍋裡沸湯中，覆蓋塗油瓷碗，要注意不能碰觸菜羹，否則會生油味。鍋上放一盛米的蒸籠，等菜完全熟後才蓋上鍋蓋，燜至飯熟，飯與菜羹同時完成。

東坡本有治國才能和濟世之志，卻不為世用，在困境中樂觀地面對現實，泰然自得的活出滋味，一本正經地研究美食，還煞有介事地寫食譜，不僅是胸懷豁達，熱愛生活，還必須有一份難能的修養。（何淑貞）◆

5 邊城 節選

只接受過小學教育的沈從文是三〇年代最具影響力的作家之一。他生長於湘西邊陲之地，從小就親近大自然，並受到少數民族質樸風土文化的薰陶，形成了特有的觀點以及書寫風格，為當時還很年輕的新文學注入了鄉土的浪漫、神秘與邊緣異質的生命力。

他的代表作《邊城》創造出一個在艱困的環境與奮鬥的生活中，仍兀自堅持、綻放美善人性的伊甸園。故事裡被多人追求的翠翠，純真、善良，圍繞著她的人物在各種矛盾與抉擇中，也都有高貴的表現。這是一部悲傷又溫暖的中篇小說。

壹・作者與出處

沈從文（一九〇二～一九八八）原名沈岳煥，曾用筆名休芸芸、懋琳、甲辰、炯之、上官碧等。他出生於湖南鳳凰縣的軍人世家，自古稱之為湘西。數千年來為苗族與土家族聚居地，不服王化的當地少數民族與歷代封建王朝衝突不斷。此種特殊的文化傳統與自然風土予以沈從文獨有的觀點認識這個世界。童年在泅水、爬山、釣魚、打獵中悠遊嬉戲，找尋生活趣味，「逃避那些書本枯燥文句去同一

切自然相親近」，加上自身苗族血統，湘西地區人文風土、苗漢矛盾與文化衝突，影響沈從文日後的創作甚鉅。童年時期，家鄉戰亂烽火連年，當權者時常以「苗民起義作亂」為血腥鎮壓的藉口，多少城鄉「人頭如山，血流成河」，目擊此驚駭場景，使他一生對於濫用權力特別厭惡。

十五歲正式參加地方部隊，駐防沅陵，此後五六年間，隨軍輾轉湘黔川邊境各縣，不久，升任上士文書，開始閱讀《申報》，後到芷江擔任辦事員，時常抄詩、練字並學作詩。因借住在熊希齡公館接觸到林紓翻譯狄更斯小說多種，開拓文學眼界。後由川東返沅陵，任地方軍書記，有機會學習歷史及文物知識，並兼報館校對，閱讀許多新文學書刊，接觸到新思潮與新文化。一九二二年夏天來到五四運動發源地——北京。他自稱是「鄉下人進城」，早期作品明顯帶有自敘傳色彩，如他所申明：「我只想把我生命所走過的痕跡寫到紙上。」其創作題材主要鋪陳兩個主題：一是湘西生活的片斷，對兒時生活的美好回憶。另一是反映城市小知識分子生存困境與精神蒼白。前者對於家鄉往事與早年行伍生活的點滴，透著一種天真而嫵媚的情趣。後者則是一個在都市漫遊者卑微身影與焦灼不安的靈魂，兩種題材透顯著沈從文對都市生活與人情淡漠的反思，對鄉土美好的投射與眷戀。

《湘行散記》中的抒情文風兩邊城紀事，曾打動無數青年的心。

《從文自傳》云：「我讀一本小書，同時又讀一本大書」，雖僅接受過小學教育，然從社會這本大書汲取豐富的閱歷。隨著創作生涯的展開，陸續受到胡適、徐志摩、郁達夫的鼓勵，漸漸得到北京文人圈的賞識，又與丁玲、胡也頻等創作文友合辦雜誌，展現對社會改革的理想與熱情。一九三三年冬天回到湘西鳳凰探望母病，來回一個多月，寫信數十封，後整理為《湘行散記》。其抒情文風與湘西的邊城風情，打動無數青年的心。在近代戰亂下輾轉擔任青島大學、西南聯大的教授，講授文學習作。一九四九年之後，最初編制仍在北京大學，但因文學作品內容的思想性被批評為封建餘毒，因而飽受攻擊，前往華北革命大學學

沈從文因為在中國歷史博物館工作，專心致志於歷史文物的探討、鑑賞、講解與文物管理，以及研究工作，才完成學術著作《中國古代服飾研究》。

習，後又參加土改工作隊赴四川內江。返回北京後，被安排在中國歷史博物館工作，從此專心致志於歷史文物的探討、鑑賞、講解與文物管理，以及研究工作，完成扛鼎的學術著作《中國古代服飾研究》，其對於物質史的細密考察時有卓見，在學術史上解決許多重要疑點。

在沈從文筆下，農民、水手、軍官、作家、政客、紳士、巫師等人物無不活靈活現躍然紙上。沈從文小說敘述語言有種獨特魅力，其格調古樸，句式簡峭，主幹突出，少誇飾，單純又厚實，樸訥卻傳神。一方面其作品少用虛字，不用浮詞，善用民間口語，富生活感，泥土氣息。其次，摹寫景致多寫意手法，輕描數筆便點出景物的風采神韻。再者，描寫鄉村人物不鋪張，多留空白，善於捕足人物稍縱即逝的表情狀態，不採用大段獨白，而是以人物的神態行動，與其特定情境，產生呼應與暗示，使人物隱蔽的內在心緒，流溢於文字之外。沈從文通過書寫原始生命形態以對應現代物欲社會，又以獨特色彩的鄉土與冷峻市儈都市互為參照對比，其「對於道德的態度，城市與鄉村的好惡，知識份子與抹布階級的愛憎，一個鄉下人之所以為鄉下人，如何具體顯明的反映在作品裏」，以此寄托對自然本色之美的追求，對現代文明壓抑扭曲的針砭，以及民族生存方式的思索。

本文所選錄的《邊城》為中篇小說，沈從文三十二歲時所作，一九三四年一月開始於《國聞周報》連載，至四月二十三日結束。

貳·選文與注釋

一

由四川過湖南去，靠東有一條官路。這官路將近湘西邊境到了一個地方名為「茶峒」的小山城時，有一小溪，溪邊有座白色小塔，塔下住了一戶單獨的人家。這人家只一個老人，一個女孩子，一隻黃狗。

……管理這渡船的，就是住在塔下的那個老人。活了七十年，從二十歲起便守在這小溪邊，五十年來不知把船來去渡了若干人。年紀雖那麼老了，骨頭硬硬的，本來應當休息了，但天不許他休息，他彷彿便不能夠同這一份生活離開。他從不思索自己職務對於本人的意義，只是靜靜的很忠實的在那裡活下去。代替了天，使他在日頭升起時，感到生活的力量，當日頭落下時，又不至於思量與日頭同時死去的，是那個伴在他身旁的女孩子。他唯一的朋友是一隻渡船和一隻黃狗，唯一的親人便只那個女孩子。

女孩子的母親，老船夫的獨生女，十五年前同一個茶峒軍人，唱歌相熟後，很祕密的背著那忠厚爸爸發生了曖昧關係。有了小孩子後，這屯戍兵士便想約了她一同向下游逃去。但從逃走的行為上看來，一個違悖了軍人的責任，一個卻必得離開孤獨的父親。經過一番考慮後，屯戍兵見她無遠走勇氣，自己也不便毀去作軍人的名譽，就心想：一同去生既無法聚首，一同去死應當無人可以阻攔，首先服了毒。女的卻關心腹中的一塊肉，不忍心，拏不出主張。事情業已為作渡船夫的父親知道，父親卻不加上一個有分量的字眼兒，只作為並不聽到過這事情一樣，仍然把日子很平靜的過下去。女兒一面懷了羞慚，一面卻懷了憐憫，依舊守在父親身邊，待到腹中小孩生下後，卻到溪邊故意喫了許多冷水死去了。在一種奇蹟中這遺孤居然已長大成人，一轉眼間便十三歲了。為了住處兩山多篁竹，翠色逼人而來，老船夫隨便給這個可憐的孤雛，拾取了一個近身的名字，叫作「翠翠」。

翠翠在風日裡長養著，故把皮膚變得黑黑的，觸目為青山綠水，故眸子清明如水晶。自然既長養她且教育她，為人天真活潑，處處儼然如一隻小獸物。人又那麼乖，如山頭黃麂[1]一樣，從不想到殘忍事情，從不發愁，從不動氣。平時在渡船上遇陌生人對她有所注意時，便把光光的眼睛瞅著那陌生人，作成隨時皆可舉步逃入深山的神氣，但明白了面前的人無機心後，就又從從容容的在水邊玩耍了。

……有時過渡的是從川東過茶峒的小牛，是羊群，是新娘子的花轎，翠翠必爭著作渡船夫，站在船頭，懶懶的攀引纜索，讓船緩緩的過去。牛羊花轎上岸後，翠翠必跟著走，送隊伍上山，站到小山頭，目送這些東西走去很遠了，方回轉船上。把船牽靠近家的岸邊。且獨自低低的學小羊叫著，學母牛叫著，或採一把野花縛在頭上，獨自裝扮新娘子。……

1 麂：一些亞洲小型鹿的統稱，音ㄐㄧˇ。

七

……

翠翠一天比一天大了，無意中提到什麼時，會紅臉了。時間在成長她，似乎正催促她，使她在另外一件事情上負點兒責。她歡喜看撲粉滿臉的新嫁娘，歡喜述說關於新嫁娘的故事，歡喜把野花戴到頭上去，還歡喜聽人唱歌。茶峒人的歌聲，纏綿處她已領略得出。她有時彷彿孤獨了一點，愛坐在岩石上去，向天空一片雲一顆星凝眸。祖父若問：「翠翠，想什麼？」她便帶著點兒害羞情緒，輕輕的說：「翠翠不想什麼，正在看水鴨子打架。」照當她習慣意思，就是翠翠不想什麼。但在心裡卻同時又自問：「翠翠，你想什麼？」同是自己也就在心裡答著：「我想的很遠，很多。可是我不知想些什麼。」她的確在想，又的確連自己也不知在想些什麼。這女孩子身體既發育得很完全，在本身上因年齡自然而來的一件「奇事」，到月就來，也使她多了些思索，多了些夢。

……翠翠的母親，某一時節原同翠翠一個樣子。眉毛長、眼睛大、皮膚紅紅的。也乖得使人憐愛——也懂在一些小處，起眼動眉毛，機伶懂事，使家中長輩快樂。也彷彿永遠不會同家中這一個分開。但一點不幸來了，她認識了那個兵。到末了丟開老的和小的，卻陪了那個兵死了。這些事從老船夫說來誰也無罪過，只應「天」去負責。翠翠的祖父口中不怨天，心中卻不能完全同意這種不幸的安排。到底還

像年輕人，說是放下了，也正是不能放下的莫可奈何容忍到的一件事。攤派到本身的一份，說來實在不公平！

並且那時有個翠翠。如今假若翠翠又同媽媽一樣，老船夫的年齡，還能把小雛兒再撫育下去嗎？人願意的事神卻不同意！人太老了，應當休息了，凡是一個良善的中國鄉下人，一生中生活下來所應得到的勞苦與不幸，業已全得到了。假若另外高處有一個上帝這上帝且有一雙手支配一切，很明顯的事，十分公道的辦法，是應當把祖父先收回去，再來讓那個年輕的在新的生活上得到應分接受那一份幸或不幸，才合道理。

可是祖父並不那麼想。他為翠翠擔心。有時便躺在門外岩石上，對著星子想他的心事。他以為死是應當快到了的，正因為翠翠人已長大了，證明自己也真正老了。可是無論如何，得讓翠翠有個著落。翠翠既是她那可憐的母親交把他的，翠翠大了，他也得把翠翠交給一個人，他的事才算完結！翠翠應分交給誰？必需什麼樣的人方不委屈她？

……

十

……老船夫記前一次大老親口所說的話，知道大老的意思很真，且知道順順也歡喜翠翠，故心裡很高興。但這件事照規矩得這個人帶封點心親自到碧溪岨家中去

說，方見得慎重其事。老船夫說：「等他來時你說：老傢伙聽過了笑話後，自己也說了個笑話，他說：『車是車路。馬是馬路，各有走法，大老走的是車路，應當由大老爹爹作主，請了媒人來正正經經同我說，走的是馬路，應當自己作主，站在渡口對溪高崖上，為翠翠唱三年六個月的歌。』」

……

十二

……船總順順家中一方面，則天保大老的事已被二老知道了，儺送二老同時也讓他哥哥知道了弟弟的心事。這一對難兄難弟原來同時都愛上了那個撐渡船的外孫女。這事情在本地人說來並不稀奇，邊地俗話說：「火是各處可燒的，水是各處可流的，日月是各處可照的，愛情是各處可到的。」有錢船總兒子，愛上一個弄渡船的窮人家女兒，不能成為稀罕的新聞。有一點困難處，只是這兩兄弟到了誰應娶得這個女人作媳婦時，是不是也還得照茶峒人規矩，來一次流血的掙扎？

兄弟兩人在這方面是不至於動刀的，但也不作興有「情人奉讓」如大都市懦怯男子愛與仇對面時作出的可笑行為。

……

二老看到哥哥那種樣子，便知道為這件事哥哥感到的是一種如何煩惱了。他明白他哥哥的性情，代表了茶峒人粗魯爽直一面，弄得好，掏出心子來給人也很慷慨作去，弄不好，親舅舅也必一是一，二是二。大老何嘗不想在車路上失敗時走馬路；但他一聽到二老的坦白陳述後，他就知道馬路只二老有分，自己的事不能提了。因此他有點氣惱、有點憤慨，自然是無從掩飾的。

二老想出了個主意，就是兩兄弟月夜裡同過碧溪岨去唱歌，莫讓人知道是弟兄兩個，兩人輪流唱下去，誰得到回答，誰便繼續用那張唱歌勝利的嘴唇，服侍那划渡船的外孫女。大老不善於唱歌，輪到大老時也仍然由二老代替。兩人憑命運來決定自己的幸福，這麼辦可說是極公平了。提議時，那大老還以為他自己不會唱，也不想請二老替他作竹雀。但二老那種詩人性格，卻使他很固執的要哥哥實行這個辦法。二老說必需這樣作，一切方公平一點。

大老把弟弟提議想想，作了一個苦笑。「X娘的，自己不是竹雀，還請老弟做竹雀？好，就是這樣子，我們各人輪流唱，我也不要你幫忙，一切我自己來吧。樹林子裡的貓頭鷹，聲音不動聽，要老婆時，也仍然是自己叫下去，不請人幫忙的！」

兩人把事情說妥當後，算算日子，今天十四，明天十五，後天十六，接連而來的三個日子，正是有大月亮天氣。氣候既到了中夏，半夜裡不冷不熱，穿了白家機布汗褂，到那些月光照及的高崖上去，遵照當地的習慣，很誠實與坦白去為一個「初生之犢」的黃花女唱歌。露水降了，歌聲澀了，到應當回家了時，就趁殘月趕回家去。或過那些熟識的整夜工作不息的碾坊裡去，躺在溫暖的穀倉裡小睡，等候天明。

一切安排皆極其自然，結果是什麼，兩人雖不明白，但也看得極其自然。兩人便決定了從當夜起始，來作這種為當地習慣所認可的競爭。

十六

二老有機會唱歌卻從此不再到碧溪岨唱歌。十五過去了，十六也過去了，到了十七，老船夫忍不住了，進城往河街去找尋那個年輕小夥子，到城門邊正預備入河街時，就遇著上次為大老作保山的楊馬兵，正牽了一匹騾馬預備出城，一見老船夫，就拉住了他：

「伯伯，我正有事情告你，碰巧你就來城裡！」

「什麼事情？」

「天保大老坐下水船到茨灘出了事，閃不知這個人掉到灘下漩水裡就淹壞了。早上順順家裡得到這個消息，聽說二老一早就趕去了。」

這個不吉消息同有力巴掌一樣，重重的摑了老船夫那麼一下，他不相信這是當真的消息。他故作從容的說：

「天保大老淹壞了嗎？從不聞有水鴨子被水淹壞的！」

「可是那隻水鴨子仍然有那麼一次被淹壞了……我贊成你的卓見，不讓那小子走車路十分順手。」

從馬兵言語上，老船夫還十分懷疑這個新聞，但從馬兵神氣上注意，老船夫卻看清楚這是個真的消息了。他慘慘的說：

「我有什麼卓見可說？這是天意！一切都有天意……」老船夫說時心中充滿了感情。

……

二十

……

但無論如何大雨，過不久，翠翠卻依然就睡著了。醒來時天已亮了，雨不知在何時業已止息，只聽到溪兩岸山溝裡注水入溪的聲音。翠翠爬起身來看看祖父還似乎睡得很好，開了門走出去，門前已成為一個水溝，一股濁流便從塔後嘩嘩的流來，從前面懸崖直墮而下。並且各處皆是那麼一種臨時的水道。屋旁菜園地已為山水沖亂了，菜秧皆掩在粗砂泥裡了。再走過前面去看看溪裡，才知道溪中也漲了大水，已漫過了碼頭，水腳快到茶缸邊了。下到碼頭去的那條路，正同一條小河一樣，嘩嘩的洩著黃泥水。過渡的那一條橫溪牽定的纜繩，已被水淹去了，泊在崖下的渡船，已不見了。

翠翠看看屋前懸崖並不崩坍，故當時還不注意渡船的失去。但再過一陣，她上下搜索不到這東西，無意中回頭一看，屋後白塔已不見了，一驚非同小可。趕忙向

屋後跑去，才知道白塔業已坍倒，大堆磚石極凌亂的攤在那兒。翠翠嚇慌得不知所措，只銳聲叫她的祖父。祖父不起身，也不答應，就趕回家裡去，到得祖父床邊搖了祖父許久，祖父還不作聲。原來這個老年人在雷雨將息時已死去了。

翠翠於是大哭起來。

……

二十一

……

可是到了冬天，那個圮坍了的白塔，又重新修好了，那個在月下唱歌，使翠翠在睡夢裡為歌聲把靈魂輕輕浮起的青年人還不曾回到茶峒來。……

這個人也許永遠不回來了，也許「明天」回來！

一九三四年四月十九日完成

◀《邊城》刻劃了湘西茶峒小鎮的浪漫哀曲，如泣如訴。

參．可以這樣讀

如詩如畫的邊城，如泣如訴的輓歌

《邊城》是沈從文小說的代表作，也是現代文學史上膾炙人口的名篇。在湘川黔三省交界的邊城茶峒，所發生的一則浪漫故事。小說描寫湘西老船夫與孫女翠翠相依為命，在白塔下過著時光悠然的擺渡人生，與綠水唱和，黃狗為伴，向船客展開一幅桃源式的邊城鄉情。故事依著時令節慶，日昇月落的自然節奏，鋪敘小城的生活日常。這則浪漫情事緣起於端午節賽龍舟盛會，翠翠與爺爺走散了，夜色降臨，幸得當地船總二兒子——儺送相助，才得以順利返回渡口。從此，翠翠心上添了無法言明的心事，雖然儺送也鍾情於她，但鎮上王團總已籌劃將女兒嫁到船總順順家，並送上一座碾坊作為嫁妝。世事曲折在於船總大兒子天保也愛上了翠翠，並真誠地請人來說親作媒（走車路）。弟弟儺送表明自己要渡船不要碾坊，相約哥哥一起為翠翠唱歌（走馬路），讓命運來抉擇。小說側寫老船夫為翠翠終身大事擔憂煩惱，兩兄弟皆心儀翠翠，卻因人事相左天不從人願，天保自知唱歌不如弟弟，也為了成全弟弟，下行桃源闖險灘。未料哥哥遭逢災難而魂歸西天，弟弟從此不再唱歌自我流浪放逐。老船夫經過這番人事折騰，也撒手人寰，留下翠翠獨自守著渡口，痴心等待那個用歌聲把她的靈魂載浮起來的少年，「這個人也許永遠不回來了，也許明天回來」，這是一個邊境小鎮的浪漫哀曲，湘西地方既傳奇又感人的故事。

小說以淡遠的情調，描繪出邊城山光水色，以及特殊的民情風俗，淡淡幾筆白描將少女真摯又渾然天成的神韻刻劃入微，也將老船夫聽任天命，自然隨順的處世態度勾勒出來。小說圍繞著「走車路」與「走馬路」、「要碾坊」或「要渡船」的糾葛矛盾開展，呼應時代的變遷，不同文化價值觀的衝突。「走車路」意謂著請長輩說親事，請人作媒，依傳統規矩將少女迎娶回家；「走馬路」則是在河對岸唱情歌，將少女的心唱軟了，唱得動心了，自然夫唱婦隨也就佳偶天成。至於「碾坊」與「渡船」亦是兩個重要的象徵，經由婚配，得到一座碾坊可增進其經濟資本，「碾坊」如同獲得穩定而可靠的收入，也如同不變的傳統價值觀。選擇「渡船」，則是隨任自己的心意，象徵自由的意志，自己決定婚配對象。小說後半段集中展開人生選擇的矛盾衝突，所刻劃的人物無不信守人性美善，獨立自主想把握著生命航線，卻造成悲劇收場。小說營構著如詩如畫的邊城風光，如泣如訴的情感流瀉，淺唱低吟一曲人間世的謳歌。

作者於《邊城》創造一個優美如詩的小鎮，淳樸民風融於山光水色之中，「河水清澈透明」，「兩山多竹篁，翠色逼人而來」，生於斯長於斯的翠翠，亦如青山綠水般清新可人，環繞著老船夫祖孫身邊的山城人家，也是心地光明，宅心仁厚，「這些人既重義輕利，又能守信自約，即便是娼妓，也常常較之講道德知羞恥的城市中紳士還更可信任。」小說常將景與情互融，雖是客觀的自然風土，總增添幾筆濃濃人情。夏日黃昏的景致：彩霞滿天、桃花色薄雲、往返江上的渡船、杜鵑啼泣，曬了一天蒸發出來的熱氣，筆致從容描寫自然界的

「輾坊」在小說中具備了多重的象徵意涵。

聲響、光影、氣味，然而「翠翠看著天上的紅雲，聽著渡口飄來那生意人的雜亂聲音，心中有些兒薄薄的淒涼。」優美的自然卻使人染上淡淡的愁緒，如常的生活帶著歲月更迭，生命旋起旋滅的節奏，表面寫景，實則與人的心境表裏相依，即景抒情，使人與自然融為一體，傳遞隨順事世的達觀。

青春的歌吟與人事的啟蒙

在山城長大的翠翠，一方面保有純樸善良的美好德性，另一方面有著山野少女天真稚拙的痴心，「翠翠在風日裏長著，把皮膚變得黑黑的，觸目為青山綠水，一對眸子清明如水晶，自然既長養她且教育她，為人天真活潑，處處儼然如一隻小獸物。」溫厚的自然風土養育她清明的眸子，姣好的外貌，也薰陶了清澈純淨的性格，簡單質樸的天性。「人又那麼乖，和山頭黃麂一樣，從不想到殘忍事情，從不發愁，從不動氣。平時在渡船上遇陌生人對她有所注意時，便把光光的眼睛瞅著那陌生人，作成隨時都可舉步逃入深山的神氣，但明白了面前的人無機心後，就又從從容容的來完成任務了。」透過動態描摹，把一個天真活潑，既機靈又奔放的湘西少女，唯妙唯肖地躍然紙上，接著又勾勒一連串翠翠的神態與動作，如爭著幫祖父擺渡船，待到過渡的客人、牛、羊和花轎上了岸，她必跟著走，目送隊伍上山，回到船上還獨自低低學小羊叫、學牛叫，採把野花插在頭上扮新娘等等，寫出了山村少女的野性美與動態美，還有洋溢著青春活力的可愛姿態，讀來無不令人憐愛。

以小說中船家少女翠翠和大黃狗為原型所製作的雕像。

在山城及祖父的養育下無憂無慮成長的翠翠，慢慢體驗到由女孩成為女人的微妙歷程，此點隱秘的心理，恐怕她自己也未覺察到。從爺爺的眼裏點出翠翠心理所滋長那一點說不清楚的東西：「翠翠一天比一天大了，無意中提到什麼時，會紅臉了。時間在成長她，似乎正催促她，使她在另外一件事情上負點兒責，她歡喜看撲粉滿臉的新嫁娘，歡喜述說關於新娘的故事，歡喜把野花戴到頭上去，還歡喜聽人唱歌。茶峒人的歌聲，纏綿處她已領略得出。」時間在催熟翠翠的成長，帶著喜悅卻摻雜著過往的痛苦，祖父不時想起翠翠母親那段戀情的傷心事，無形中連繫到主人公翠翠身上，暗示著自然的如常與生命的無常。小說透過鋪敘陳述，人物的對話，或不自覺的意識流動，幻想與夢境，從各個角度細筆描繪青春時期那一點隱秘而微妙、複雜的少女心事。兩兄弟同時愛上翠翠，在其中祖父出於一片好意，希望為孫女覓得良緣，且為彌補過往輕忽兒女情事所造成的遺憾，這次祖父格外小心翼翼，想要讓翠翠自己願意，選擇自己的心上人，卻弄巧成拙，有情人無法成眷屬，使全篇故事渲染人事無常的感傷。

愛情的嚮往與親情的依戀在少女身上總難兩全，翠翠想要永遠陪伴著爺爺，日日渡船過日子，但爺爺想著要為翠翠尋找終生依託的可靠人家。在山城相依相伴的日子，平淡靜好，貼心可人的翠翠連端午佳節也不願獨自到鎮上看熱鬧，「以為要看兩人去看，要守船兩人守船。祖父明白那個意思，是翠翠玩心與愛心相戰爭的結果。為了祖父的牽絆，應當玩的也無法去玩。」祖父心想孫女總有一天要離開他的，但不敢提起這件事。想為孫女結親家尋姻緣的夙願引發老船夫苦澀的回憶（翠翠母親為愛而犧牲），不能讓當年悲劇重演，力圖掙脫命運的擺佈，他自言自語：「翠翠，爺爺不在了，你將怎麼樣？」見翠翠在哭，又說：「翠翠，我來慢了你就哭，這還成嗎？我死了呢？」老船夫生命如風中殘燭，他知道，「人太老了，應當休息了，凡是一個良善的中國鄉下人，一生中活下來所應得到的勞苦與不幸，業已全得到了。」老船夫口中不怨天不尤人，雖說這些不幸的事說來誰也無罪過，只應由天去負責，但年輕生命的無端消逝還是讓老人感到不平與憂傷。假如翠翠又同媽媽一樣，老人還能將下一代雛兒再撫育長大嗎？「人願意的事天卻不同意！」未來上天將「把祖父先收回去，再來讓那個年輕的在新的生活上得到應分接受那一份幸或不幸，才合道理！」老船夫一方面擔心翠翠的未來，又擔憂自己餘生將盡，來不及安排妥當。不論翠翠出嫁或爺爺過世，未來兩人即將分離的孤寂與失落，讓祖孫兩人陷入種種難以言說的感傷心緒。小人物在命運面前既認命又想掙扎的矛盾心態，老人暮年將至的寂寞與少女青春期的情竇初開，交錯在安靜恬淡生活裏，天真純潔的青年男女萌發愛苗，卻因人世各種因素受到摧折，無法開花結果，終以悲劇作結。而小說中作為重要象徵的白塔與祖父在一個雷電交加的夜晚，悄然崩圮，叫人不勝唏噓，也預示一個美好時代的逝去。

小說中出現的重要地景象徵「白塔」，又名沙灣白塔，坐落於湘西陀江畔的鳳凰古城。

邊城少數民族的風俗畫卷

小說故事場景在湘西茶峒，是個風光明媚的邊陲小鄉鎮，隔酉水與四川、貴州省遙遙相望。湘西位於湖南省西北部，地處湘、鄂、川、黔四省邊區，多山多水，與外在交通較為周折，古時屬於「蠻夷之地」。然正因為其與世隔絕與熱鬧城鎮拉開距離，滋養出詩人屈原在《楚辭》行吟澤畔，上下求索的靈感，引領田園詩人陶潛尋覓「桃花源」，寫出了〈桃花源記〉。小城依山傍水，近山的一面，城牆如一條長蛇，緣山蜿蜒；臨水的一面，搖蕩著舟船，是沈從文筆下的美好鄉土。湘西境內共有溪河一千多條，水力資源豐沛，處處可見形形色色行舟載貨，繁忙熱絡於各個停靠的碼頭。湖南是個多元文化與各種民族聚居的地區，漢族、土家族、苗族、侗族、傜族、回族、壯族等，其中又以「土家族」和「苗族」為數最多，亦是沈從文經常敘寫的族群。小說中常見「吊腳樓」的場景，屬於湘西民居中傳統建築，傳說是由古老的居住形式——巢居演變而來。少數民族為躲避洪水、野獸、蟲蛇的侵擾，並為擴大使用空間因而發展出吊腳樓的居住形態。除了少數民族，士兵亦是沈從文作品時常出現的人物身份，歷朝各代為防範異族戍守邊疆，無不鞏固城牆，重兵駐防，尤其是鳳凰縣直到二十世紀二〇年代，這個湘西純樸小鎮，人口不到一萬人，卻有七千駐兵，從明代開始，湖南鳳凰鎮便成為駐防中心，為防止苗民起義，嚴格區別苗族與漢族的生活，萬曆年間在鳳凰一帶大修邊境城牆，現今城牆雖已頹圮，然而此種

小說中常見「吊腳樓」的場景，
屬於湘西民居中傳統的建築。

邊防機制深遠影響地方的文化與生活，使它帶著濃厚的軍營特質。在《邊城》題記，沈從文說：「對於農人與兵士，懷了不可言說的溫愛，這點感情在我一切作品中，隨處皆可以看出。我從不隱諱這點感情。」沈從文從年少時代接觸最多的即是農民與底層出身的士兵，對他們身上潛藏的素樸個性，忠厚、熱誠、勤勞、勇敢、堅貞、純潔等心性品格，相當珍愛。這些關於士兵駐防的生活情境，可以從《邊城》翠翠的母親與士兵相戀的情節，沈從文幾篇關於行伍生涯，農民、士兵、軍官為主角的作品，深切感受到他對這些人物懷有溫暖的情感。

小說描繪湘西節慶民俗及迎神賽會，「邊城所在一年中最熱鬧的日子，是端午、中秋與過年，三個節日過去三五十年前，如何興奮了這地方人，直到現在，還毫無什麼變化，仍是那地方居民最有意義的幾個日子」。每到端午佳節，湘西男女總要盛裝，喜氣洋洋觀賞划龍舟比賽。苗族賽龍舟和漢族有些不同之處，就賽期來分，苗族龍舟賽期比較長，又有「五龍」和「六龍」兩個傳統的節日。「五龍」為迎龍日，「六龍」為送龍日，兩個節日的時間從五月初五起，一直持續到六月。小說中敘寫翠翠看到迎娶送親的喜轎，祖父坐船頭以竹作的雙管嗩吶吹「娘送女」曲子給她聽。少數民族的青年男女盛行以唱歌、跳舞傳達感情，婚禮習俗各有不同，傜族婚禮上新娘、新郎由嗩吶引路，向天地、父親、長輩跪拜，每拜一次都要吹一段嗩吶曲子，並由伴郎、伴娘唱一段頌歌，極其隆重繁複。苗族的婚禮活動，可以進行至兩天兩夜之久，此都是與漢族婚俗有所不同之處。少數民族的宗教信仰與漢族亦有所區別，船總順順的兩個兒子，

苗族民俗的龍舟競賽，是湘西重要的年度盛事，每到端午佳節，當地男女總要盛裝觀賽。

長子取名天保，次子取名儺送，「天保佑的在人事上或不免有齟齬處，至於儺神送來的，照當地習氣，人更不能稍加輕視了。」反映當地敬天酬神，萬物皆有靈之宗教思想與世界觀。湘西一帶宗教活動盛行一種巫儺（ㄋㄨㄛˊ）文化，「巫」是指人與神的溝通媒介；「儺」則是巫執行神諭的內容，包括祈年、祝禳、消災、納吉等等。自兩千多年前，此種宗教祭儀文化活動即已存在，如屈原的〈九歌〉正是反映當時巫儺文化所留下的創作。

將寫實與夢境，敘述與象徵融為一體，使作品明顯具抒情寫意特徵，以獲取一種散文詩的意境，是沈從文鄉土小說的特色之一。「邊城」作為少數民族整體意象，小說中白塔的崩塌象徵原始古老湘西的終結，其重修則預示著人事關係的改造與重整，主角翠翠與儺送對獨立抉擇自己生命的渴求，寄寓著不為世人理解的夢想，也內蘊著沈從文對少數民族歷史命運的思考。朱光潛談到《邊城》時云：「它表現受過長期壓迫而富於幻想和敏感的少數民族在心坎裏那一股沈鬱隱痛，翠翠似顯出從文自己的這方面的性格。……他不僅唱出了少數民族的心聲，也唱出了舊一代知識份子的心聲，這就是他的深刻處。」沈從文筆下的鄉土風俗醇美，人性樸素，處處洋溢生命的謳歌。《邊城》將近似桃源般純粹人性真摯美善，置於現實的矛盾衝突裏，觸及一點窮鄉僻壤的苦難，但總以溫暖抒情的筆致「特意加上一點牧歌的諧趣，取得人事上的調和」。小說融滙湘西文化、民情風俗，宗教活動，展開一幅豐富又盛美的少數民族畫卷。

湘西一帶宗教活動盛行一種巫儺文化，
「巫」是指人與神的溝通媒介；
「儺」則是巫執行神諭的內容，
包括祈年、祝禳、消災、納吉等等。

肆・再做點補充

對湘西邊城的樸實敘寫

沈從文書寫大自然所充盈生命的讚歌，生命的歡躍，在雨露陽光下萌發、成長、閃動皆使人心醉神往。以故鄉湘西生活為背景的小說與散文，其基調大致為質樸、清靈、雋永，一種從容不迫的情致，按自然之道娓娓道來，不刻意求工，不故作姿態，行雲流水自然成趣，小說《邊城》、《長河》是如此，散文名篇《湘行散記》亦像信手拈然，平淡處自有韻味天成。湘西山水在奇險中尚有其靈秀的一面，如他所云：「隨意割切一段勾勒紙上，就可成一幅絕好宋人畫本。」小說散文裏的湘西既有雄奇壯美的高山急流，險灘行船、舟覆人沒的驚心動魄，還可讀到水手柏子的欸乃櫓歌，愛憎纏綿的吊腳樓風光，悠悠流蕩湘西獨有的夏夜秋色，江上煙波。

這些人物以湘西沅水流域為背景，〈柏子〉、〈丈夫〉、〈蕭蕭〉等名篇，以抒情筆調貫穿鄉土敘寫，既有細膩的心理描寫，亦兼鮮明的語言風格。三〇年代中篇小說《邊城》與散文集《湘行散記》的問世，深刻描繪傳奇神秘色彩的湘西地區，其獨特的藝術表現力在此兩部作品發揮了極致。沈從文在《邊城》題記云：「二十年來的內戰，使一些首當其衝的農民，性格靈魂被大力所壓，失去了原來的樸質、勤儉、和平、正直的型範以後，成了一個什麼樣子的新東西。」他飽含同情之筆描寫「他們受橫徵暴斂以及鴉片煙的毒害，變成了如何

沈從文以故鄉湘西生活為背景的小說與散文，基調大致為質樸、清靈、雋永，一種從容不迫的情致，按自然之道娓娓道來，不刻意求工，不故作姿態，行雲流水自然成趣。

窮困與懶惰！」他預備將這個民族為歷史所帶往不可知命運時，一些小人物在變動中的憂思患難，如何在困境中「活下去」以及「怎樣活下去」的渴求與欲望，作出樸實的敘寫。後期逐步轉向內在省思，深層生命經驗的審視，乃至潛意識歷程的發掘，如〈綠魘〉、〈水雲〉及〈燭虛〉採用象徵主義、意識流手法。

沈從文經常將筆觸伸向底層備受壓迫與屈辱的平民，從其心靈深處攫取閃著微光的醇厚人性，在人事的愛憎與浮生的哀樂中，勞動人民與生俱來原始粗獷的生命力，往往展現出自由奔放的力與美。

在變動時代中，小人物「怎樣活下去」的生活樣貌

沈從文作品所選取的題材是平淡無奇的日常，人物是平凡庶民百姓，以平鋪直敘的描述引導讀者聯想，然而敘事往往在關鍵處即停頓，留下餘韻，待讀者自行品嚐、思索，如《邊城》最後採開放式的結局，「那個在月下唱歌，使翠翠在睡夢裏為歌聲把靈魂輕輕浮起的青年人還不曾回到茶峒來。……」那個年輕人究竟會不會回來？翠翠依然守著渡船過日子嗎？最後情歸何處？這樣留下念想的結局或許比給個最終答案，更加耐人尋味，也引發讀者對人事哀悼，對遠方故人的思念。祖孫天人永隔帶來淡淡的離愁，幽微又憂傷的情緒，瀰漫在字裏行間。又如〈菜園〉可憐的母親面對兒子慘遭殺害，精神備受打擊，沈從文不用激情文字正面重彩描述，只以平淡幾句話：「秋天來時菊花開遍了一地。主人對花無語，無可記述。」花開花謝象徵生命的盛放與消逝是自然的現象，以「無語」、「無

可記述」代表一切盡在不言中，讓讀者自行想像，體味言外之意。

從人物塑造觀之，沈從文深刻描寫農人、士兵、水手、妓女等身上展現純粹人類情感，湘西山村苗寨青年男女熾烈生命力，與生俱來原始粗獷的熱情，對於身處壓迫與剝削的現實底層百姓，這些閃爍生命頑強力量的小人物，充滿魅力與吸引力，沈從文對其原始渾沌欲望採取肯定態度，並描繪其人性之美的覺醒與昇華。通過對城市上流人士與鄉村凡夫俗子的對比性，沈從文採取批判角度，他認為城市人的精神困頓、頹靡，彷彿是個閹人，反而不如底層平民活得自在歡快，富有活力。如〈燭虛〉中那些只知吃喝玩樂，生兒育女的「精神狀態上始終是個閹人」。沈從文試圖「把最近二十年來當地農民性格靈魂被時代大力壓扁扭曲失去了原有的素樸所表現的式樣，加以解剖與描繪。」在解剖與描繪農民性格靈魂時，敘說浪子水手與吊腳樓女人對自我人格的自貶自抑，但不忘挖掘那尚未完全被扭曲與泯滅的素樸心性，被金錢物慾支配的娼妓，仍然有著對愛情的執著，像〈柏子〉、〈湘行散記〉裏多情水手與痴心女人的情感，不只是露水姻緣。〈丈夫〉裏那位從農村進城探望妻子的鄉下人，妻子在城裏作船妓以養家活口，透過三次心理轉折，這位年輕丈夫慢慢從麻木不仁的狀態，喚起被壓抑已久的人性尊嚴，心靈穿過重重迷霧，逐步覺醒的心路歷程，沈從文寫來絲絲入扣。然而另一方面，鄉村也不盡然全是美善無缺陷，農民飽受現代性衝擊，被階級壓迫，被資本物欲所扭曲，其內在靈魂早已摧折破碎，許多作品描寫鄉下殺人場景，被殺者懵懵懂懂，旁觀者則是「看客」心理，在農民

▶平淡無奇的日常，平凡的庶民百姓，沈從文以平鋪直敘的描述引導讀者聯想，然而敘事往往在關鍵處即停頓，留下餘韻，待讀者自行品嚐、思索。

靈魂被扭曲壓扁的過程裏，心靈的麻木與智性的愚昧，形成小說作品裏那一抹憂憤與悲劇的色彩。

以「鄉下人」視角批評都市病

沈從文雖在北京與上海等地展開文學創作，卻一直以「鄉下人」自居。「永遠不習慣城裏人所習慣的道德的愉快、倫理的愉快。」物質文明所帶來的精神墮落在〈紳士的太太〉、〈八駿圖〉、〈有學問的人〉等篇表露無遺，沈從文批判知識分子的道德淪喪，雖披上西裝革履、長袍馬褂，卻是深陷物欲、情慾的深淵，甚至赤裸裸對金錢的追求與崇拜，成為慾望的惡魔，精神的侏儒。這些作品或諷刺上流社會的假道學與虛偽的假面，性格自私，人格異化，或嘲諷知識份子假託紳士之名，實則精神病態，生命委頓，或抨擊批判資產階級的上等人與所謂城市文明的虛幻偽善。〈紳士的太太〉揭穿虛偽的紳士家庭文明外衣，暴露其紳士淑女私下的各種醜行，為追逐欲望，妒嫉仇視與報復手段成為日常的鬧劇，反映上層士紳階級家庭倫常崩潰，精神空虛，品格卑下的社會現實。〈八駿圖〉描寫八位士紳受現代文明的壓抑，生命力逐步退化萎縮，性意識嚴重倒錯扭曲，表面道貌岸然，實際卑陋不堪，這些被奉承為「千里馬」的學者名流，卻是犯了「都市病」、「文明病」、「知識病」的駑馬，內心被文明枷鎖綑綁，心靈生命活力被禁錮與阻塞，使他們「營養不良、睡眠不足、生殖力不足」，近乎於閹人，因而導致其人格分裂，性格殘缺，生命形態畸零。

此篇小說如同對中國上流社會文明審判最犀利的一把解剖刀。

沈從文致力建構人性美理想的神廟，將主角置於現實殘酷矛盾中，使讀者由此「認識這個民族的過去偉大處，和目前墮落處。」他甚且憂慮資本主義的商品邏輯將破壞千百年來水畔小鎮，更撕裂農村固有的純樸民風、善良淳美的人性，那種返璞歸真，順天應時，自然生態所滋養的鄉土風貌，將一去不復返。城鄉之間的對峙，城鄉之間的差距，將漸漸衝擊鄉土，在現代文明大幟底下，鄉下人純粹的情感開始變質，他曾慨嘆：「把愛情移到牛羊金銀虛名虛事上來了。」愛情受到物質的影響，不再素樸純真，男女的婚約變成交易的商品。「美的歌聲與美的身體同樣被其他物質戰勝成無用東西了。」

小說書寫水手、妓女等底層勞工在嚴酷生存環境的掙扎，以及蘊藏於他們身上躍動的生命活力。對於這種處境的描寫，寄寓著沈從文對其生存方式的憂慮，這些「鄉下人」雖保有人性的美善，但身上也保留原始蒙昧的思想，使他們身處悲涼的人生境遇，卻無從發覺其悲劇本質。透過書寫人性的美，批判物質文明的侵略，以及即事寓物的抒情筆調，加上對人物心理細膩刻劃，鄉土氣息的著力描繪，詩意般的散文結構，創造一個情景交融的意境。沈從文的作品可謂在現代文學史上以獨特的視角開啟了別具一格的藝術光彩。（黃儀冠）◆

▶作者憂慮過度的商業化經濟模式，恐將破壞農村的純樸民風與淳美人性。屆時湘西的自然生態與鄉土風貌，將一去不復返。

6 牡丹亭・驚夢 節選

湯顯祖是中國傳統戲曲成就最高的創作者，
常被比為「東方的莎士比亞」。
他的代表作「臨川四夢」中，《牡丹亭》是讓他最為得意的。
描寫的是杜麗娘炙熱的愛情竟能超越生死、人鬼之隔，
最終有情人終成眷屬。
這樣的劇情以及它在當時受狂熱歡迎的程度，
也鮮明的呈現出晚明社會特有的文化思潮。

壹・作者與出處

湯顯祖生於明世宗嘉靖二十九年（一五五〇），神宗萬曆四十四年（一六一六）去世。享年六十七。字義仍，號海若、又號若士，別署清遠道人。江西臨川人。祖上四代均有文名，藏書豐富。湯顯祖受家庭薰陶，十四歲便補了縣諸生，二十一歲中舉。萬曆五年（一五七七）進京趕考，因不肯接受首輔張居正拉攏，兩次落第。直

到萬曆十一年張居正死後次年，才考中進士。但因不肯趨附新任首輔申時行，僅能在南京任太常寺博士、詹事府主簿、禮部祠祭司主事等閒職。萬曆十九年他寫了《論輔臣科臣疏》，揭發時政積弊，抨擊朝廷，觸怒了神宗皇帝。被貶到廣東雷州半島的徐聞縣任典史，又調任浙江遂昌知縣，一任五年，興辦書院，關心農事，政績斐然，卻因壓制豪強，觸怒權貴而招致上司非議和地方勢力的反對，於萬曆二十六年（一五九八）棄官，鄉居玉茗堂中，寫作讀書，凡十八年。

在湯顯祖的文學創作中，戲曲成就最高，《牡丹亭還魂記》（簡稱《牡丹亭》或《還魂記》）、《紫釵記》、《南柯記》和《邯鄲記》四部劇作，因都有描寫夢境的情節，合稱「臨川四夢」或「玉茗堂四夢」，為其劇作代表。湯顯祖因與英國劇作家莎士比亞（一五六四～一六一六）同年去世，因此又有「東方莎士比亞」美譽。其實未必要藉莎翁來認證湯顯祖的價值，臨川四夢以兼俱「意趣神色」之筆探討人世關懷與情感力量，深刻的思想性與高度藝術性，不僅轟動當時，還流傳至今盛演不衰。尤其《牡丹亭》，當代早有崑劇團至歐美演出，白先勇製作的青春版《牡丹亭》更享譽全球，二〇一六年上海崑劇團還曾將「臨川四夢」一舉推出盛大搬演，作為湯顯祖去世四百年紀念，湯顯祖在戲曲史、文學史，乃至於文化史上的地位，永恆不朽。

貳・選文與注釋

【繞地遊】[1]

〔旦上〕[2]夢回鶯囀[3]，亂煞年光遍[4]。人立小庭深院。〔貼〕[5]炷盡沉煙[6]，拋殘繡線[7]，恁今春關情似去年[8]？

1 繞地遊：曲牌名，以下〈步步嬌〉、〈醉扶歸〉、〈皂羅袍〉、〈好姐姐〉、〈隔尾〉等同此。

2 旦：戲曲中的女主角，此處指杜麗娘。

3 夢回鶯囀：黃鶯的啼叫聲把我從夢中喚醒。夢回：從夢中醒來。囀：鳥鳴聲。

4 亂煞年光遍：這裡指到處都是紛繁繚亂的春光。亂：繚亂紛繁貌。煞：極、甚。年光：春光。遍：到處都是。

5 貼：指貼旦，即戲曲中扮演次要角色的旦角，這裡為杜麗娘的丫鬟春香。

6 炷盡沉煙：點燃的薰香已燒盡。炷：這裡作動詞，點香。沉煙：沉水香，閨房常用的薰香。

7 拋殘繡線：拋棄的殘餘線頭，這裡用以表達杜麗娘無心針織的心緒。

8 恁今春關情似去年：為何今年對春天的關心勝過去年。恁：音ㄖㄣˋ，為何、怎麼。關情：關心。似：超越、勝過，表示比較、差等之詞。

【步步嬌】

（旦）裊晴絲[9]吹來閒庭院，搖漾春如線[10]。停半晌[11]、整花鈿[12]。沒揣[13]菱花[14]，偷人半面[15]，迤逗的彩雲偏[16]。（行介[17]）步香閨怎便把全身現！

（貼夾白）今日穿插[18]的好。

9 裊晴絲：飄蕩在空氣中的游絲，因天晴而看得清楚。裊：漂浮的、動蕩的。晴絲：蟲類所吐的細絲，飛揚於空中，麗日晴空下才看得清楚；又「晴絲」亦得諧音為「情思」，一語雙關，以描繪杜麗娘的情感與心思擺蕩於心。

10 搖漾春如線：春光就如同游絲般搖擺蕩漾，與「裊晴絲」互為表裡，即游絲因春光得見，而抽象的春光則因游絲的被看見得賦予具象感與動態感。線：絲線，這裡指游絲。

11 停半晌：稍停片刻。晌：音ㄕㄤˇ，一會兒的時間。

12 整花鈿：整理額飾。花鈿：婦女的額飾。鈿：音ㄉㄧㄢˋ。

13 沒揣：沒有揣想到，不意，沒料到。

14 菱花：鏡子，古時用銅鏡，背面所鑄花紋多為菱花。

15 偷人半面：分明是對鏡整容妝時，驚見自己的美貌，害羞地左閃右躲，湯顯祖卻故意寫杜麗娘嬌嗔埋怨鏡子，竟偷去自己半張臉。

16 迤逗的彩雲偏：指受到鏡子「偷人半面」的招惹，害得她把鬢髮給梳歪了。迤逗：招惹的，挑逗的。迤：音ㄧˊ。彩雲：指雲鬢，像雲一樣輕柔的鬢髮。偏：不正。

17 介：戲曲中角色的動作，傳奇稱「介」，雜劇則為「科」。

18 穿插：打扮穿戴。

【醉扶歸】

〔旦〕你道翠生生出落的裙衫兒茜[19]，艷晶晶花簪八寶填[20]，可知我常一生兒愛好是天然[21]。恰三春好處[22]無人見。不隄防沉魚落雁鳥驚諠[23]，則怕的羞花閉月花愁顫[24]。

19 你道翠生生出落的裙衫兒茜：你說身穿的深紅色裙衫，顯得鮮艷美麗。你道：你說，即順應春香「今日穿插的好」此句夾白而來。翠生生：顏色鮮艷。出落的：顯得。茜：音ㄑㄧㄢˋ，深紅色。

20 艷晶晶花簪八寶填：花簪上鑲嵌著各式各樣的珠寶，一片亮閃閃、光燦燦。艷晶晶：閃亮光彩的樣子。八寶：指各式各樣的珠寶。填：填塞，這裡有鑲嵌的意思。

21 愛好是天然：愛美是天性所使然。愛好：即愛美。好：音ㄏㄠˇ。天然：天性使然。同樣的用法可見於湯顯祖《紫簫記》十一齣ㄚ鬟讚李十郎「道你綠鬢烏紗映畫羅」（【懶畫眉】），十郎下接「小生從來帶一種愛好的性子」句。

22 三春好處：本指春天的美景，這裡則用以表示自己青春姣好的容貌。三春：春天有三個月，即孟春、仲春、季春。好處：美景，此處用以形容杜麗娘的容貌。

23 不隄防沉魚落雁鳥驚諠：用以形容女子的容貌美麗動人，一個不注意便使得游魚下沉、飛雁降落不敢與其比美，而鳥兒也驚艷於女子的貌美嘈雜喧鬧著。不隄防：即不提防，沒料到，一個不注意。沉魚落雁：形容女子容貌美麗，使魚見之游入水底，雁鳥見之則落降沙洲。諠：音ㄒㄩㄢ，同喧，形容聲音雜亂喧鬧。

24 則怕的羞花閉月花愁顫：只怕皎美的容貌，足讓花朵羞愧而憂慮顫抖，讓月亮失色而退掩隱藏。則怕的：只怕。羞花閉月：形容女子姣好貌容，令花與月自覺比不上而躲避隱藏。

【皂羅袍】

原來姹紫嫣紅[25]開遍，似這般都付與斷井頹垣[26]。良辰美景奈何天，賞心樂事誰家院！[27]〔合〕朝飛暮捲，[28]雲霞翠軒；雨絲風片，煙波畫船。錦屏人忒看的這韶光賤！[29]

〔貼夾白〕是花都放了，那牡丹還早。[30]

25 姹紫嫣紅：形容花開得嬌艷美麗的樣子。姹、嫣：皆以形容花的艷麗。姹：音ㄔㄚˋ。

26 斷井頹垣：斷折的井欄與倒塌的矮牆，以形容庭院破敗荒涼的景象。垣：音ㄩㄢˊ，矮牆。

27 「良辰美景奈何天」二句：全句本謝靈運《擬魏太子鄴中集詩・序》：「天下良辰、美景、賞心、樂事，四者難并。」此處則指杜麗娘眼見綻放在破敗荒涼庭園裡的群芳，不禁油然生情，而表露出美好的青春卻無人賞愛之感嘆。奈何天：令人無可奈何的時光，表示思想情感無所安頓，精神空虛無聊的狀態。賞心樂事：歡悅的心情與快樂的事情。

28 朝飛暮捲：此乃化用唐王勃〈滕王閣詩〉：「畫棟朝飛南浦雲，珠簾暮卷西山雨。」兩句而來，原句的意思是清晨拂過屋簷的，是南浦那邊飄來的浮雲；傍晚捲起朱簾，飄灑過來的是西山那邊的微雨。此處則以「雲飛雨卷」來描寫早晚的景象。

29 錦屏人忒看的這韶光賤：此指深閨中的女子虛度了這美好的春光。錦屏人：錦繡屏風後的閨中人，以前女子閨房臥榻前常有錦屏遮掩。忒：音ㄊㄜˋ，太、過於。韶光：美好的時光。賤：輕視，忽略，等閒視之。

30 是花：所有的花。是：凡，所有之意。

【好姐姐】

〔旦〕遍青山啼紅了杜鵑[31]，荼蘼[32]外煙絲醉軟[33]。牡丹雖好，他春歸怎占得先[34]！〔貼夾白〕成對兒鶯燕啊。〔合〕閒凝眄[35]，生生燕語明如翦，嚦嚦鶯歌溜的圓[36]。

【隔尾】

觀之不足[37]由他繾[38]，便賞遍了十二亭台是枉然。到不如興盡回家閒過遣。[39]

〔睡介〕〔夢生介[40]〕

31 遍青山啼紅了杜鵑：山坡上開滿了紅色的杜鵑花。杜鵑：可指花也可指鳥，此處則是借用杜鵑鳥啼血的意象來比擬杜鵑花盛開的景致，故用「啼紅」。啼：本為鳥獸的啼叫聲，這裡則有開放之意。

32 荼蘼：花名，為春季末夏季初盛開的白花，故其凋謝遂也意味著此一年花季的結束，音ㄊㄨˊㄇㄧˊ。

33 煙絲醉軟：指游絲裊娜飄蕩在空中，其景致令人陶醉。

34 牡丹雖好，他春歸怎占得先：牡丹花雖然美麗，卻不能早於群芳之前盛開，得遲至春盡的時候才開放，意味著牡丹的生不逢時，趕不上春天這大好的春光。此句杜麗娘以牡丹花的無處綻放自比，傷感自己被耽誤的青春年華。春歸：指春期將盡，也就是暮春。怎：為表達豈、怎麼能夠、那裡之義的反詰語氣詞。占得先：即取得先機，這裡指搶先其他花朵盛開。

35 凝眄：凝視，目不轉睛。眄：音ㄇㄧㄢˇ。

36 「生生燕語明如翦」二句：分別指燕子的啼叫聲清脆明亮，而黃鶯流囀的鳴聲則是流暢圓潤。生生、嚦嚦：皆以形容鳥鳴聲之清脆悅耳。嚦：音ㄌㄧˋ。明如翦：本指燕子飛行的姿態，這裡用來比擬輕快的聲音。翦：音ㄐㄧㄢˇ。溜的圓：形容聲音圓潤而流利順暢的樣子。溜：音ㄌㄧㄡˋ。

〔生持柳枝上〕鶯逢日暖歌聲滑，人遇風情[41]笑口開。一徑落花隨水入，今朝阮肇到天台[42]。小生順路兒跟著杜小姐回來，怎生不見？〔回看介〕呀，小姐，小姐！

〔旦作驚起介〕

〔相見介〕

〔生〕小生那一處不尋訪小姐來，卻在這裡！

〔旦作斜視不語介〕

〔生〕恰好花園內，折取垂柳半枝。姐姐，你既淹通[43]書史，可作詩以賞此柳枝乎？〔旦作驚喜，欲言又止介〕〔背想〕這生素昧平生，何因到此？

〔生笑介〕小姐，咱愛殺你哩[44]！

37 觀之不足：即百看不厭，指遊園賞花一事尚未盡興。

38 由他繾：任憑他依戀不捨。繾：音ㄑㄧㄢˇ，纏綿留戀。

39 閒過遣：排遣時間。

40 生：戲曲中的男主角，此處指柳夢梅。

41 風情：指男女間戀愛的情懷，也就是愛情。

42 阮肇到天台：傳說東漢時阮肇與劉晨兩人入天台山採藥，因緣進入仙山巧遇二仙女，留滯半年始還，則人間竟已七世。這裡則指柳夢梅欲學前人結緣仙女一事，即入夢境與杜麗娘相會。

43 淹通：精通。

44 咱愛殺你哩：即我非常喜歡妳，此為柳夢梅對杜麗娘的表白。咱：我的代稱。殺：同煞，副詞，表極、甚之意。

【山桃紅】

則為你如花美眷[45]，似水流年[46]，是答兒[47]閒尋遍。在幽閨自憐。

〔生夾白〕小姐，和你那答兒[48]講話去。

〔旦作含笑不行〕

〔生作牽衣介〕

〔旦低問〕那邊去？

〔生〕轉過這芍藥欄前，緊靠著湖山石邊。

〔旦低問〕秀才，去怎的？

〔生低答〕和你把領扣鬆，衣帶寬，袖梢兒搵著牙兒苫也，[49]則待你[50]忍耐溫存一晌眠。

〔旦作羞〕

45 則為你如花美眷：此句略去主詞（我）與動詞（尋找），意即我則為了找尋妳這位貌美如花的伴侶。美眷：美麗的眷屬，也就是妻子、伴侶。

46 似水流年：形容時間流逝之快，歷經許多年頭。意味著柳夢梅花了很長的一段時間尋找心目中的「美眷」。

47 是答兒：到處。答兒：地方。

48 那答兒：那邊。

49 袖梢兒搵著牙兒苫也：這句是說輕咬衣袖角，遮著唇（和半張臉），害羞的意思。搵：音ㄨㄣˋ，按壓，擦拭。苫：音ㄕㄢ，覆蓋，遮蔽。

50 則待你：只要你。則：只。

〔生前抱〕

〔旦推介〕

〔合〕是那處曾相見，相看儼然，[51]早難道[52]這好處[53]相逢無一言？

〔生強抱旦下〕

〔末[54]扮花神束髮冠，紅衣插花上〕催花御史惜花天，[55]檢點春工[56]又一年。蘸客傷心紅雨下，[57]勾人懸夢綵雲邊。吾乃掌管南安府後花園花神是也。因杜知府小姐麗娘，與柳夢梅秀才，後日有姻緣之分。杜小姐遊春感傷，致使柳秀才入夢。咱花神專掌惜玉憐香，竟來保護他，要他雲雨[58]十分歡幸也。

《牡丹亭》，湯顯祖原著；徐朔方，楊笑梅校注。台北：里仁書局，一九九五年二月。（原為人民文學出版社，一九八二年）

51 儼然：宛然如真的樣子。

52 早難道：難道說。「早」是加強語氣。

53 好處：美好的氣氛。

54 末：戲曲中扮演中年或中年以上的男子，此處指花神。

55 催花御史惜花天：傳說唐穆宗在位時每當宮中花開便會安置惜花御史予以掌理，這裡則用來表示花神所掌管的職能。催花：催促花開。惜花：愛惜花朵。

56 檢點春工：仔細的檢查春季造化萬物之工。

57 蘸客傷心紅雨下：指落花沾附在人的身上。蘸：音ㄓㄢˋ，沾、黏附。紅雨：即落花，這裡以下雨來比擬花落紛飛的狀態。

58 雲雨：指男女合歡之事。

參・可以這樣讀

一生四夢，得意處惟在牡丹

四夢中，湯顯祖最為得意的便是完稿於萬曆二十六年（一五九八）的《牡丹亭》，曾說：「一生四夢，得意處惟在牡丹。」

南安太守杜寶女兒杜麗娘，遊園傷春，因春感情，因情成夢，夢見一書生持柳枝相邀，兩人在牡丹亭幽會合歡，成就「夢中情」。夢醒尋夢不得，抑鬱寡歡，中秋病逝。彌留之際要求母親把她葬在後花園梅樹下，並囑咐丫鬟春香將她的自畫像藏在園中太湖石下。麗娘死後，杜寶升任淮陽安撫使，委託家教師傅陳最良葬女，並看守梅花庵觀。

三年後書生柳夢梅赴京應試，借宿於安葬杜麗娘的梅花庵觀中，在太湖石下拾得畫像。杜麗娘魂遊後園，和柳生幽媾，成就「人鬼情」。柳夢梅掘墓開棺，杜麗娘起死回生，兩人結為夫妻，前往臨安。

陳最良發現墳墓被掘，告發柳夢梅盜墓。柳夢梅在臨安應試，高中狀元，卻遭杜寶吊打，拷問掘墓事。在金殿上，杜麗娘懇求皇帝讓自己臨鏡，藉「影」之有無，驗證是人是鬼，最後得到皇帝證婚。原本虛幻的「夢中情」與「人鬼情」，終於在人間世得到成全。

明代是思想史從程朱發展至陸王的重大轉折，思想家將一切價值集中於人與生俱來的「良知」，構成明代「心學」的重點，對明代文學的創作與理論產生鉅大影響，例如李贄「童心說」所強調之「真」，袁宏道「性靈說」所強調

湯顯祖《牡丹亭》誕生地、湯顯祖紀念館
浙江麗水遂昌。

之「趣」，乃至於以湯顯祖為代表的戲曲家有關「情真、情至」的追求，開啟了新的文學風氣與文化思潮。他們質疑程朱「存天理去人欲」之說，認為人與生俱來的真情理當盡情抒發，不應被道德生命壓抑克制。中國文學一向強調「教化、載道」的功能，晚明「以情為主」的思潮與心學思想相呼應，席捲文壇，湯顯祖即是其中核心人物，《牡丹亭》是重要代表，本文所選第十齣〈驚夢〉更是關鍵。

傳奇：角色、齣目、曲牌

本文選明代湯顯祖傳奇劇本《牡丹亭》第十齣〈驚夢〉的部分節錄。

傳奇本意為「傳事之奇」，在中國文學史上指稱兩個時代兩種文類，一是唐代文言短篇小說，一是明代長篇戲曲劇作。《牡丹亭》是明傳奇，屬於戲曲類，以「齣」為單位，也可寫作「出」，或稱「折」。每齣各有題目，稱「齣目」，〈驚夢〉即是齣目。傳奇劇幅很長，常有四、五十齣，絕非一日能演完，清代乾隆以後逐漸不演全本，只選精華散齣，稱為「折子戲」。《牡丹亭》共五十五齣，後來流行的折子戲以〈閨塾〉、〈驚夢〉最為有名。齣目在流傳過程中有通俗化傾向，〈閨塾〉一般稱作〈學堂〉或〈春香鬧學〉；〈驚夢〉內容分前後兩半，前半杜麗娘和春香遊園，後半回到閨房入夢，後來多稱此齣為〈遊園驚夢〉。〈遊園〉還可單演，所以湯顯祖原著的第十齣〈驚夢〉，目前常分為〈遊園〉和〈驚夢〉前後兩齣。

戲曲由角色扮飾劇中人，通過念白（又稱賓白，簡稱白）和唱曲推動劇情，書

《牡丹亭》人物畫
明代木刻墨印版畫。

寫體例包括「念白、曲文唱詞和舞台提示（含角色標註）」。「旦」、「貼」、「生」是角色名，旦飾演劇中人杜麗娘，貼是貼旦的省稱，主要旦角之外再加一個旦角的意思，女配角，常扮演較活潑的青年女子，在此為飾演杜麗娘的丫鬟春香。生飾演柳夢梅。【步步嬌】、【醉扶歸】等是曲牌名，規定該曲的句數、字數、押韻、平仄等格律，為樂調名，和內容無關。

從閨塾說起，丫鬟為何叫春香？牡丹亭在哪裡？

杜太守之女麗娘，情思昏昏、白日閒眠，父母頗為憂心，請來家教老師陳最良，家中設館，教杜小姐與丫鬟春香讀書，這是第七齣〈閨塾〉劇情。陳最良從《詩經》開始教學，試圖以「后妃之德」約束性情、導正心靈，不料遠古的情歌〈關雎〉，喚醒了杜麗娘對愛情的嚮往，陳最良這位約束禁錮者竟成了啟蒙者。意外的效果是湯顯祖有意的設計，但他並未在〈閨塾〉直寫杜麗娘內心的起伏激盪，而是透過春香，天真地質疑老師僵化的講解，又假裝如廁外出閒遊，竟發現一座大花園，「花明柳綠，好耍子」，回到課堂興奮拉著小姐遊園，遭到老師斥責，杜麗娘也出面管教。但老師才離去，杜小姐就問「花園在哪裡？」這樣的安排頗見巧思。杜麗娘在〈閨塾〉唱念不多，只需沉靜端坐，但湯顯祖「筆在此、意在彼」，筆筆風來，層層空到。表面寫春香，其實重點在杜麗娘，用春香的「鬧學」襯托杜麗娘內心的不平靜。這座花園並不在府外，就在自家宅院之中，杜麗娘竟然不知。湯顯祖藉著這看似不合常理的情節安排，表達的是「青春」原本就內在於人心，不假外求，但這顆心若被禮教遮蔽，與生俱來的真情便無從啟動，因此必須安排春香脫離禮教束縛才發現花園。更別忘了湯顯祖為這丫鬟取名春香，大自然的青春與人內心的真情相互誘發啟動，杜麗娘口口聲聲的「春香」，竟像是對自然至情的呼喚。

〈閨塾〉看似貼旦玩笑戲，但它是遊園的前奏。走出閨房、踏進園子的這一步，對古代女子而言，是何等重大的抉擇！杜麗娘戒慎恐懼，趁父親外出下鄉勸農，才命花郎掃除花徑，還特別翻了黃曆，直到第十齣前半，還在閨房內遲疑了一陣子。

遊園前，梳妝臨鏡，照見青春

第十齣從聽覺寫起，黃鶯的叫聲瀏亮宛轉，明麗的春光隨著鶯啼而遍佈天地間，外面的世界多熱鬧誘人哪，可是我呢？卻仍獨自幽居在這深深庭院之中。從「夢回鶯轉，亂煞年光遍」到「人立小庭深院」，是轉折也是對比，接著春香上場，接唱「炷盡沉煙，拋殘繡線，恁今春關情似去年」。前兩個四字句相互對仗，掌握住丫鬟的身分，從她打理生活起居寫起，描繪出閨閣生活日常。沉水香一支燃盡了再點一支，繡線一捲繡完了，拋去殘餘線頭，再換一捲新的，閨中女子的生活就是這麼單調重複。可是誰沒有情緒的波動？每到春來，我們的心就跟著大地復甦，止不住一陣陣關心動情，然而隨著春去，一切又復歸沉寂。無論是今春還是去年，就像點香刺繡一樣，落入無盡的循環，年復一年。

《驚夢》插圖
茅瑛 藏懋循評校 王文衡繪圖
明代刻套印本 中國國家圖書館藏。

《驚夢》戲文 明代湯顯祖撰。

湯顯祖在這支由兩人接唱的【繞地遊】引子曲裡，用聽覺和形象同步道盡了閨中女子平靜卻沉寂的生活。而今天不一樣，杜麗娘正準備踏出閨房門。

【步步嬌】和【醉扶歸】兩支曲子連著唱，形成一個音樂歌舞段落，但內在情思迂迴縈繞。杜麗娘望向庭院，落絮遊絲在晴空中隨風浮蕩，晴絲（情思）搖漾，如絲線般輕柔，春的召喚誰能抗拒？杜麗娘興奮迎上前去，卻又一停頓，且慢，稍停半晌，我還要對鏡梳妝呢！

她拿起了釵鈿鮮花，對著菱花鏡，猛然間一張美麗的容顏映現在鏡中。天哪！這是我嗎？如春花般綻放的生命！杜麗娘被自己的美麗驚呆了，喜孜孜、羞怯怯、顫巍巍，就在這一閃一躲之間，鏡子只照到半張臉：「沒揣菱花，偷人半面，迤逗得彩雲偏」。湯顯祖如此善於捕捉女性微妙心理，分明是自己閃避，卻嬌嗔怨怪鏡子，沒想到你這菱花鏡，偷去我半張臉，害我把雲鬢髮髻都梳歪了！這幾句精采絕倫，不僅文意千迴百轉，也提供了演員身段表演的基礎，兩位旦角對鏡照影、水袖翩翩，接下來春香還遞上了扇子，更增加表演風姿。不過身段表情一定要符合文詞的意思，就像這句，「彩雲」指的是如雲的鬢髮，「雲」原來是形容鬢髮之輕柔，此處省略了主體「鬢」字，直接以「雲」替代，再在上面加上形容詞「彩」，有些演員誤以為是天上的雲彩，做出以扇指天的身段，那是錯的，應該指自己的髮髻。而我們還會疑惑的是，杜麗娘十六歲才第一次照鏡嗎？當然不是，「臨鏡」在這裡有「發現自我、驚覺生命美好」的意義，在準備踏出閨房的這一刻，生命的意義逐步顯現。

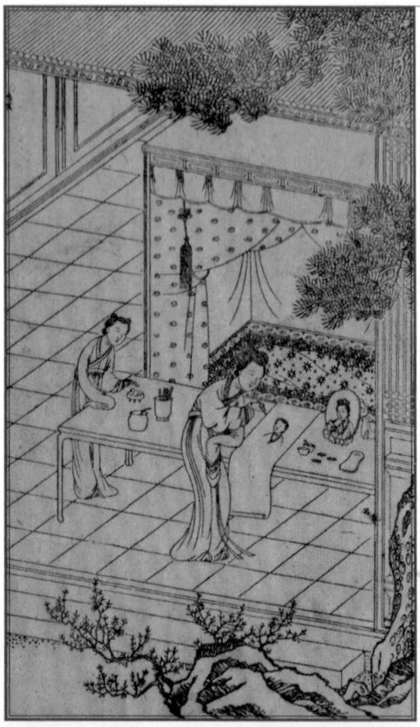

《牡丹亭・寫真》
武林七峰草堂刊本

唱到「步香閨」，杜麗娘做了一個跨出門檻的動作，但立刻又收了回來，女孩兒家理應大門不出、二門不邁，豈能步出香閨把全身露在外面呢？其實花園並不在府外，杜麗娘為何如此猶豫遲疑？這當然是湯顯祖有意強化閨房內外的界限，此一分際的踰越，在那年代是何等不易？就在杜麗娘退縮的瞬間，春香插了一句念白，讚美小姐今日穿戴得好，杜麗娘一邊順著春香的誇讚，低頭欣賞自己身上穿的裙衫，舉手撫摸頭上插戴的花簪，一邊順勢踏出了門檻，同時帶著點得意驕矜的口吻，唱「可知我一生兒愛好是天然」，杜麗娘對於自己的美的自信、自憐、自矜，寫到了極致。這麼一個美人兒，現身在春光美景之下，簡直是一幅三春美景圖啊！然而杜麗娘的情緒瞬間轉為驚詫：怎麼？竟然沒有人欣賞？「無人見」三字既是杜麗娘驚訝於如此春光竟無人欣賞，也是說自己盛裝出門竟無一人注目。這就是湯顯祖的筆法，人與景忽合忽離，不僅語帶雙關，更是瑰奇豔異，我們都知道此刻仍在自家宅院之內，當然「無人見」哪。湯顯祖運筆全在一「靈」字，順勢而下，一氣流轉，既是杜麗娘的性靈，也是湯顯祖的靈氣。下一個意象更妙，才說沒人對我行注目禮，沒瞧見嗎？魚也沉了，雁也落了，鳥兒都驚飛了，花害羞發抖了，月亮也躲起來了，為什麼呢？我這美人兒一出門，他們全都自慚形穢啦！湯顯祖的筆法何止靈動，簡直就是「婉麗妖冶」（明代曲家王驥德），又不是晚上，哪來月色？當然化自「沉魚落雁，閉月羞花」一詞，在他筆下，花月如有靈，從成語裡一躍而出，一齊烘托著、讚賞著杜麗娘的美。

扇子，是這段表演的重要「砌末」（道具），杜麗娘拿摺扇，春香團扇，為何要有此差別？杜麗娘遊園情緒轉折，由興奮賞春到低迴傷春，摺扇的收放抒捲正可描摹心情之起伏跌宕；春香卻是一派天真，團扇正可映照心情。由此也可看出戲曲舞台的砌末，雖是道具，卻是以配合歌舞身段以及情緒抒發為主，和現代劇場的寫實功能不盡相同。遊園的扇子和水袖，是舞台審美焦點。

牡丹亭的牡丹呢？春歸怎占得先？

杜麗娘興奮又嬌羞的來到花園，【皂羅袍】、【好姐姐】兩支曲子連唱，正式進入園子遊賞，但就在她推開園門的剎那，映入眼簾的，竟是繁華與寥落、美麗與哀愁的對照。姹紫嫣紅春花競艷，卻開放在無人看管的斷井頹垣之中。盎然的生機和衰頹的生命並存俱現，而這又是生命的常態，多情人對此黯然無語。良辰美景只有任他白白度過，賞心樂事又在誰家庭院？來遊春的她，心情逐步轉變。「朝飛暮捲」這四句，並非眼前實景，而是杜麗娘的想像與嚮往。清晨拂過屋簷的是天邊彩雲，傍晚捲起珠簾時，微雨飄灑在窗前，這是人與大自然交融冥合的狀態，如同煙波裡的畫船，悠然搖漾，自在徜徉。湯顯祖筆法超逸，飄忽迷離，這四句「心靈風景」，引出下面的感嘆，這般景致是幽居錦繡屏風內的閨中人從不曾體悟過的，往日我們對於自然春色，竟是如此輕忽，等閒視之！

杜麗娘的情緒漸轉低落，春香仍一派天真，忙著賞春，她穿梭花叢中，興奮地說：「所有的花都開了，只有牡丹還早。」

這一句點出了主題。劇名《牡丹亭》，牡丹卻還沒開。牡丹要甚麼時候才開呢？初夏，她需要一點高溫，春天開不了，但太熱也不成，花期短暫，只在

《牡丹亭・驚夢》劇照　許培鴻／攝影

初夏。此刻仍是暮春，遍青山開滿了杜鵑，春天最後一番花信的荼蘼，開得輕柔搖漾、蕩人心魄。但還沒輪到牡丹，「那牡丹雖好，他春歸怎占得先？」牡丹雖是花中極品，但它開放時，春已歸去，百花凋零。正如同杜麗娘，如此美麗的女子，但當她的生命綻放時，只怕已時不我予。這是多麼曲折的心思啊！表面上是在賞春花，卻把自己迎春盼春又怕錯失春光的心情，寫得如此玲瓏剔透細膩生動，本是流連春光，卻引出不能搶在春歸之前就先開的牡丹，花中之王與眾芳蕪穢的景觀交互映照，像是帶我們回到推開園門的瞬間，繁華與寥落、美麗與哀愁再一次鮮明對比，這原是生命常態啊。麗娘忍不住摺扇輕搖、低聲嘆息，而春香兀自開心遊賞。她在唱曲中夾白說道「成對兒鶯燕呵」，這一句，又把杜麗娘從惆悵的情緒裡暫時抽離，和春香一起隨著鶯燕的穿梭，凝神瀏覽園林景觀，也傾聽燕語脆爽與鶯聲宛轉。然而不正是這燕語鶯聲，點滴葬送了大好春光嗎？

湯顯祖筆勢變化無端，運意深遠。遊園表面是景觀遊賞，實則是杜麗娘心路歷程，《牡丹亭》哪裡只是一齣女子思春成夢的愛情戲？「青春」的意象貫穿全局。春所象徵的自是一片盎然生機，青春生命無力自主的慨嘆，盈溢在字裡行間，對春光的熱切追尋，即是對「天然本性」的渴求企盼。湯顯祖把這樣一番「生死以之」的追尋過程依託在愛情故事上，但愛情絕不是唯一主題，藉

「青春」的意象寫愛情，其實意象自身的底蘊「青春／盎然生機／自由生命」，才是真正的追逐對象。

誰夢到誰？交互追尋的夢境

當杜麗娘由花園回到閨房時，心情已由尋春、遊春、賞春而至於惜春、傷春，最後懷著思春的心情入夢。夢境中柳夢梅翩然而至，手持垂柳，直接對杜小姐說出「咱愛殺你哩」！劇本的「舞台提示」很有層次，湯顯祖編劇時顯然心中同步有舞台形象與走位調度，甚至演員的表情都在他構思之中。這段柳夢梅的念白，杜小姐起先都沒有應答，卻有鮮明的表情提示：「旦做驚起介」、「相見介」、「旦做斜視不語介」、「旦做驚喜欲言又止介」，最後還有「背想」，稍稍背過身去，抬起手，不讓柳夢梅看到，但觀眾看得到，這在舞台上有個術語，稱作「打背躬」，指的正是內心獨白。「這生素昧平生，何因到此？」杜小姐才在打背躬暗自思索，柳夢梅竟已含笑說出「咱愛殺你哩」，然後這支【山桃紅】的曲文唱詞露骨得超乎想像，杜小姐起先「含笑不行」，而後低問一句「哪邊去？」又進一步問「去怎的？」隨即害羞閃避，與柳生同唱完最後三句，舞台提示竟是「生強抱旦下」！不過戲曲舞台虛擬寫意，所謂「強抱」絕非寫實動作，而是衣袂輕牽、水袖糾纏，極為浪漫典雅。曲文裡的「領扣鬆、衣帶寬」當然不會實演，他倆轉入後台，台上出來一位花神，擬人化扮演，既代表花園裡的姹紫嫣紅，又是「專掌惜玉憐香」之神，來此是為保護「雲雨十分歡幸」。湯顯祖如此大膽地寫出了對「情」，

《青春版牡丹亭・冥誓》劇照　許培鴻／攝影

乃至於對「慾」的肯定，而這是人性之本然，與大自然的春光，交融合一。

值得玩味的是，杜麗娘從沒見過柳夢梅，甚至根本不知世上有此一人物，她何以夢見柳生？《牡丹亭》的愛情寫意而非寫實，不同於《西廂記》張君瑞與崔鶯鶯的一見鍾情，《牡丹亭》的主旨在「情不知所起，一往而深。」強調的是情根內在人心，未必要有特定的真實對象才能啟動，更不是禮法道德所能掩蓋。而湯顯祖編劇並非理念先行，他的劇情布局靈氣搖漾，即以夢境的設計而論，究竟是誰夢到誰？

戲一開始，第二齣柳生第一次出場，就說半月前做了一夢，夢一美人，立於梅樹下，對他說道：「遇俺方有姻緣之分，發跡之期。」夢醒改名為夢梅（原名春卿），一邊在現實世界求取功名，一顆心始終惦記此夢，冥冥中持續追尋夢中女子，終於在第十齣尋入杜麗娘之夢。

杜麗娘與柳生夢中合歡，夢醒重回花園，尋夢不得，見園中梅樹依依可人，說道：「我杜麗娘若死後得葬於此，幸矣。」八月中秋麗娘離魂，葬於梅樹下。魂魄陰間飄盪，向判官大膽說出感夢而亡，判官才告知狀元柳夢梅與她有姻緣之分，放她「隨風遊戲，跟尋此人」，因而才能與柳生〈幽媾〉，成就人鬼情。

究竟誰先夢到對方？原來是個循環結構，兩人夢境互為因果，環環相扣，相互追尋。

柳生夢中所見美人，是葬於梅樹下的杜麗娘鬼魂。全劇時間軸在前世、今生、來世之間往返穿梭，兩人不僅「同夢」，還更深一層的因果相循，交互追

▶▶《吳吳山三婦合評牡丹亭》插圖
清代夢園藏版

▶《牡丹亭》插畫
武林七峰草堂刊本

尋。湯顯祖如此安排，強調的是同為情癡，如果柳生沒有夢醒改名，深情尋夢，怎會進入杜麗娘之夢？如果不是曾在夢中相遇，怎會說出「小生哪一處不尋訪小姐來，卻在這裡」？如果不是杜小姐親口說過有姻緣之分，柳生怎會見面脫口即說「咱愛殺你哩」？如果麗娘不是夢其人即病，病重彌留之際猶自臨鏡寫真，豈能留下畫像與柳生隔世相認？麗娘若不是大膽在判官面前親口說出因夢而亡，判官怎會查閱婚姻簿，發現與柳狀元有姻緣之分而放她魂魄跟隨此人？如果不是柳生拾畫玩真叫之拜之深情呼喚，麗娘豈能與之幽媾成就人鬼戀情？種種安排，無理而妙，環環相扣推出「至情」主題，是有情生命之極致，才能突破生死界域，穿越現實與虛幻。看似不合現實邏輯，但「夢中之情何必非真？天下豈少夢中之人耶？」藝術虛構有時比現實還要真實。《牡丹亭》奇情艷事，寫的就是一個情字，與生俱來，不知所起，一旦真情啟動，力量之強大足可突破生死，「生者可以死，死可以生；生而不可與死，死而不可復生者，皆非情之至也。」湯顯祖借用戲曲形式傳達哲學思維，肯定有情生命，挑戰程朱理學，帶動新文化思潮。不只是戲曲史、文學史，更是文化史、思想史上的重要著作。

肆．再做點補充：

四夢中的《紫釵記》、《南柯記》和《邯鄲記》

《紫釵記》源自唐人小說《霍小玉傳》，演唐代詩人李益於元宵夜拾得霍小玉所遺紫玉釵，以釵為聘，托媒求婚。新婚夜，二人將紫玉釵一分為二，許下「釵在人在，釵亡人亡」諾言。婚後李益赴洛陽應試，喜中狀元，盧太尉見李益一表人才，欲招為婿，遭到拒絕。盧太尉懷恨在心，派李益往玉門關任參軍。李益在關外托人帶家書給小玉，不料盧太尉從中作梗，家書變休書，謊稱李益已入贅盧府。小玉耗盡家財欲求李益下落，典賣紫玉釵，卻為盧太尉購得。盧太尉以釵為憑，聲稱小玉已改嫁，誆騙李益。豪傑之士黃衫客路見不平，將李益挾持到病重的小玉處，李益取出袖中珍藏的紫玉釵，二人誤會冰釋，夫妻終得重圓。

湯顯祖重塑了李益的性格，一改唐人小說的負心形象，強調愛情力量的強大，雖有盧太尉從中作梗，雙方真情不改、忠貞不渝，細膩塑造霍小玉之情真、情癡，更通過黃衫客這位幻想中的俠義之士，表達了對現實的失望，以及對人間正義的期待。

《南柯記》取材於唐人小說《南柯太守傳》。淳于棼醉倒槐樹邊，恍惚入夢，進入大槐安國，娶瑤芳公主，高居駙馬位，又由南柯太守升任右丞相，享盡榮華，掌握權勢。檀蘿國王貪戀公主美色，興兵搶奪，淳于棼領兵解救，但公主終因驚嚇而亡。喪偶的淳于棼，混跡花叢，放縱情慾。右相從中挑唆，國王以「非俺族類，其心必異」為由將他逐出槐安國。淳于棼被遣出，發現升沉浮降原是一夢，槐安國竟是古槐樹下的蟻穴，頓悟人生一場大夢。但夢雖醒，酒尚溫，淳于棼雖知自己結下的是蟻穴情緣，仍難捨亡妻，央求禪師普度亡妻及國人升天。縱然淳于棼最終皈依佛門，但湯顯祖寫他最後對人情的留戀，頗為動人。

《邯鄲記》本事源於唐人小說《枕中記》。呂洞賓來到邯鄲酒店，聽貧困潦倒的盧生滿腹牢騷，乃贈一玉枕，讓盧生在夢中享盡富貴榮華。取妻崔氏，靠崔家金錢買來頭名狀元。身居高位的盧生，得志猖狂，徇私枉法，逢迎諂媚討好皇帝，偏不願賄賂首相，因而遭到陷害，兩度貶謫，還曾被綁赴法場。僥倖遇赦後，復職再登高位二十年，終因縱慾過度而亡。一夢醒來，發覺酒店黃粱猶未煮熟。盧生感嘆人生輝煌不過如此，頓悟得失死生之理，拋卻紅塵，隨呂洞賓遊仙而去。

此劇對夢中的考場不公、官場黑暗、君王昏庸等，有生動刻畫，這些都是湯顯祖自身的宦海經歷，他把這些寫進戲裡，藉盧生之徹悟，投射湯顯祖對人生價值的思考。落魄之人莫不期盼出將入相，一旦得志，又憂讒畏譏，擔心富貴不得永保，因而祈求長生。《南柯記》與《邯鄲記》分別以佛道尋求超脫，但都不是只以宗教為目的的度化劇，一切出於人情，與《紫釵記》的情真和《牡丹亭》的至情，可一體觀之，未必要強分宗教劇或愛情劇類型，它們共同體現湯顯祖對生命的困惑與探索，也展現了超越時代的思想意義。

牡丹亭對當代的震撼

沈德符說：「湯義仍《牡丹亭夢》一出，家傳戶誦，幾令《西廂》減價。」（《萬曆野獲編》）。《牡丹亭》對女性讀者更有吸引力，明人張大復在《梅花草堂筆談》中，提到婁江女子俞二娘，酷嗜《牡丹亭》，用蠅頭小楷密圈旁注，滿腔情懷投注劇中人物，最後竟「惋憤而終」，年僅十七。湯顯祖為她寫下〈哭婁江女子〉

二首，感慨於自己的「一時文字業」，竟然感動這麼多「天下有心人」。

類似這樣的有心人還有揚州女子金鳳鈿，讀《牡丹亭》成癖，日夕把卷、吟玩不輟，親口對知心婢子表示，湯若士如此多情，必是天下奇才，「我將留此身以待」。更託人傳信，大膽寫下「願為才子婦」。可惜書信輾轉耽擱，湯顯祖收信時她已離世。湯顯祖頗為感動，特意趕到揚州，親自料理後事，還廬墓月餘。

又有杭州女伶商小玲，擅長扮演杜麗娘，每次演出都全身心投入。有一次她在唱到〈尋夢〉「待打併香魂一片，陰雨梅天，守得個梅根相見」，淚隨聲下，氣絕而殞。

此外還有「挑燈閑看牡丹亭」的馮小青，以及投水自盡的內江女子等。這些記錄的真假或許仍待確考，但不當只以傳聞軼事觀之，她們共同體現了《牡丹亭》的影響力，湯顯祖虛構的杜麗娘，道出了多少女性心聲，激發她們追求愛情的動力與勇氣，匯成時代新思潮。

《牡丹亭》劇情並非全出自湯顯祖獨創，幽媾和開棺故事，受到以下幾則記載啟發：晉武都太守李仲文亡女鬼魂與張子長幽媾（《太平廣記》卷三一九引《法

清代 王素作〈挑登閒看牡丹亭〉

《牡丹亭・驚夢》劇照　許培鴻／攝影

苑珠林》〈張子長〉），東晉廣州太守馮孝將之子與前太守早亡之女幽媾（《太平廣記》卷二七六引《幽明錄》〈馮孝將〉），談生與睢陽王亡女幽媾，後因談生持女袍求市，遭睢陽王拷問（《太平廣記》卷三一六引《列異傳》之〈談生〉）。另有明代話本小說《杜麗娘記》，又題《杜麗娘慕色還魂》，或題《杜麗娘牡丹亭還魂記》，劇本的關鍵情節在話本中已有發端。不過湯顯祖縱使於前人作品有所取鑒，當其化用之際，總有高度的藝術加工和渲染，而且創出這等奇情艷事並非刻意作奇，而是以「情」為中心主旨，湯顯祖創作過程中也投注自己對生命和愛情的全付熱情。清代焦循的《劇說》說湯顯祖寫《牡丹亭》時，運思獨苦，一日，家人遍尋不著，後來才發現他臥在庭中柴薪上，掩袂痛哭。原來是填詞至「賞春香還是舊羅裙」，被自己感動痛哭。且不論這傳說是否屬實，所傳遞的訊息卻真確實在。明代原本繼承程朱理學，重視人的道德性，但湯顯祖在宦海沉浮多年，親眼看到了人間的虛偽矯情，因而他把對於人性的感慨投射到筆下人物，虛構了角色的生死離合，又為她們因「情之所至」而超越生死的經歷感動涕零。精誠所至，故感人至深。

牡丹還魂，崑曲的前世今生

傳奇劇本多用崑曲演唱，也稱崑劇，是以腔調為劇種之命名，而一般多直接用腔調名「崑曲」指稱戲劇演出。崑曲盛於晚明清初，乾隆以後劇壇「花雅爭勝」，花部戲曲勝出，博採眾長的京劇開始流行，崑曲漸趨式微，全本演出較少，多為折子戲。以《牡丹亭》為例，原有五十五齣，後來能演的只有少數

《牡丹亭・驚夢》劇照　許培鴻／攝影

幾齣。一九二三年最後一個職業崑班解散，似是崑曲消亡的宣告。而約莫就在同時，蘇州喜愛崑曲的幾位企業家，私人創辦「崑劇傳習所」，招收幼兒傳習崑曲。這批以「傳」字為排名的學生，雖然生不逢時、冷澹孤寂，但一九五六年《十五貫》意外因劇情正巧與當時政策相合而獲青睞，一齣戲救活一個劇種，崑曲意外獲得重生，由前世轉入今生。不過當時劇壇主流早已是京劇，崑曲仍是寂寞，京劇班所演的少數崑曲折子（如〈遊園〉〈驚夢〉〈夜奔〉〈刺虎〉等），反倒較為人所知。京劇大師梅蘭芳在抗日戰爭期間蓄鬚明志，不為日本人演唱。抗戰勝利，萬眾矚目中重登舞台，因京胡琴師未到上海而選擇崑曲。當時才八歲的白先勇，竟然在笛韻悠揚、水袖翩翻中，領略了「原來姹紫嫣紅開遍，似這般都付予斷井頹垣」的意蘊，崑曲夢悄悄種下。一九六六年的《遊園驚夢》小說，以意識流筆法開啟台灣現代文學，其實也可說是白先勇跨文類迂迴圓下崑曲夢。二〇〇四年白先勇更精心製作《牡丹亭》上中下三本，共二十七齣，雖只是湯顯祖原著一半，但因劇情連貫，具有全本復原之勢，更以青春版為題盛大登場，捲起一股崑曲旋風。此劇走遍對岸、登上國際，演出數百場，原本鮮為人知的崑曲，至今儼然時尚，《牡丹亭》更成為最流行的古典，無論音樂、戲劇、舞蹈，都樂於以此為題，更頻頻出現在實驗劇場被另類詮釋，青春版《牡丹亭》影響的不僅是當代戲曲史，甚至更是文化思潮。湯顯祖四百多年前所寫的牡丹還魂，竟像是預告了崑曲由前世轉入今生的命運，其間關鍵，自是高度的藝術性與超越時代的深刻文化內涵。

（王安祈）◆

捲起一股崑曲旋風
白先勇以青春版《牡丹亭》
為題盛大登場。許培鴻／攝影

7 人間詞話節選

王國維《人間詞話》最大的貢獻，可能是在詞學審美的領域裡，為我們提供了「境界」這麼一個意涵豐富又方便的詞彙。其實，他同時更以融會貫通的語言，銜接了東方美學與西方美學、古典作品與現代心靈，從而讓後世讀者得以透過清楚明白的陳述，深刻體會了詞這類古典文學的精神與精華。

壹・作者與出處

王國維（一八七七～一九二七），清末民初國學大師。初名德楨，字靜安，又字伯隅，號禮堂，晚號觀堂，又號永觀，謚忠慤。浙江海寧人。先世原籍開封，南宋時，遠祖隨朝廷南渡，遂居海寧。生於清德宗光緒三年，卒於民國十六年，享年五十一歲。

王氏自幼聰敏，十六歲補博士弟子員，廿三歲到上海，在《時務報》工作，又在東文學社跟從日人藤田豐八、田岡佐代治學習。他從田岡佐代治的著作中，知道康德與叔本華其人及其學術。廿五歲，留學日本，入東京物理學校肄業，有機會接觸外國文明。次年回國，在

藤田豐八的引導下，開始閱讀康德及叔本華的哲學著作。《王氏‧自序》中亦曾於〈三十自序〉、〈自序二〉及《靜安文集》述說自己治學興趣的轉變：在廿二歲以前，是「治舉子業，又以其間學駢文、散文」；「辛、王之間」，時廿五、廿六歲開始研究西歐哲學，廿七歲到南通州師範學校，任教西洋哲學、心理學、倫理學等。三十以後「疲於哲學」，嗜好漸由哲學轉到文學。

王氏卅五歲攜眷跟隨羅振玉第二次赴日本，居於京都。在日數年間，受羅振玉影響，專研經史小學；至四十歲返回上海。此後十年，研究甲骨卜辭、金石文字、殷周古史、西北地理等，其治學範圍之廣，功力之深，為近代以來僅見。一九二五年九月，任清華大學研究院導師，講授國學。因有厭世之念，在北平頤和園昆明湖投水而卒。平生事跡詳見王德毅《王國維年譜》。

王國維通英文、日文、德文，較之當世學者能有更廣闊的學術視野。在考古學上，精研甲骨文、金文、籀文、古文，心態上雖以清朝遺老自居，在研究方法上卻能有科學的實證精神，創發二重證據法，將經典與出土文物相印證，以釐清殷周史上的若干問題。在文學研究上，能夠獨開谿徑，吸取西方哲學美學的理論，運用於中國古典文學研究上，並能注意戲曲、小說等鮮受學者注意的部分，故其著作甚豐。較受注意的，有《觀堂集林》、《觀堂別集》、《靜

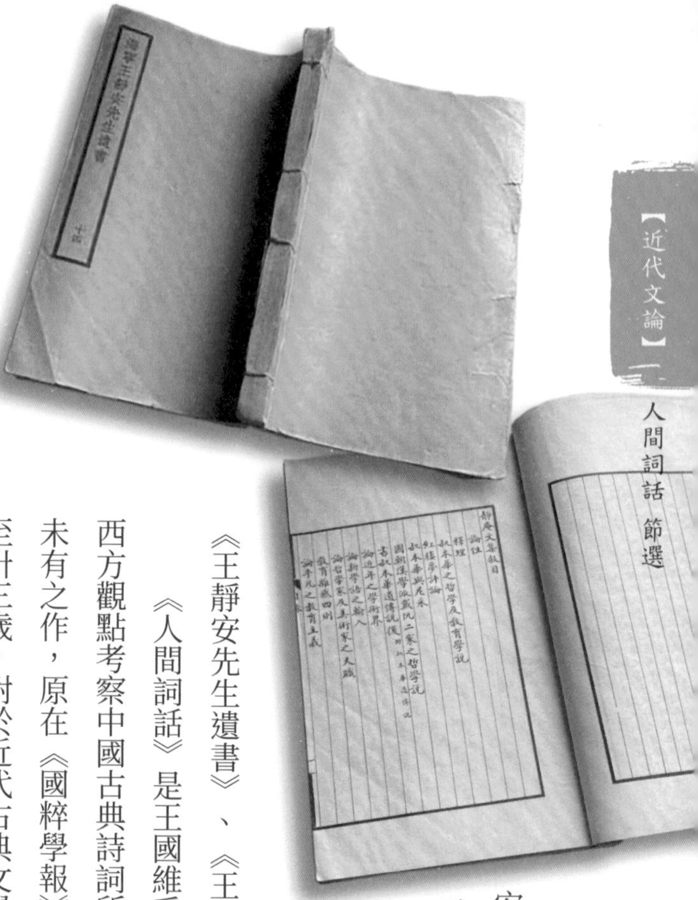

安文集》、《續集》、《古史新證》、《宋元戲曲考》、《人間詞話》、《唐五代二十一家詞輯》、《詞錄》、《殷周制度論》、《流沙墜簡》等，凡六十餘種。後人所編全集，有《王忠愨公遺書》、《王靜安先生遺書》、《王觀堂先生全集》等。

《人間詞話》是王國維受到西歐哲學及美學思想的薰陶後，運用西方觀點考察中國古典詩詞所作的鑑賞與評論，乃是匠心獨具，前所未有之作，原在《國粹學報》連載發表，共六十四則。當時王氏卅二至卅三歲，對於近代古典文學批評風氣的開拓，影響甚大，論者稱其為近代「文學革命的先驅者」。

《人間詞話》以王幼安校本最為完善，除收王氏手定的詞話六十四則外，又收手稿中未刊稿四十三則，稱為《人間詞話刪稿》，另輯各家所錄王氏論詞文字二十九則為《人間詞話附錄》。

二〇〇五年，浙江古籍出版社將王氏手稿仿真複印出版，共一二五則，近日又有學者關注王氏於一九一五年發表於《盛京時報》的精簡版《人間詞話》（共三十一則，其中一則不見於手稿及《國粹學報》本），致《人間詞話》之研究，又掀起一波高潮。本文引錄資料，據王幼安校本。

貳・選文與注釋

〈第一則〉

詞以境界為最上。有境界則自成高格，自有名句。五代北宋之詞所以獨絕者在此。

〈第二則〉

有造境，有寫境，此理想與寫實二派之所由分。然二者頗難分別。因大詩人所造之境，必合乎自然，所寫之境，亦必鄰於理想故也。

〈第三則〉

有有我之境，有無我之境。「淚眼問花花不語，亂紅飛過鞦韆去。」[1]「可堪孤館閉春寒，杜鵑聲裡斜陽暮。」[2]有我之境也。「採菊東籬下，悠然見南山。」[3]「寒波澹澹起，白鳥悠悠下。」[4]無我之境也。有我之境，以我觀物，故物我皆著我之色彩。無我之境，以物觀物，故不知何者為我，何者為物。古人為詞，寫有我之境者為多，然未始不能寫無我之境，此在豪傑之士能自樹立耳。

〈第四則〉

無我之境，人惟於靜中得之。有我之境，於由動之靜[5]時得之。故一優美，一宏壯也。

1 「淚眼問花花不語」二句：出自馮延巳〈鵲踏枝〉（庭院深深深幾許）下片：「雨橫風狂三月暮。門掩黃昏，無計留春住。淚眼問花花不語，亂紅飛過秋千去。」亂紅：指飄零的落花。

2 「可堪孤館閉春寒」二句：出自秦觀〈踏莎行〉（霧失樓臺）上片：「霧失樓臺，月迷津渡。桃源望斷無尋處。可堪孤館閉春寒，杜鵑聲裡斜陽暮。」可堪：那堪、怎堪，怎能承受。

3 「採菊東籬下」二句：出自陶潛〈飲酒〉二十首之五：「結廬在人境，而無車馬喧。問君何能爾？心遠地自偏。採菊東籬下，悠然見南山。山氣日夕佳，飛鳥相與還。此中有真意，欲辯已忘言。」

4 「寒波澹澹起」二句：出自元好問〈穎亭留別〉後半：「寒波澹澹起，白鳥悠悠下。懷歸人自急，物態本閒暇。壺觴負吟嘯，塵土足悲吒。回首亭中人，平林澹如畫。」澹澹：即淡淡。悠悠：悠閒的樣子。

5 由動之靜：由動到靜，由動變為靜。之：是到、往之意。

〈**第五則**〉

自然中之物，互相限制。然其寫之於文學及美術中也，必遺其關係，限制之處。故雖寫實家，亦理想家也。又雖如何虛構之境，其材料必求之於自然，而其構造，亦必從自然之法則。故雖理想家，亦寫實家也。

〈**第六則**〉

境非獨謂景物也。喜怒哀樂，亦人心中之一境界。故能寫真景物，真感情者，謂之有境界。否則謂之無境界。

〈**第七則**〉

「紅杏枝頭春意鬧[6]」，著一「鬧」字，而境界全出。「雲破月來花弄影[7]」，著一「弄」字，而境界全出矣。

6 紅杏枝頭春意鬧：出自宋祁〈玉樓春．春景〉（東城漸覺風光好）上片：「東城漸覺風光好。縠皺波紋迎客棹。綠楊煙外曉寒輕，紅杏枝頭春意鬧。」

7 雲破月來花弄影：遮蔽月亮的雲消散，露出月光；花在風中擺動，月光下花影搖曳生姿。此句出自張先〈天仙子．時為嘉禾小倅，以病眠不赴府會〉（水調數聲持酒聽）下片：「沙上並禽池上暝。雲破月來花弄影。重重簾幕密遮燈，風不定。人初靜。明日落紅應滿徑。」

〈第八則〉

境界有大小，不以是而分優劣。「細雨魚兒出，微風燕子斜[8]」何遽不若[9]「落日照大旗，馬鳴風蕭蕭[10]」。「寶簾閒掛小銀鉤[11]」何遽不若「霧失樓臺，月迷津渡」[12]也。

〈第九則〉

嚴滄浪《詩話》[13]謂：「盛唐諸人唯在興趣[14]。羚羊掛角，無跡可求[15]。故其妙處，透徹玲瓏，不可湊泊[16]。如空中之音、相中之色、水中之月、鏡中之象，言有盡而意無窮。」余謂北宋以前之詞，亦復如是。然滄浪所謂興趣，阮亭所謂神韻[17]，猶不過道其面目，不若鄙人拈出「境界」二字，為探其本也。

8 「細雨魚兒出」二句：出自杜甫〈水檻遣心〉二首之一：「去郭軒楹敞，無村眺望賒。澄江平少岸，幽樹晚多花。細雨魚兒出，微風燕子斜。城中十萬戶，此地兩三家。」

9 何遽不若：怎麼就不如；如何比不上。何：如何、怎麼。遽：音ㄐㄩˋ，就。不若：不如，比不上。

10 「落日照大旗」二句：出自杜甫〈後出塞〉五首之二：「朝進東門營，暮上河陽橋。落日照大旗，馬鳴風蕭蕭。平沙列萬幕，部伍各見招。中天懸明月，令嚴夜寂寥。悲笳數聲動，壯士慘不驕。借問大將誰，恐是霍嫖姚。」蕭蕭：形容馬鳴的狀聲詞。

11 寶簾閒掛小銀鉤：珠簾，從中間向左右撥開，分別懸掛在兩邊的小鉤上。銀鉤：用來鉤住珠簾的銀質鉤子。此句出自秦觀〈浣溪沙〉：「漠漠輕寒上小樓。曉陰無賴似窮秋。淡煙流水畫屏幽。自在飛花輕似夢，無邊絲雨細如愁。寶簾閒掛小銀鉤。」

12 津渡：渡口。「霧失樓臺」二句出自秦觀〈踏莎行〉，見注2。

13 嚴滄浪《詩話》：南宋嚴羽的《滄浪詩話》。嚴羽，南宋邵武人，生卒年不詳。字丹邱，一字儀卿，號滄浪逋客，文學評論家，有《滄浪詩話》一卷行世。嚴羽主張作詩當以盛唐為法，其論詩宗旨在於借禪為喻，禪宗講頓悟，嚴羽也強調妙悟，世稱其說為興趣說，在詩歌理論史上對後世影響極大。

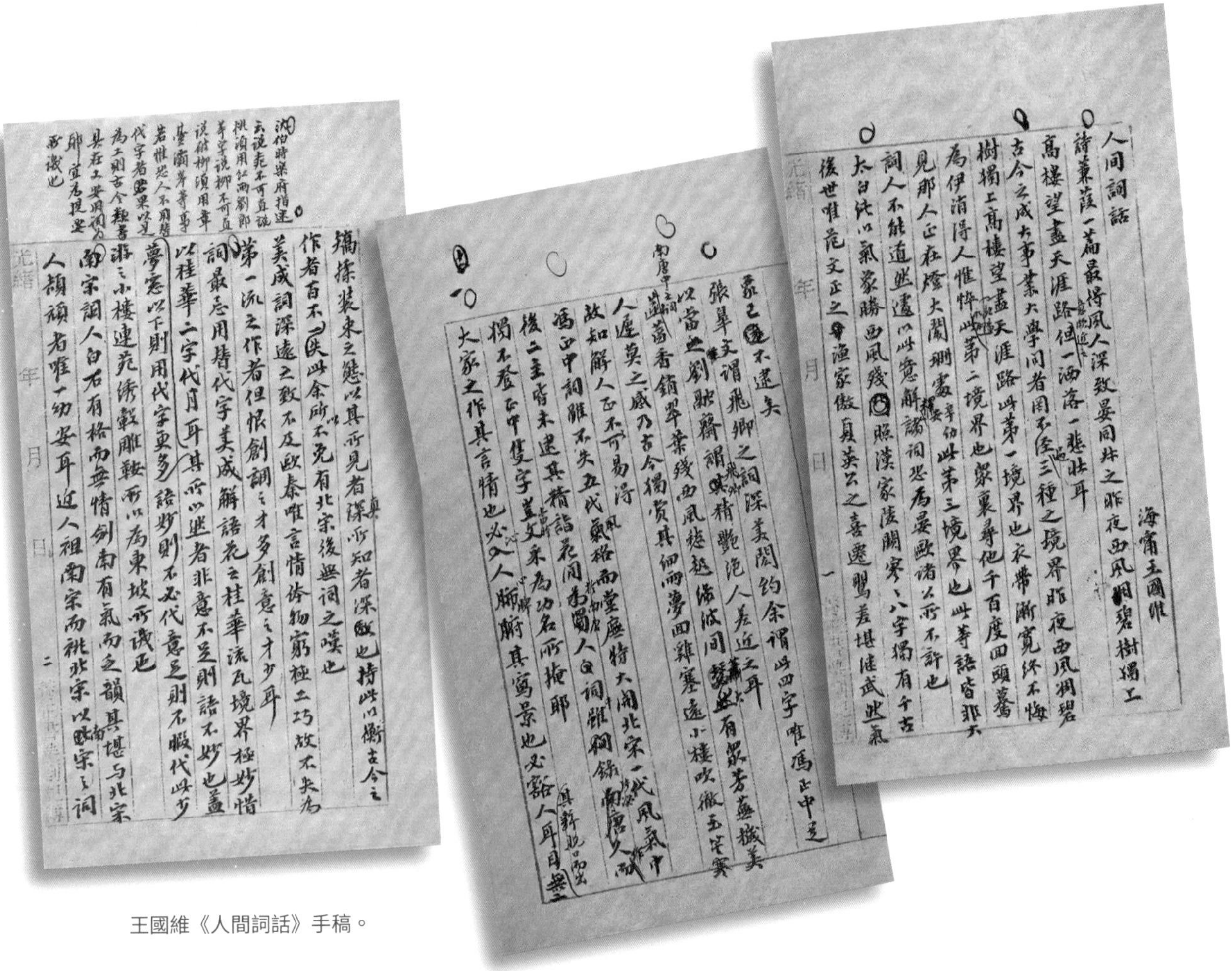

王國維《人間詞話》手稿。

14 興趣：嚴羽詩歌美學理論中的核心概念。興：指內心受到觸動而引起的感發；趣：指因這種興發感動而產生的美感或情趣。因此，興趣是對情或物有感而發，進而興會神到，發為詠嘆，因而產生的一種詩歌韻味或情趣，故能不落痕跡，有自然天成之妙。

15 「羚羊掛角」二句：根據宋陸佃《埤雅．釋獸．羚羊》條，說羚羊在夜眠時，會躍起將角懸掛在樹杈上，以免遭人循跡獵殺。《滄浪詩話》以此比喻詩歌創作應完全泯除文字斧鑿的痕跡，方能達到渾然一體而又含蓄不盡的意境。

16 湊泊：湊合，拼湊。泊：音ㄅㄛˊ。宋陸游〈跋呂成叔和東坡尖義韻雪詩〉：「字字工妙，無牽強湊泊之病。」

17 阮亭所謂神韻句：清初詩人王士禛（一六三四～一七一一），字貽上，號阮亭，別號漁洋山人，故又稱王漁洋。王氏論詩特重神韻，然而他對何謂神韻，並未明確定義，亦未予系統敘述。由其論述，知其說頗受嚴羽、司空圖等人影響，故亦認為「詩禪一致，等無差別」，強調興會神到的重要性，又特別標舉「不著一字，盡得風流」及「色相俱空，正如羚羊掛角，無跡可求」的作品，可見他所謂之神韻，應是一種風神飄渺、只可意會而無法言宣的境界。

參・可以這樣讀

「詞話」就是談論、評析詞作相關問題的篇章。

詞指「曲子」的「歌詞」，原是配樂歌唱的文學作品。由在敦煌發現的曲子詞和琵琶譜、舞譜，可證在盛唐時代，詞在民間已十分流行；晚唐五代，詞盛行於廟堂之間，成為文士歌筵酒席助興，或平日抒情寫景的一種韻文。以詞配樂而歌，需要在特殊的場合，一般文人多把詞當作案頭欣賞的文學作品，配樂的機會不大；加上宋室南遷，社會動盪，導致詞樂日漸失傳。然而文人仍然撰作不輟，逐漸就產生一些鑑賞或批評的文字，稱為詞話。詞話很早就出現，趙萬里校輯的楊繪《時賢本事曲子集》、楊湜《古今詞話》，都是宋人的詞話，但很多是零星散論，內容或評詞、或記事，駁雜不一，也沒有固定的體例。隨著詞作風行，詞話的創作也越加發展，出現不少有系統、有理論性的專著，例如清代陳廷焯《白雨齋詞話》、況周頤《蕙風詞話》等。但在歷代眾多詞話中，沒有一部像王國維《人間詞話》如此受到學界的重視。

《人間詞話》是王國維於接受西方哲學及美學思想之洗禮後，以嶄新的眼光對中國舊文學所作的回顧，雖然以論詞為主，其實亦涉及王氏由詩到曲整體的文學觀。短短六十四則文字中，由詞學原理、詞家品評、詞體流變及創作技巧，乃至於詩詞曲比較等，無所不包，是一部篇幅雖小，然而卻體大思精的著作。由於王氏身處新舊文化交替的時代，他融合中西觀點提出的很多新穎看法，

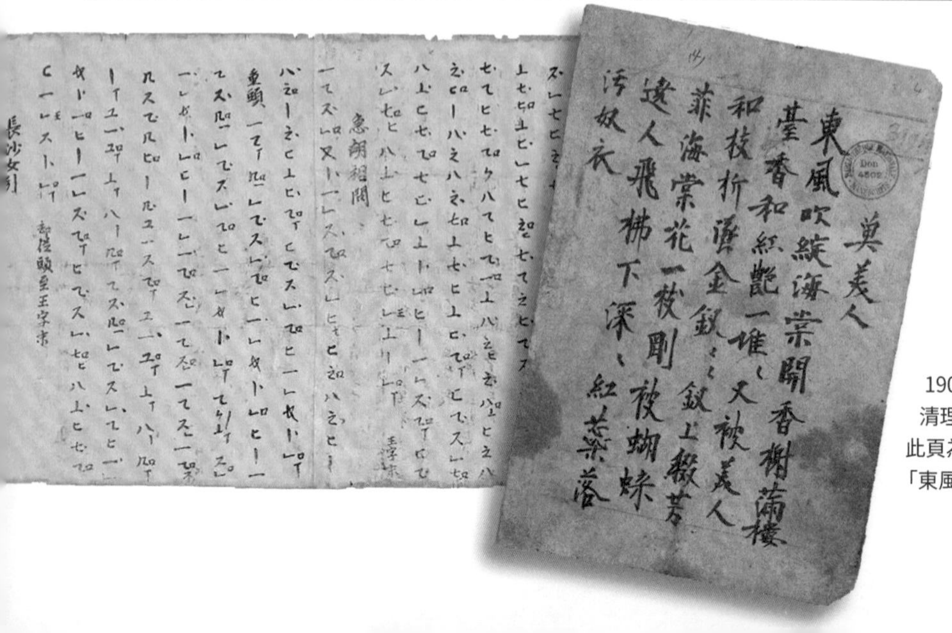

1900 年從敦煌卷子裡清理出來的唐五代詞曲此頁為〈虞美人〉「東風吹綻海棠開」墨跡。

開啟了學子的視野，故自發表以來即風行學界，歷久不衰。

《人間詞話》條列式的敘述方式，與傳統詞話札記式的寫法看似相同，其實不然。近年《人間詞話》手稿影印傳世，由其中充滿刪改之跡，甚至有甚多勾選符號及重新編排的數字，可看出王氏選定這六十四則並予刊布時，是經過匠心的安排：前九則是其理論體系的說明，第十則以下是據此理論而撰寫的諸家詞作品評，基本上以時代為序，可謂條理井然。由於王國維所評介的內容包括歷代從詩到曲的名家名作，而這些批評實際上是為了印證他的理論，故必需闡釋王氏用來批評的理論架構，瞭解其理論體系，再去看他對於詞人詞作的鑑賞，才能明白其標準之所在。這個理論體系，即是「境界說」。

什麼是「境界」？

王國維在《人間詞話》中以「境界」二字作為論詞的準則，但何謂境界，卻未有清楚的定義，學者各自索解，聚訟紛紜而莫衷一是。實則《人間詞話》既然是王氏結合西方哲學思想及中國傳統的文學觀而對「詞」所作的整體評論，研究他的詞學觀，自當以他的哲學及美學思想作為基礎，才不至誤解其原意。在《靜安文集》及《續集》所收的數十篇雜文中，王氏對他治學過程及思想的大要等都有詳細的說明，正可作為研究他的詞學主張的基本參考。

《人間詞話》一開卷即以「境界」二字作為論詞的標準，說「詞以境界為最上，有境界則自成高格，自有名句」。又說：「故能寫真景物、真感情者，

▶《敦煌曲譜》
1908 年被伯希和從敦煌藏經洞劫走。
（藏於法國巴黎國立圖書館）

謂之有境界。否則謂之無境界。」此一定義未免太過簡單。「能寫真景物、真感情者，謂之有境界」云云，從字面看就是「情真景真」，此點古人多有論及，可見「境界」云云，必另有其深意。

王氏文集中有兩篇雜文，對瞭解「境界」有直接的幫助。其一是〈古雅之在美學上之位置〉（據趙萬里《王靜安先生年譜》，此文作於光緒三十三年），收在《續集》中，原文很長，茲將其要旨簡述如下：

王氏認為一切美術（包括詩歌與藝術）的內容，能夠觸動人心而產生美感，是基於它的「形式」。他說：「一切之美皆形式之美」，而「一切形式之美又不可無他形式以表之」。所以他將美分成「第一形式」及「第二形式」。這兩種形式的差別，第一形式之美存在於自然，有「優美及宏壯之美」；第二形式之美則存在於藝術，王氏稱之為「古雅之美」。優美與宏壯只存在自然中，必須藉助古雅之美方能以表現，所以他又稱古雅之美為「形式之美之形式之美」，此句中的兩個「形式」，前者指第一形式，後者指第二形式。

王氏說茅茨土階（以茅草覆頂的房舍與土築的臺階），乃至自然界中尋常之物，用肉眼來看，並不算美，然而經過藝術家之手，遂覺有難以名狀的趣味，這種趣味非來自第一形式（即原有的形狀與質材），而來自第二形式（經文學家或藝術家的創作而呈現）。所以第一形式必需藉第二形式的配合，方能彰顯出其固有的價值；而第二形式之美本身也具有獨立的價值。

在此之前，南宋嚴羽《滄浪詩話》以「興趣」論詩，至清王士禎本其說而發展成「神韻」說，在古典詩歌理論上影響深遠。王國維卻說他們只是道其面目，未探其本，意指他們只看到作品所呈現的一面，沒有注意到另一面。可見王氏說「能寫真景物真感情者謂之有境界」，並非泛泛的「情真景真」而已，這一句其實包括兩個重要條件：（一）情和景必須要「真」；（二）必須「能寫」出這種真。這正是〈古雅〉一文所提到的「第一形式」與「第二形式」。第一形式就是感受美的階段，第二形式就是表現美的階段。「感受」的能力來自先天的資質，表現的階段則在於後天的修為。感受必須真切，表現必須完美，能二者兼具所產生的詞作，才稱得上「有境界」。

王氏另有〈清真先生遺事〉一文，發表於《國學叢刊》，時間與《人間詞話》相近，其中有一段話對「境界」有更清楚的解釋。他說：

> 一切境界，無不為詩人設。世無詩人，即無此種境界。夫境界之呈於吾心而見於外物者，皆須臾之物。惟詩人能以此須臾之物，鐫諸不朽之文字，使讀者自得之，遂覺詩人之言，字字為我心中所欲言，而又非我之所能言，此大詩人之祕妙也。境界有二，有詩人之境界，有常人之境界。詩人之境界，惟詩人能感之而能寫之，故讀其詩者，亦高舉遠慕，有遺世之意。而亦有得有不得，且得之者亦各有深淺焉。若夫悲歡離合，羈旅行役之感，常人皆能感之，而惟詩人能寫之。故其入於人者至深，而行於世也尤廣。先生（指周邦彥）之詞，屬於第二種為多。

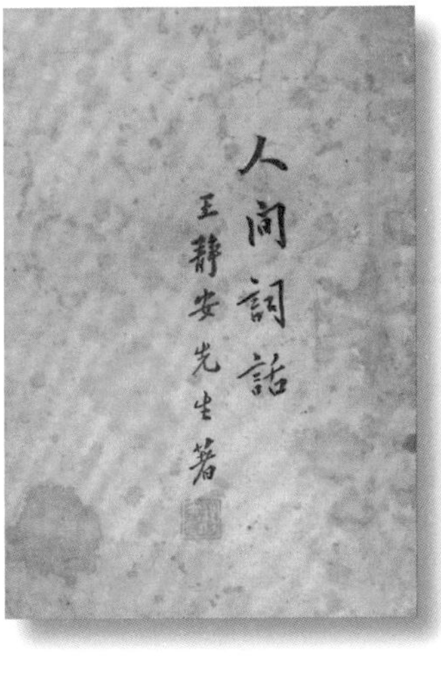

《人間詞話》單行本
1926 年從《國粹學報》
依次錄出詞話六十四則
北京樸社出版。

由上面的論述，可以擴大理解王國維「境界說」的涵義：

首先，所謂「景」指自然界之客觀事實，「情」指詩人對這種事實的主觀態度，王氏認為文學的目的就在描寫人生，而人生不外主觀的情及客觀的景，自然界中優美及宏壯之美就蘊藏於二者之中，其呈於心而見於物，皆在須臾之間，稍縱即逝，只有得天獨厚、感悟性特別敏銳的人，才能捕捉到這種美感；但這種感受的美，只存在於詩人的內心，一般人必須藉著詩人所表現的形式，才體會得到，故需「鐫諸不朽的文字」。所謂「不朽的文字」，就是高明的表現力，透過這表現力，讀者才可體會到作者所感受的美。故對詩人來說，敏銳的感受力與高明的表達力，是缺一不可的。

其次，感受美的能力得自先天，由於稟賦各不相同，所感受的深淺遂有差異；但無論深淺，都必須真。表達時欲不失其真，就必須能出乎自然，讀者恍若不覺其中有第二形式之存在，而能直接與作者領悟同樣真切的感受，覺得「字字為我心中所欲言，而又非我之所能言」，並藉著這恍若無形的媒介，讀者與作者的感覺可以相交相融，而達到物我相忘之境，此即王氏所謂「不隔」。反之，若第二形式不能出於自然，就會成為讀者與作者間的「阻隔」，作者縱使感受真切，讀者亦無從領會；此即王氏所謂的「隔」。

再者，感受之能力來自天賦，不可強求，故王氏說有詩人之境界，也有常人之境界。詩人的境界，乃是天才的境界，只有稟性淳厚的人才能「感之」並「寫之」。但因表現的能力可以人工獲致，一般人雖受才智所限，不能感受天才之所感，但是透過完美的表現能力，亦能有所領受。完美的表現能力不單是技巧上的不隔而已，在品評作品上，有所謂氣、韻、格、骨之語，皆與品德學問的修養有關，是故人品之敦勵，亦不可忽視。能兼具先天才分及後天修為者，則能捕捉自然中須臾呈現之美，並透過完美的表現能力，使讀者感同身受，渾然陶醉，而達到物我兩忘之妙境，因而可以忘懷現實生活的痛苦，此即王氏所謂的有境界。

綜合來說，王氏認為有無境界要兼從感受真不真（第一形式）及表現是否完美（第二形式）兩方面來論定。歷來對文學藝術的批評，多就作品本身的藝術性加以論斷，至於作者所感受者是真是偽，則鮮有注意。王氏確能獨闢新境，發前人所未發。他說「境界」較「興趣」、「神韻」更能探其本，誠非虛言。

「境界說」強調感受必須「真」，是王氏受到康德美不具功利性及叔本華悲觀思想的影響。叔本華認為人生飽受各種欲望所困，欲海無窮，苦海無邊，唯有美的欣賞是超越利害的，故現實生活的痛苦，可藉著直觀而暫時得以解脫。所謂直觀，就是擺脫自然界中物我之利害關係及限制直接欣賞其美。王氏深受其影響，也認為人生只是痛苦的桎梏，也強調直觀，然而能否直觀，則視乎能否感受真切。若非真誠的感受，則作為治癒人生痛苦的價值將會全失。

「感受必須真」是境界說的核心，在此基礎上，王國維又將感受的過程分為「有我之境」、「無我之境」與「造境」、「寫境」。

「無我之境」與「有我之境」，是指感受的美有優美及宏壯之異，而感受

德國著名哲學家叔本華。

這兩種美的心路歷程亦不相同。按照王氏的說法，鳥鳴花開、行雲流水之類，其對象形式「不關於吾人之利害」，所以人可以用寧靜的心靈去直觀其物，進而得著一種美的感受，這就是「優美」；至於高山大川、烈風雷雨之類，具有很大的「量」或很強的「力」，超越人的「知力所能馭」或「人力所能抗」，此類對象形式會使人「意志為之破裂」，反而增進「保持自己之本能」而超越於利害的觀念以外，能敏銳的直觀此一對象形式，因而得到一種美的感受，這就是「宏壯」，亦即「壯美」。「優美」與「宏壯」之別，在於情景對於人心是否造成衝擊。

王氏舉出詩詞中的四個例子，「采菊東籬下，悠然見南山」及「寒波澹澹起，白鳥悠悠下」，都是詩人以寧靜的心態直觀自然界之美景，內心感到安詳優美。「淚眼問花花不語，亂紅飛過秋千去」及「可堪孤館閉春寒，杜鵑聲裡斜陽暮」，則是以己「情」觀物，故淚眼中之花、秋千外之亂紅，都附有「我」之色彩；而「孤館」、「春寒」、「杜鵑」、「斜陽」，無不對「我」的心靈構成威脅，對「我」的感受帶來衝擊，因此，王氏說此為宏壯之美。

王氏認為優美、宏壯都是超越時空限制，「天下之所同然」的美，但是也只有天才方能捕捉到；古雅之美則是後天的、特別的，因為來自經驗，所以鑑賞古雅的能力可以經由修為而獲得，只要「人格誠高、學問誠博」，就可以獲致。而我們平日鑑賞藝文作品，在對於雕刻、書畫的品評中，常使用「神」、「韻」、「氣」、「味」等字，皆多就其第二形式言，文學亦然。

「造境」與「寫境」則是感受的素材。王氏認為文學的原質有二：一為情，一為景。然而情與景非必親見親聞。若是「存於經驗之先」的美，乃是出自詩人「虛構之境」，王氏稱為「造境」；若由「經驗而得」，則是詩人據自然而寫實，王氏稱為「寫境」。這兩者其實頗難分別，因為「造境」雖出於詩人的虛構，但不論如何虛構，其情景之本質都是來於自然與經驗；「寫境」雖出於模倣自然，而透過詩人直觀的感受，已與原來存於自然中的情景有別。所以王氏說雖理想家亦寫實家，即因此故。

再者，「寫境」與經驗有關，來自切身經歷的實際情景，是眾人都能有的感受；「造境」則來自虛構與想像，能感受到甚麼程度，就視乎各人的稟賦。各感其所感，非能力強而致，天才與常人之別即在於此。王氏說有詩人之境界，有常人之境界，詩人之境界唯詩人能感，主要即指「造境」而言。

上文曾說《人間詞話》的前九則，是理論體系所在，明白有關境界之主要涵義後，我們再看這九則文字，即可發現王氏在編排上亦扣緊境界必須兼第一形式及第二形式合論的要旨。茲列表說明如下：

第一則	拈出境界二字。	開宗明義
第二則	提出造境及寫境。	第一形式之分析（作者的感受階段）
第三則	提出有我之境及無我之境。	
第四則	補充說明有我之境及無我之境。	
第五則	補充說明造境及寫境。	
第六則	為境界之界說。	境界之概說
第七則	舉出有境界之例證。	
第八則	論境界之不以大小分優劣。	
第九則	說明境界說優於前人之處。	
第十則以下	第十則以下為實際批評，間有發揮及補充其理論處。	第二形式之分析（作品的文字表現）

《人間詞話》中大多數是作品之品評，看似與一般評詞之書無異，王氏要突顯他的評論不只著眼於作品之文字表現，也關注作者之感受階段，所以在卷前特別先說明其論詞標準的定義及勝過前人之處。由於第一形式的分析是前所未有的說法，故又從感受的心態提出「有我之境」與「無我之境」，從感受的素材提出「造境」與「寫境」，以作為補充。可見此六十四則文字，材料安排與其理論架構皆是相互配合的。

從境界到王國維的文學觀

明瞭王國維的品評標準是兼從「感受真切」與「表現完美」二者立論，再看他如何品評歷代詞人的高下，就會豁然貫通。以下舉周邦彥、姜夔兩位詞家為例，作對照分析：

周邦彥妙解音律，宋徽宗改定新樂，設立大晟府，他曾參與討論古音、審定古調，故其詞作描情寫景細緻而又音律諧婉，南宋時方千里、楊澤民等人和其詞，格律均不敢改易，清代常州詞派的周濟更稱周邦彥是「集大成者」。然而王國維在前引《清真先生遺事》中卻說「境界有二，有詩人之境界，有常人之境界。……先生之詞，屬於第二種為多。」為什麼周邦彥只能是常人之境界，而不是詩人之境界呢？王氏也有很清楚的解釋：

> 詩人對宇宙人生，須入乎其內，又須出乎其外。入乎其內，故能寫之；出乎其外，故能觀之。入乎其內，故有生氣，出乎其外，故有高致。美成能入而不出。白石以降，於此二事皆未夢見。（第六十則）

> 美成深遠之致不及歐、秦。惟言情體物，窮極工巧，故不失為第一流之作者。但恨創調之才多，創意之才少耳！（第三三則）

王氏認為周詞的優點在於「言情體物，窮極工巧」，就是「能寫」，即表現力強，但其缺點在於「能入而不出」，就是不能「直觀」，故「感受不深」。天

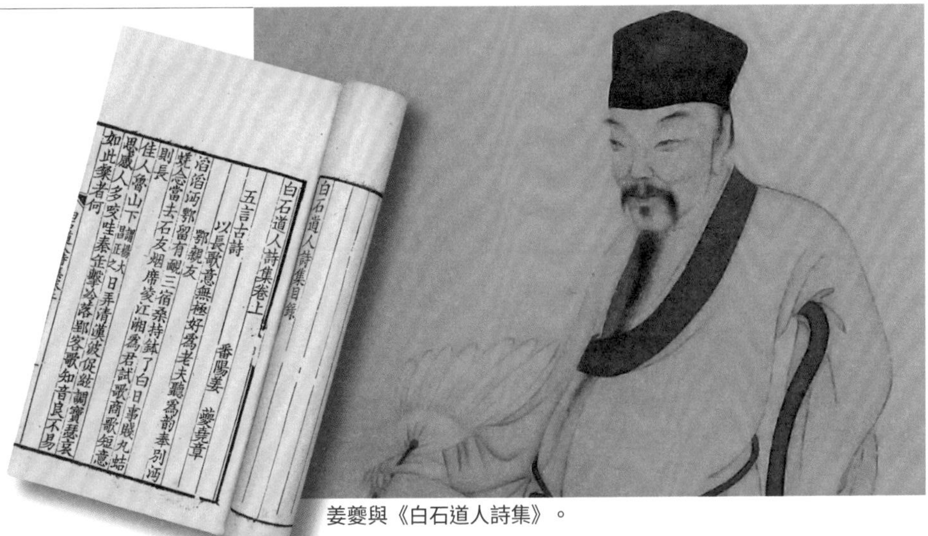

姜夔與《白石道人詩集》。

才能「強離其關係而觀之」，故能超越現實環境中物我之關係，而直接感受常人所不能感的自然之美。周邦彥的先天稟賦不足，只能感常人之所感，所以其詞作內容不外乎悲歡離合、羈旅行役一類，故說他「創意之才少」。然而周詞在表現方面卻能做到「言情體物，窮極工巧」，故說他「不失為第一流之作者」。

王氏說周邦彥「能入而不出」，亦即能寫而不能觀，已非最高的評價；相對於周邦彥，王國維給姜夔的評價更低。他認為姜夔感受的天分既不足，表現的技巧亦不逮，既不能寫亦不能觀，故說「於此二事皆未夢見」。其實，姜詞清空騷雅、格調高古，後人對他評價甚高。但王氏更看重「真」，他曾說：

> 東坡之曠在神，白石之曠在貌。白石如王衍口不言阿堵物，而暗中為營三窟之計，此其所以可鄙也。（刪稿第四七則）

其品格既已不真，詞作自必失之偽。這是就第一形式言。再就第二形式來說，姜詞誠然格調高古，有其獨特風格，卻不能做到「不隔」。王氏批評〈暗香〉、〈疏影〉二詞說：「格調雖高，然無一語道著」（第三八則），又說「二十四橋仍在，波心蕩、冷月無聲」、「數峰清苦，商略黃昏雨」、「高樹晚蟬，說西風消息」等句，「雖格韻高絕，然如霧裡看花，終隔一層」（第三九則），指出姜詞琢字鍊句，反而造成讀者理解上的障礙，也就是「隔」。所以他說：

> 古今詞人格調之高，無如白石，惜不於意境上用力，故覺無言外之味，絃外之響，終不能與於第一流之作者也。（第四二則）

北宋 范寬〈雪山蕭寺圖〉
數峰清苦，商略黃昏雨。
（國立故宮博物院藏）

以上是王氏將「境界」的標準應用於實際批評的例子。曾有人為姜夔叫屈，這是不瞭解王氏境界說的內涵所致。

王國維的境界說，其實不僅提出「境界」作為論詞的標準，更是他整體文學觀的呈現。說明如下：

◎對創作的要求

境界包括感受的真切和表現的完美。因為重真，故在創作上，反對模仿及為實用或政治等目的寫作；因為重自然和不隔，所以反對用典和使用替代字等做法。

王氏認為感受的真切最為重要，所以要「感自己之感，言自己之言」，模仿則是「感他人之感，言他人之言」，即使表現完美，所傳達出來的也是不真切的感情。他說賀鑄的詞在北宋名家中最為下駟，是因他「少真味」（刪稿第六則），清代初期的雲間詞派，專事模仿晚唐五代的《花間》詞，所以他說：「唐五代北宋之詞，可謂生香真色；若雲間諸公，則綵花耳！」（刪稿第二十則）他也一再強調蘇辛詞不可學，因為「無二人之胸襟而學其詞，猶東施之效捧心也」（第四四則）。

其次，王氏認為欣賞文學之目的就是盼望求得慰藉，文學的價值應該超越利害關係，因此他最反對為實用的目的而創作。他說：

> 人能於詩詞中不為美刺投贈之篇，不使隸事之句，不用粉飾之字，則於此道已過半矣！（第五七則）

美刺投贈之篇就是為道德、政治等實用目的而寫作，他甚至認為感事、懷古、壽詞等亦應為詞家所禁（刪稿第三七則），理由就是這些作品均帶有應酬意味與實用目的，其感受必然失真。

就反對用典來說，文字表達不可以隔，故云「不使隸事之句，不用粉飾之字」，又說「詞忌用替代字」。「隸事」就是使用典故，「粉飾之字」就是修飾詞藻，「替代字」是不直接說出何物，而用相關名詞來代替（例如相傳杜康造酒，故用杜康作為酒的代用字），這本來是文學創作中常用的方法，王國維認為如果意足語妙，則下筆自成佳篇，無需再用這些技巧；如果意已不足，語已不妙，再加上用典、粉飾或替代字，反會造成溝通上的阻礙，即是「隔」。其實隔不隔是技巧表達的「結果」，只要不造成傳達上的障礙，使用典故、粉飾、代字都未嘗不可；唯因一般作者的才力有限，往往未見其利，先致其弊，故王氏如此主張。至於文學的天才，自然不受此限，他最激賞辛棄疾，而辛棄疾最好用典，即是其證。

◎天賦與工力並重

王氏認為感受自然美的能力固然來自天賦，但表現藝術美的能力卻可以由後天的努力而獲致。按照他的說法，人生存於現實世界中，自然界之物都與人有利害關係，若只觀其物而忘懷其他，必須「強離其關係」，因此只有天才能夠超越現實生活中物我之關係，而直接感受自然之美；沒有文學天才的人，雖然只能感常人之所感，卻亦能因完美的表現能力而在文壇取得一席之地。這種兼重天才及工力的思想體現在王氏的詞論中，最明顯的例子，就是將境界區分為「詩人之境界」與「常人之境界」，並謂二者均屬「有境界」。詩人之境界，只有「文學上之天才」方能到達，其感受的深度非常人所能企及，讀者所能意會的程度，也視各人之稟賦而有不同；常人的境界，由於作者只能感受一般人之所感，若能透過完美的表現，讀者就能完全體會其所感。

◎強調人品的修鍊

王氏認為天才雖然不可強求，但後天的工力卻可以培養，這種工力，不僅是技巧而已。他認為作品的表現，除了純熟的技巧以外，作者之性行修養也會流露於字裡行間。所以他提出「不隔」作為表現技巧的標準外，又強調人品之修養。他說：「紛吾既有此內美兮，又重之以修能，文字之事，於此二者，不能缺一。然詞乃抒情之作，故尤重內美。」（刪稿第四八則）內美來自敦品勵學，而且不僅常人需要，文學之天才亦不可忽視。王氏在〈古雅〉一文中，曾說天才也有神興枯涸之處，非藉修養之力為之彌縫不可，就是這個意思。

◎提升純文學的價值

王氏認為人之所以異於禽獸，乃在於人有純粹的知識及微妙的感情，而知識及感情之能得到滿足，完全靠美術及哲學。他認為從事美術及哲學的著述乃是天下萬世的功績。美術中最重要的就是純文學，它的作用在於描寫人生的苦痛與解脫之道，使人們在充滿桎梏的世界中，能夠暫離欲望的磨折而得到片刻的平和。他甚至認為：生一百個政治家，不如生一個文學家。王氏之所以強調純文學之價值，是因為他接受叔本華的悲觀思想，認為人生充滿了痛苦，惟有在出自純粹美術上的目的，絲毫不沾現實利害的美的欣賞中，才能無欲無求，得到心靈的解脫。他說：

> 詩人必有輕視外物之意，故能以奴僕命風月。又必有重視外物之意，故能與花鳥共憂樂。（第六一則）

所謂輕視外物，就是能出，所以能以奴僕命風月，將一切外物都視為遊戲之材料；所謂重視外物，就是能入，所以能以熱心的態度參加遊戲，與花鳥共憂樂。能出能入，也就兼具「能觀」和「能寫」的條件。用這種不沾現實利害的眼光寫作，才能達到文學創作的極詣，也就是王氏所謂的有境界，也才能撫慰人心，使人脫離現實的痛苦。所以他認為純文學一旦淪為政治或道德的工具，其價值將完全消失。「文以載道」之類託於忠君愛國，以勸善懲惡之意推行某種文體，都是對文學的殘害。

◎一代有一代之文學

上文一再說明王國維很注重「真」，「真」不但是他評定個別作家優劣的標準，更是文體興衰之關鍵。他認為一種文體在興起時，作者多能以純粹美術的目的來創作，其情感皆能真切。流行日久，一旦成了習套，作者就容易因襲模仿，難以跳出前人窠臼；也會有人以此沽名釣譽，使文體淪為羔雁之具（小羊與雁，古代官員間的禮品），其中「真」的成分愈來愈少，最終導致這種文體走向衰亡。因此，王氏認為一代有一代的文學，就不同文體言，其間並無軒輊。例如古人稱詞為詩餘，基本上就認為詞不如詩，王氏卻認為詞之與騷、賦、駢語、唐詩、元曲，只是文體的不同，並無優劣差異。唯是若就同一種文體作比較，則後不如前。所以他認為南宋詞不及北宋五代，而長調則不及小令。這種文學演化的歷史觀，和他對境界的標準都是一致的。

綜上所述，可知王氏所謂境界，實在是融鑄了他的美學概念、哲學思想及文學觀點而形成的嶄新的品評標準。

肆．再做點補充

王國維生於晚清時代，詞壇上基本還籠罩在清代中後期常州詞派的流風餘韻中。詞在發展早期被視為小道，認為原是配合音樂歌舞的雕蟲小技，與廟堂文學的詩不可同日而語。常州詞派以寄託說詞，提出「上媲風騷」以推尊詞體，認為詞在字面上寫的可能是風花雪月，但意內言外，言在此而意在彼，內在可能是忠愛纏綿，比起《詩經》（變風、變雅）、〈離騷〉的微言大義，不遑多讓，這就是尊體思想。王氏推尊詞體，完全著眼於文學本身的價值，和常州詞派比附風騷之說截然不同。他對常派開山祖張惠言動輒以「寄託」釋詞頗為反感，他說：

固哉皋文之為詞也！飛卿〈菩薩蠻〉、永叔〈蝶戀花〉、子瞻〈卜算子〉，皆興到之作，有何命意？皆被皋文深文羅織。（刪稿第二五則）

王氏之反對強附風騷以推尊文體，是因為這將使詞淪為載道文學，失去純文學的品質。就寫作技巧來說，他並不反對創作時應用比興寄託的手法，亦非不注意琢字鍊句。他說「紅杏枝頭春意鬧」，著一「鬧」字而境界全出；「雲破月來花弄影」，著一「弄」字而境界全出，都是注重鍊字之例。文章之表現本無定法，才力大者各極其勝，才力不足則用典固然不化，白描亦不免率露。王氏所主張之「不隔」，乃是表現的結果，至於寫作的過程中，究竟是直抒胸臆，或是運用了典故藻繪，有否比興寄託，本來都無關宏旨，只要不構成「隔」的後果就可以了。詮釋詞作也是如此，他反對張惠言牽強附會，硬指自己的說解乃是作者原意，故說張氏「深文羅織」，並非說釋詞時只能拘守字面，不可聯想。實際上，他自己就常常帶著哲理的眼光來釋詞。例如第二十六則云：

古今之成大事業、大學問者，必經過三種之境界：「昨夜西風凋碧樹。獨上高樓，望斷天涯路。」此第一境也。「衣帶漸寬終不悔，為伊消得人憔悴。」此第二境也。「眾裡尋他千百度，回頭驀見（按：當作驀然回首），那人正（按：當作卻）在，燈火闌珊處。」此第三境也。此等語皆非大詞人不能道。然遽以此意解釋諸詞，恐為晏、歐諸公所不許也。

在〈文學小言〉中，王氏也有類似之語，更於末段云：「未有不閱第一、第

夜西風凋碧樹。
獨上高樓，
望斷天涯路。

衣帶漸寬終不悔，
為伊消得人憔悴。
元人畫〈梅花仕女圖〉。
國立故宮博物院藏。

二階級而能遽躋第三階級者，文學亦然。此有文學上之天才者，所以又需莫大之修養也。」可見王氏是以這三種境界（此處境界二字乃普通用語，非其論詞標準）作為作家或成就大事業、大學問者敦品勵學的具體步驟。然而此三首詞原來都是寫男女的愛情，第一境引自晏殊〈蝶戀花〉（檻菊愁煙蘭泣露），第二境引自柳永〈鳳棲梧〉（佇倚危樓風細細），第三境引自辛棄疾〈青玉案〉（東風夜放花千樹），王氏以秋空下危樓悽望，四顧蒼茫的孤寂感，比喻尋求目標之階段；以堅持追尋，執著不悔的心情，比擬為了目標奮鬥不懈的階段；又以歷盡艱苦，終於得見之驚喜，比擬理想得償、苦盡甘來的階段。王氏自知此非原作者之本意，故說「然遽以此意解釋諸詞，恐為晏、歐諸公所不許也」。顯然他認為雖非作者本意，卻無礙讀者自由聯想，將原詞內涵作更深廣的詮釋。常派後期大老譚獻評東坡〈卜算子．缺月掛疏桐〉曾有「作者未必然，讀者何必不然」之語，王氏的說法，與譚獻所言相近，亦與今日的讀者反應論暗合，可見王國維的諸多說法都歷久彌新，這應是《人間詞話》至今尚廣受學界推崇的原因。

（林玫儀）◆

驀然回首，那人正在燈火闌珊處。

8 科學怪人：現代的普羅米修斯 節選

這是一個十八歲的英國女生在兩百年前想出來的故事，
並在二十歲時匿名出版了它。這個故事充滿奇想，驚悚動人，
不久便廣為全世界讀者閱讀，激發出更多想像、延伸與反思，
成為科幻小說的先驅。
兩百年前幻想出來的人造人故事，在廿一世紀的此刻，
卻已接近成為事實：基因複製、試管嬰兒、克隆羊、智能機器人……
一切正朝著生命奧義的底線迅速發展。而瑪麗雪萊所提出的
創造者的責任意識，也不再是一個虛構的道德議題。

壹．作者與出處

瑪麗．雪萊（Mary Wollstonecraft Shelley，一七九七～一八五一）的一生，幾乎和她創造出來的《科學怪人：現代的普羅米修斯》（以下簡稱《科學怪人》）一樣，充滿戲劇的張力，精彩刺激、高潮迭起；有燦爛、豐富的傳奇，也有陰森、痛苦的遭遇。這位歌德派小說的代表作家、科幻小說的先行者、女權思想的實踐者、詩哲雪萊的愛侶，誕生於一七九七年的倫敦，父親是激進的政治哲學家威廉．戈德溫，出版過《政治公義》，同時也是小說家，出版的《加雷威廉斯》被視為警

瑪麗·雪萊畫像，曾於皇家藝術研究院展出，
畫像中的雪萊美麗動人，眼眸明媚。

探小說的先驅。母親瑪麗．吳爾史東克拉芙特也是位著名作家、女性主義哲學家、教育家，著有《保衛女權》，是最早的女權主義推動者；唯在生下瑪麗不久即死於產褥熱。所以後來瑪麗．雪萊自稱是「兩位文學巨擘之女」。

雖然深陷債務危機並且再娶，瑪麗的父親高度重視對愛女的教育，帶她認識當時重要文人，並灌輸許多先進的觀念。瑪麗十五歲時，父親對她的評價是：「異常大膽果敢，甚至有些專橫，心智活躍，渴求知識，對於所承擔的任何事物的毅力，幾乎是無可匹敵的。」果然，瑪麗在十七歲時愛上父親的政治追隨者，已婚的詩人雪萊，並私奔到法國，過了一小段頗受非議的生活。一八一六年雪萊的妻子自殺，他們才在年底結婚。不幸的是他們前三個小孩均夭折，只有第四個健在。

一八一六年對雪萊夫婦而言，是極為混亂卻又豐盛的一年，除了兩位親人先後自殺、與家族關係面臨決裂之外，同年夏天還與浪漫派詩人拜倫等友人同遊瑞士日內瓦，從而孕育了《科學怪人》。因此文學史上也銘記了這一年。

旅居日內瓦的時期，眾人常常到拜倫所租的湖畔別墅聚會，夜晚大家便圍著爐火講述德國鬼故事作為消遣。後來拜倫提議，乾脆每個人輪流撰寫一個鬼故事來觀摩，沒有頭緒的瑪麗對此深感焦慮。

瑪莉・雪萊《科學怪人》內頁插圖。

六月中旬一個晚上，拜倫和雪萊討論話題轉到了生命原理的特性，瑪麗終於靈光一閃：也許透過電擊可以讓一個屍體復活。當晚她自己就被這個恐怖故事的想像糾纏得輾轉難眠：「我看到一個面色蒼白、鑽研邪惡法術的學生，跪倒在他剛拼湊完的東西旁。我看到可怖的人類魅影伸展四肢，藉著某種強大的動力，露出了生命跡象；以不自然的、半死不活的動作漸漸醒轉……。」

一八一八年，《法蘭肯斯坦：現代的普羅米修斯》（科學怪人）在倫敦匿名出版，由於是雪萊作序，並獻給威廉高文，坊間一度以為是詩人雪萊的作品。同年，為了逃債並擔心被剝奪小孩的監護權，雪萊一家遷居義大利，打算永遠離開英國。

義大利的生活豐盛而寫意，他們一方面活躍於藝文社交圈，一方面完成了不少作品。但是兩個年幼小孩相繼死於威尼斯和羅馬，帶給瑪麗巨大的悲痛，所幸第四個小孩出世，慰藉了憂傷的母親。

一八二二年，雪萊和友人駕帆船出遊時，因為遭遇突來的風暴，溺斃於義大利里佛諾外海。瑪麗隔年回到英國，從此專心寫作，整理並推廣雪萊的作品，以及撫養唯一的小孩。瑪麗的身體一直都不好，最後幾年更為病痛所苦，死於最折騰她的腦瘤，享年五十三。

本文選自麥田出版社的《科學怪人》卷一，第三章、第四章。

貳．選文與注釋

我的朋友，從你眼中流露的急切、好奇與希望，我看得出你期待得知我掌握的秘密。但是還不到時候：請耐心聽完我的故事，屆時你自然會明白我為什麼暫時把這件事情按下不表。我不會誘導你誤入歧途，像我當年一樣，懷著滿腔熱情毫無防備地跌入萬劫不復的深淵。就算你不聽我的勸，請至少記取我的教訓，引以為鑑：獲取知識何其危險，而比起不自量力、妄想成就一番偉大事業，一個以為自己家鄉就是全世界的人，又是何其幸福啊！

當我發現自己手中握有如此驚人的力量，我遲疑了很久，不知道該以什麼方式運用這股力量。雖然我掌握了賦予生命的本事，但是，要製作一副身軀作為生命受體，連同種種精細的纖維、肌肉與血管，仍是一樁極其辛苦、難如登天的工作。我起初舉棋不定，不知道應該創造一個和我一樣的人，還是構造比較簡單的生物。但我被一開始的成功沖昏了頭，不允許我懷疑自己有能力製造和人一樣複雜而美好的生命。當時，我手頭上的材料根本不足以應付如此艱鉅的任務，但我深信自己一定會成功。我準備好迎接無數逆境；我的工作也許會屢屢受挫，最後的成果也可能不盡理想，然而，一想到人類在科學與機械上日新月異的進步，我就不由得滿懷希望，相信此刻的努力至少會為將來的成功奠定基礎。我也不因為我的計畫極其宏偉複雜，就認為它是不切實際的空談。我就是抱著這些感受開始造人的。然而，人體部位十分精細，會對我的工作速度造成嚴重阻礙，因此，我改變初衷，決定製造一個身材龐大的巨人；也就是說，大約八呎高，身體各部位等比例放大。計畫確定之後，我又花了幾個月蒐集並整理所需材料，等到一切就緒，我便開始動工。

我最初充滿成功的激情，五味雜陳的感受像颶風一樣推著我不斷前進，沒有人可以想像我當時的複雜心情。在我看來，生死之別只是一種觀念，我首先應該打破生與死的界線，讓光芒傾注這個黑暗的世界。一個新物種將把我奉為造物主，視我為生命的根源，對我感恩戴德、謳歌禮讚；許多幸福美好的生命將把他們的存在歸功於我；沒有哪一位父親比我更有資格接受子女的感恩之情。順著這些念頭，我想，如果我能為無生命的物質賦予生命，或許經過一段時間，我也能讓已經明顯腐化的屍體起死回生（不過，我現在已經知道這是不可能的）。

這些念頭鼓舞著我的心靈，激勵我抱著不倦的熱情勇往直前。我因為過於勤奮而臉色蒼白，身體則因為足不出戶而變得羸弱憔悴。有時候，確鑿的成果似乎已近在眼前，最後卻功虧一簣。但我仍抱著希望，說不定再過一天或一小時，我的夢想就會實現。這個願望是我獨有的秘密，我就是為了它而不眠不休、全力以赴。在月亮的凝望下，我在大半夜裡闖入大自然的藏身之所，屏氣凝神，毫不懈怠，熱切地挖掘她的奧秘。我在不潔的墓穴中東翻西找，或者為了使無生命的泥土出現生機而折磨活生生的動物；有誰能想像我的秘密行動有多麼恐怖？如今想起這一切，我就四肢發抖，頭暈目眩。但是當時，一股不可抗拒、近瘋狂的衝動鞭策我繼續幹下去；除了追求這一個目標，我似乎失去一切理智與感受。當然，這種狀態只是一時入迷罷了，等到那股不自然的刺激停止作用，我回到正常生活後，我的感覺反而變得更加靈敏。我從停屍間搜來各種骨頭，用瀆神的雙手翻動人體架構的驚人奧秘。在我住的房子頂層，有一間跟其他寢室隔著走廊和樓梯的獨立房間，或者說一間斗室，那裡就是我幹這件骯髒創作的地方。由於緊盯各種細節，我的眼珠子都快掉出了。解剖室和屠宰場為我提供了許多材料。由於人性使然，我經常厭惡地拋下手上的工作。但是在一天比一天更強烈的渴望驅策之下，我的作品終於接近完成。

十一月的一個陰沉夜晚，我見到了自己辛苦工作的成果。懷著幾乎稱得上痛苦的焦灼心情，我整理四周用來製造生命的工具，準備將生命的火花注入躺在我腳邊的這副死氣沉沉的軀體。那時已是凌晨一點，雨珠滴滴答答打在玻璃窗上，發出悶悶聲響。我的蠟燭即將燒盡。就在此時，在忽明忽滅的微弱燭光中，我看見那東西睜開了暗沉而泛黃的眼睛。他用力喘氣，四肢一陣抽搐。

我該如何描述我歷經千辛萬苦製造出來的這麼個醜八怪呢？見到這樣的災難，

我又該如何形容心裡的滋味呢？他的四肢勻稱，我還為他挑選了漂亮的五官。漂亮！——我的天哪！他泛黃的皮膚只能勉強蓋住底下的肌肉和血管。他飄動的頭髮烏黑亮麗，一口牙齒如珍珠般潔白；但他的秀髮和皓齒反而跟其他部位形成恐怖對比。他的眼睛濕漉漉的，幾乎跟周圍的眼眶同一顏色，焦黃而蒼白；他的肌膚乾癟，黑色的嘴唇成一直線，沒有任何弧度。

人生的各種變故，還不及人的情感那般變化無常。我辛苦了將近兩年，只為了替沒有生氣的軀體注入生命。為了這個目的，我廢寢忘食，失去了健康。我對它的熱切渴望，遠超過正常限度。但如今大功告成，我的美夢卻幻滅了，心裡充滿令人窒息的驚恐與厭惡。我造的東西如此醜陋，我無法忍受他的模樣，急忙奪門而出，跑回我的寢室來來回回踱步，久久無法平復心情，難以入睡。最後，騷亂的心情帶來了倦意，我和衣倒在床上，努力尋求片刻的遺忘，可惜，徒勞無功。我確實睡著了，但荒誕無稽的夢境擾得我不得安眠。我以為我見到伊麗莎白在英戈爾施塔特的街上漫步，青春洋溢，光彩照人。我又驚又喜地擁抱她，但正當我初次吻上她的唇，她的雙唇卻變得煞白，泛出死亡的色澤；她的面貌漸漸改變，我覺得我摟在懷裡的是我死去的母親；裹屍布包著她的身體，我看見墓穴蠕蟲在法蘭絨的皺褶裡爬來爬去。我從睡夢中驚醒，額頭滲出一層冷汗；我嚇得牙齒打顫，四肢抽搐。這時，透過從百葉窗縫隙勉強鑽進來的昏黃月光，我看見了那個醜八怪——我親手創造的那個蹩腳怪物。他掀開床簾，兩隻眼睛——如果那能夠稱之為眼睛的話——緊緊盯著我瞧。他張開嘴巴，吐出幾個含混不清的聲音，同時咧嘴笑著，臉頰皺成了一團，他也許說了什麼，但我沒聽見；他伸出一隻手，似乎是要抓住我，但我逃開了，一溜煙衝到樓下。我躲到這間屋子的庭院裡，在那裡待了一整夜，激動地走來走去，同時豎起耳朵諦聽，一有任何動靜就心驚肉跳，彷彿每一個聲響都在宣布那具還魂的死屍追過來了。我真倒楣，竟把生命給了這麼個怪物。

哦！沒有人能承受那副恐怖的樣貌，即便死而復生的木乃伊也不可能像那醜八怪一樣可怕。還沒完工的時候我就曾凝視他，他那時候也很醜；但如今那些肌肉和關節都能活動了，就算是但丁也想像不出這樣的東西。

那一夜，我過得很悽慘。有時候，我的脈搏跳得又快又猛，我甚至能感覺每根血管都在跳動；還有些時候，我差點因為疲倦和極度虛弱而癱在地上。驚恐之中，我還嘗到了失望的苦澀滋味；長久以來，那些夢想一直是我的糧食與慰藉，如今卻成了一座地獄。變化來得如此猝不及防，如此天翻地覆！

終於天亮了，那天早晨天色昏暗，陰雨綿綿。英戈爾施塔特教堂映入我那雙因一夜無眠而疼痛的眼睛，我看見它的白色尖塔和時鐘，指針顯示時間是上午六點。門房打開院子的大門，這個院子就是我昨夜的避難所。我衝到街上，健步如飛，彷彿要躲開那個醜八怪，唯恐一轉彎就會撞見他。我不敢回到我的住處，但是儘管大雨從黑壓壓的天空傾盆而下，把我淋得渾身濕答答的，我還是不由自主加快了腳步。

我就這樣走了好一陣子，想藉著肢體運動減輕心頭的負荷。我穿過一條條街道，不知道自己身在何方，也不知道自己在做什麼，一顆心被恐懼折磨得怦怦亂跳，我踏著凌亂的步伐匆匆向前，不敢東張西望……

猶如形單影隻的旅人，獨自走在荒無人煙的路上，惴惴不安，驚恐萬狀。
他回眸一瞥，然後繼續前行，
從此再也不敢轉頭回望。
因為他知道有個可怕的魔鬼，
緊緊尾隨，就在他身後不遠的地方。

參．可以這樣讀

細膩而快節奏的恐怖故事

《科學怪人》是一部篇幅不大的小說，卻充滿了驚悚的情節與驚人的想像，提供給後世創作者無窮的靈感，更帶出科學時代重要議題的思考。全書共分三卷，主體部分多以第一人稱，也就是以主角維克多．法蘭肯斯坦的「我」作為主要敘事者，娓娓道出整個悲劇故事的來龍去脈。

卷一是維克多自述出身和家庭，還有成長的經過以及特別強調的，學習歷程和對知識的信念。小說中的女主角，維克多的表妹伊麗莎白，和最被關注的另一個主角，由維克多以死屍與電流「製造」出來的「創造物」(creature)或者「怪物」(monster)也都已經出場。維克多發現自己創造出來的怪物十分醜陋、恐怖（「沒有人能承受那副恐怖的樣貌，即便死而復生木乃伊也不可能像那醜八怪一樣可怕」），非常嫌惡他，也埋下一連串悲劇的伏筆。

卷二同步描述了「創造者」維克多和「創造物」兩者極其痛苦的心路歷程。特別是怪物，一開始努力學習作為人類，追求幸福，渴望維克多能夠像愛自己的孩子一樣愛它，卻在人類社會的恐懼與敵意中幻滅了希望。

卷三，怪物要求維克多再打造一個屬於自己的女性配偶。維克多幾經天人交戰，決定終止繼續造人的愚行。怪物的殘酷報復讓兩人成為不共戴天的仇敵。維克多一路追捕怪物，至死不休，怪物則以他的方式自行了斷：「躍出窗外，跳上

《科學怪人》曾被改編為同名電影，造成很大的迴響。

靠在船邊的冰筏，不一會兒，海浪就帶著它飄向遠方，消失在無盡的黑暗之中。」

整個故事的開頭，是由一位名叫華頓的船長（Robert Walton）寫給他遠在英國姐姐的家書作為起始。故事的結尾，也是在他的家書中結束。採取這麼間接、輾轉的敘事方式，主要原因應該是，書中作為主角的另外兩個第一人稱——作為維克多的「我」和作為怪物的「我」，都已死亡或生死不明，必須由船長的「我」來當最後的敘事者和主角口述的記錄者。由較後面的「我」去轉述另外一人的「我」，這樣的敘述方式，有點疊床架屋，但又不可避免。因為作者一開始就不是用全知觀點的敘事方式，而是用追溯記憶的主觀（非全知）角度，這些角色錯綜複雜的心路歷程如何得知？唯有每個當事人用「我」來現身說法了！這也成為本書很大的特色與成就，透過「我」的主觀描述與告白，生動而深刻地表現出每個主要人物內心裡的感受、各種記憶與心智活動。

而書中頻繁運用書信體的方式來貫串情節，許多人物的出場與性格呈現，也多半由彼此的書信往來構成，其實也是某種不在現場的主觀告白方式。更有研究者認為，這些看似從生活瑣事所開展的個人情感與交流，以及緊密的社會聯繫，恰好與怪物的孤獨、孤立產生強烈的對比，顯示出怪物真正缺少的那些東西。

華頓船長在最開頭的四封信，詳細交代了他的個性、生命中的缺憾以及渴望獲得的成就。為了自我印證，決定完成人生初次的探險，便帶著一支探險隊前往北極，當他們試圖穿越冰封的海面時，船員見到移動的冰山上有一輛雪橇，因而救起了維克多。維克多被救醒之後，把自己經歷的事說給華頓聽，這些被

維克多著迷於創造生命的科學，克服許多挑戰，
終於從被肢解和被丟棄的屍塊殘骸中拼湊出一個生物來。
(1931 年科學怪人電影劇照)

船長記下來的，才是真正的主體故事：

年輕的維克多離開故鄉日內瓦，到因果城大學當醫科學生，在那裡他著迷於創造生命的科學，克服許多挑戰，終於從被肢解和被丟棄的屍塊殘骸中拼湊出一個生物來，不可能的試驗成功了，他卻滿懷懊悔與恐懼，拋棄了他的創造物，一直逃避面對這個怪物的存在。就在那個夏天，維克多的幼弟遭人謀殺，謀殺現場的證據讓善良的女僕潔絲汀被誤判定罪，處以絞刑。

不出所料，真正的凶手果然是維克多創造出來的怪物；它和處於極端痛苦悔恨的創造者在下大雪的山上相見，一五一十把自己的心境與遭遇告訴維克多：如何從好奇、善意、渴望到學習，又如何從被害怕、嫌惡到挫折、絕望到充滿報復心的恨意。當他回想到自己被鄙視、遺棄時，心中燃起了熊熊的怒火，被嚇著的維克多在脅迫下答應為怪物製造一個伴侶，「一個跟我一樣醜陋可怕的女人，想必不會拒我於千里之外。我的伴侶必須是我的同類，具有同樣的缺陷。你必須創造出這樣的一個生命。」

但是屈從於怪物要求的維克多，在快要完成這位人造夏娃的時候，卻決定懸崖勒馬，即時銷毀了她，因為他害怕這兩個能力、性情不可測的怪物一旦結合，可能繁衍出邪惡的新物種，威脅到人類的生存。此舉讓怪物決定採取最狠毒的報復行動，「記住了，我會在你新婚之夜來找你」……怪物果真在婚禮當晚殺死了維克多的未婚妻伊麗莎白，朝北方逃逸。維克多展開了漫長的追凶歲月，因遇險而為華頓一行人所救，因而有了本書記錄的驚悚故事。當維克多抱

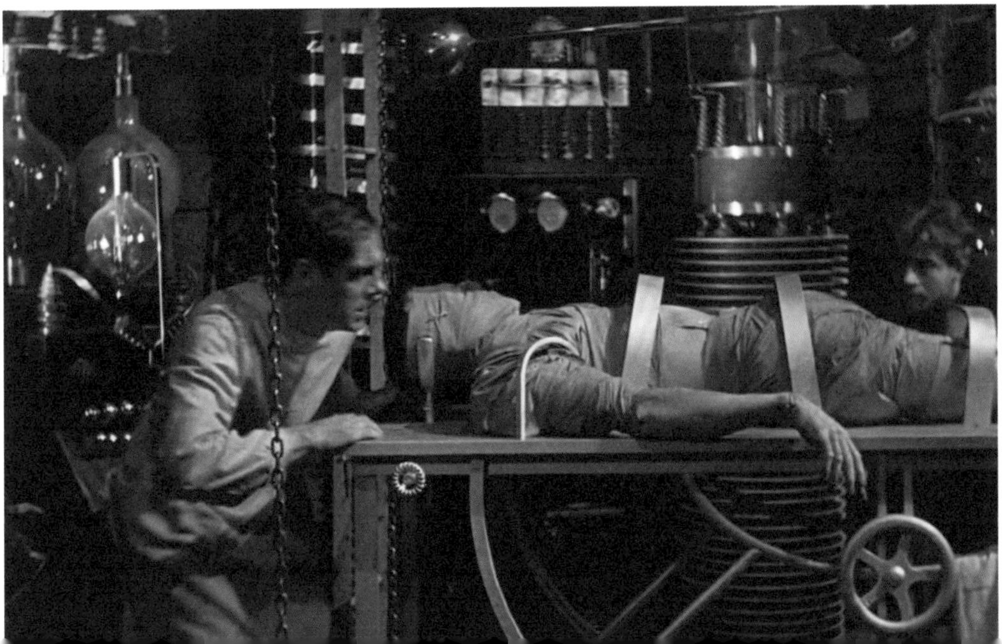

憾死去後，怪物在船上現身，說完絕命之辭，便跳上冰筏，消失在無盡的黑暗之中。

神造人與人造人的相異與相同

從《科學怪人：現代的普羅米修斯》書名中的副標題，我們可以迅速得知，作者有意應用希臘神話中普羅米修斯受宙斯懲罰的故事，來對照這兩個悲劇主角的某種共通性。希臘神話中，普羅米修斯依照自己的形體用黏土造出人類，並由雅典娜賦予人類靈魂與生命。眾神在討論人類應如何盡獻祭之義務時，他站在人類一方，欺騙宙斯，保留了人類辛勤狩獵之所得，並將火種偷偷從天上傳給人類，讓他們免於寒冷與飢餓。也因此觸怒了宙斯，被禁錮在高加索山上，每天受老鷹啄食肝臟的酷刑。普羅米修斯盜火的英雄行徑，讓人類有了文明，讓生命有了新的高度，也讓文明或新知識必須付出可怕的代價成為宿命。以普羅米修斯故事為基礎，學者依循喻體與喻依之間的關聯性，便可找出《科學怪人》與普羅米修斯相似的許多情節，尤其是維克多造人的一幕。當他以墓園屍首的器官拼湊出一個人形怪物（humanoid being），並利用當時用於治療的電流賦予

希臘神話中，普羅米修斯依照自己的形體用黏土造出人類，並由雅典娜賦予人類靈魂與生命。法國新古典主義風格的雕塑家尼古拉斯·塞巴斯蒂安·亞當（Nicolas-Sébastien Adam）於 1762 年所雕塑的普羅米修斯（收藏於巴黎羅浮宮）

怪物生命時，這電光石火的一瞬，和盜火的意象極其近似。無論是盜火還是造人，兩個悲劇主角的共通性，便是碰觸了禁忌的知識而受到最嚴厲的懲罰。

但是人與神終究還是有差別的。在《科學怪人》中，主角並沒有普羅米修斯的遠見與英雄性格，甚至也沒有相稱的智慧與擔當。憑著對知識的嫻熟、熱愛與特殊才能，維克多創造出一個活生生的人形怪物。這樣的成就與普羅米修斯傳遞火種十分類似，在探索極限、傳遞知識之外，也顯現出知識擁有改變現狀的力量。但是熱情的科學家卻沒有因為自己擁有的知識力量得到好處，反而為了自己所創造的怪物處處提心吊膽：怪物在各方面的能力幾乎都比創造者更為強大，他有遠超乎人類的速度與力量，他有縝密的心思與陰謀構陷的能力，他神出鬼沒，如影隨形跟著維克多，而維克多卻一無所知，所以兩者的相遇，幾乎都是怪物主動安排；甚至一路跟蹤到北極去，也是怪物有意挑釁、勾引。而在小說的字裡行間，讀者也會覺得怪物感受、學習與反省的能力也超過他的創造者。這些超人的特質，以及創作者與創作物之間失控、不平衡的關係，才奠定了「科學怪人」這個象徵最恐怖的意涵。

一直要到小說的後半部，維克多才開始展現出他也有與怪物相抗衡的能力與意志。明明知道凶多吉少，他還是在快要創造出女怪物之際，違背了自己的承諾與怪物的期待，摧毀自己的作品；明明知道有去無回，他還是行遍天涯海角，務必要把兇手抓到。特別是毅然決然地撕碎女怪物，代表維克多終於真正醒悟到，擁有科學所帶來改變現狀的力量是可怕的，如果你沒有想清楚就貿

怪物神出鬼沒，如影隨形跟著維克多
甚至一路跟蹤到北極去。
(1931 年科學怪人電影劇照)

然去完成，產生的後果將禍害無窮——就如同普羅米修斯受到無休止的懲罰一樣。瑪麗．雪萊不祥的預言裡，不僅賦予怪物生物性的本能，更有思想和情感。若怪物僅擁有生命現象並不足懼，因萬物之靈以外的其它動物原本如此，問題是，怪物一方面擁有人類的潛能與智慧，一方面也想擁有正常人精神上的滿足與幸福，甚至也已嚐到支配者的權力滋味，這使得神智清明的維克多不敢更進一步，去創造出一個可能永遠受怪物支配的世界。

怪物如何成為他的創造者的噩夢

從文學上來看，在《科學怪人》中，兩個重要角色都是所謂立體角色（round character），即故事中的主人翁會隨著情節的開展而成長或改變，不再是剛開始的那個樣子。維克多從天真魯莽到清醒堅定，怪物的心智狀態也不是天生的，是被塑造出來的。小說中生動而深刻地呈現了「創造物」如何變成名副其實的「怪物」的過程。在對怪物內心的細膩描述裡，我們不禁會聯想到半個多世紀以後法國的自然主義觀點：中性、科學地描繪人物如何在客觀環境的影響下，內在心靈逐漸演變，一步一步走向無所遁逃的決定論下的命運。每一種生物都有其生長的歷程，怪物也是一樣，並非被創造出來時就邪惡殘酷，而是慢慢沉淪為徹底的惡魔，這樣的變化過程足以讓人類反省，或許是人類對待怪物的態度，才使得它萬劫不復。你將它視為異類，甚至連名字也沒有，但是在它的心裡，它始終認為自己應該受到善意的對待，不該被剝奪平等生活的資格，因為

繪有希臘神話故事，
普羅米修斯和阿特拉斯的陶盤，
由畫家 Arkesilas 創作，
公元前 560-550 年，梵蒂岡博物館藏

藉由理解力與同理心的學習，他覺得自己跟人非常近似。卷二的第三章一開始就交代得很清楚，怪物自述它躲藏在一戶人家中，藉著在暗處的觀察，學習到人類透過何種方式傳達經驗和感受，也學會如何欣賞人類的形貌、語言文字、人類的歷史、善良崇高的德性、獲取知識的方法，甚至學會反思自己存在的意義，「這些話讓我不由得想起了自己。我知道你們人類最看重的，就是高貴純正的血統加上萬貫的財富……但我知道自己一文不名，沒有朋友，更沒有財產。除此之外，我被賦予一副醜陋無比、人見人厭的軀體。我甚至連人都不是。」

在一個偶然的機會下，怪物無意間發現了幾部書籍，在閱讀這些作品的過程中，怪物更進一步淬鍊、深化了它的智慧。這些書分別是彌爾頓的《失樂園》（一六六七）、羅馬史學家普魯塔克《希臘羅馬英豪列傳》和歌德《少年維特的煩惱》（一七七四），這三本書其實也是瑪麗．雪萊在寫《科學怪人》之前在看的東西。學習力超強的怪物透過《希臘羅馬英豪列傳》認識了希臘羅馬時代的偉大領袖，以及政治與公共事務的本質；透過《少年維特的煩惱》讀到了家庭生活與社會關係，以及這兩者對青春與成長的衝擊；最重要的，則是從彌爾頓的《失樂園》了解了信仰和善惡的複雜性，而在彌爾頓這個故事裡，墜落天使撒旦是個充滿魅力的反派英雄，勇敢地向他的造物主提出挑戰。

同樣的，在一開始，維克多則是沉迷於帶來永生與力量的科學，像極了歌德《浮士德》(Faust)中，那位為了追求神秘知識和權力，甘心與魔鬼做出交易，出賣自己的靈魂的博士。但是最後他也覺悟了，付出自己的生命作為救贖。

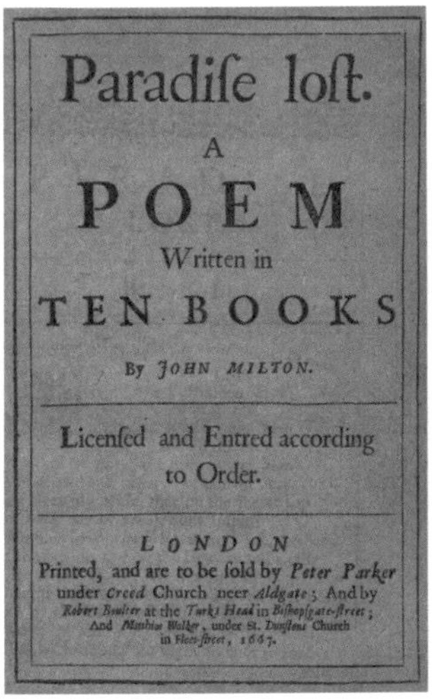
Paradiſe loſt.
A
POEM
Written in
TEN BOOKS
By JOHN MILTON.
Licenſed and Entred according to Order.
LONDON
Printed, and are to be ſold by Peter Parker under Creed Church neer Aldgate; And by Robert Boulter at the Turks Head in Biſhopſgate-ſtreet; And Mathias Walker, under St. Dunſtons Church in Fleet-ſtreet, 1667.

約翰·米爾頓的《失樂園》第一版的扉頁與古斯塔夫·多雷 (Gustave Doré)，所繪的插圖，1866 年

瑪麗創作時的文化環境

瑪麗雪萊被視為科幻小說的先驅者。但是她更確切的定位，其實是哥德派小說巔峰時期的代表作家。什麼是哥德派小說呢？它是一種流行於十九世紀初期英國的文學創作，以大量中古時代的元素與想像為其特徵，更以負面、陰森的美感經驗為其動能。一著名作家曾如此描述：「……在浪漫主義中追求更強烈的感官衝擊、更陌生、創新的異質美感的這一支流，形成非常特別的哥德派（Gothic）書寫，哥德作為一個風格的名稱，可能是來自文藝復興時代對於早先中古時代文明一種帶著輕蔑的稱呼，意涵野蠻與蒙昧。……在十九世紀初，文學和藝術重現哥德風格，我認為是當時的人在這種風格下找到了更接近人類原始本性的東西，那是在很長的一段時間裡被基督教節制克己的文化與科學或理性主義所壓抑的，人類潛意識裡各式的渴望、恐懼與想像。隨著古代的遠去、宗教權威的動搖，原先森嚴的體系、規範的鬆綁，禁錮著高貴與聖潔、恐怖或邪惡的符號漸漸被解放出來。這些符號包括古堡、廢墟、墳場、邪靈、儀式、神秘與殘酷造成的驚悚與顫慄……。」再回想到「旅居日內瓦的時期，夜晚大家便圍著爐火講述德國鬼故事作為消遣……。」由此可以看出《科學怪人》裏頭許多情節與特色的來源與出處。

但是讓瑪麗．雪萊超越了哥德派當時窠臼的，則是她對新時代文明與理念的敏感與認同。瑪麗．雪萊生活的時代，是法國大革命的動亂之後，也是第一次工業革命蓬勃發展的時期，逐漸滋長的科學力量，改變了人類的生活品質，

哥德派小說以大量中古時代的元素與想像為其特徵，更以負面、陰森的美感經驗為其動能。

生活視野與價值觀。科學透過實驗手段滲透了自然現象，掌控了自然資源，加深了人類的自信與對科學對理性的信仰。此一時期發展出的科學領域有：物理、化學、地質學、生物演化學和解剖學等。而和本書最有直接關聯的，就是物理學方面賈凡尼和伏特的電學研究。

一七八三年義大利解剖學家賈凡尼，在暴風和雷雨中，藉由科學實驗，把電線接向天空，觀察電流通過青蛙身體的效應，結果發現青蛙的腿在每一次閃電出現時都會跳動，於是賈凡尼確定：神經纖維可以傳遞「生物電流」。這項發現和一七五二年美國富蘭克林透過風箏實驗所發現的「大氣電流」有異曲同工之妙。賈凡尼還曾經在公開場合使用電流來刺激一位被斬首的犯人的大腦，結果發現他的下巴會產生顫動，還張開過一隻眼睛；這場公開展示的報導據說也可能和瑪莉·雪萊後來創作《科學怪人》的靈感有關。

不過科學技術與實驗是否能夠直接複製或運用在小說創作之上，恐怕不是這部小說要處理的主題，因為《科學怪人》更多的是虛構的故事情節和角色設定，以及關於人物內心世界的衝突與掙扎，這些才是小說中最為重要的地方。尤其因為受到哥德派小說的影響，全書充滿超自然的陰影，以及創造者種種瀆神的行徑（我從停屍間搜來各種骨頭，用瀆神的雙手翻動人體架構的驚人奧秘」），都和當時追求的時代氛圍有關。但是不可否認《科學怪人》也表達出一種新的知識立場——那就是書中的醫生從煉丹術士變成了科學家，維克多也成為後來許多科幻作品當中，瘋狂科學家的原型。無論如何，可以確定的是，科幻小說的虛

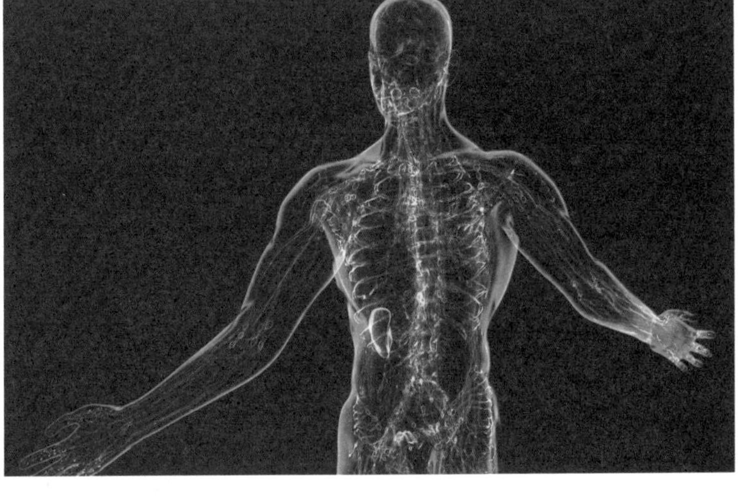

神經纖維可以傳遞「生物電流」的理論，可能與瑪莉·雪萊後來創作《科學怪人》的靈感有關。

構與想像，往往來自現實世界新發明、新發現或新觀念的啟發。

科幻小說（science fiction）是一種容易指認卻不容易定義的文學類型，主要的困難在於它是一種跨學科的、極富延展性的文學類型，這類作品的存在基礎是「科學」，但科學本身的定義和內容也極為寬廣，沒有明顯固定的疆界或界定方式；從科幻小說的起源和發展來看，這類作品最初的確是圍繞著一些科學技術創新而展開的，把科學原理當做科幻小說描寫的主要環節，也是極為常見的模式，但是在英美科幻小說創作的黃金時代，社會科學的元素也開始進入科幻小說的領域，甚至哲學、歷史、宗教、性別、自然等主題的大量出現，也為科幻小說的發展注入新的元素。時至今日，以心理學、工程學或電子計算機為主題的科幻小說，除了開啟讀者對科幻想像的視野之外，也同時提供科學普及、推廣重要的教育功能。

《科學怪人》的議論紛紛

一直以來，論者對《科學怪人》有許多不同的詮釋，最常見的，是小說原名的「法蘭肯斯坦」指的是瘋狂科學家維克多，而不是被他創造出來的怪物——這也意指真正的「科學怪人」其實是創造了怪物的科學家。研究者認為這個混淆可能和作品翻譯時的誤解或誤導有關，而對「怪物」和「怪人」想像上的近似也容易讓人以訛傳訛。另外，一般大眾也更樂於見到科學怪人這樣的題材不斷注入新元素而有新的形象出現，因為科學家創造出來的這個「怪物」，同時

科幻小說的虛構與想像，往往來自現實世界新發明、新發現或新觀念的啟發。

也代表著社會集體的恐懼和希望。創造與毀滅的主題同時呈現，隨者時代與時俱進，讓這個故事原型長保新鮮的魅力，得以一再輪迴、重生。而這個科學怪物乖舛的命運，恐怖與人性並存，也引起讀者或觀眾的同情，是極為特殊的角色設定。

有一些研究指出，小說描繪當時的科學景象確有所指，甚至引述真實科學家姓名及碰觸科學新知時的興奮之情，為小說增添不少真實感。還有些學者針對特定情節或議題作深入研究，例如當時興起的解剖學，讓小說中的維克多潛入墓園和停屍間，去嘗試更進一步的解剖學探險，像「為了探索生命的起源，我們首先必須求助於死亡」，在文學的淵源來說，哥德派小說確實受更早的「墓園詩派」影響，從社會面來說，這除了反映對當時科學發展所帶來的慾望、恐懼和陰暗想像之外，更重要的是直接挑戰了當時社會關於死亡和屍體的禁忌。因為當時社會供應解剖的屍體嚴重不足，產生盜墓賣屍的社會現象，研究者從瑪麗．雪萊的傳記中發現，她經常造訪她母親位於倫敦的墓園，這樣的行為除了表達對於母親的思念之情外，可能也隱含面對當時猖獗的盜墓風氣，想要保衛死者屍體與安寧的用心。

由於瑪莉女性作家的身分以及鮮明甚至受苦的母親角色，也有解讀者把這部小說視為一個關於遺棄、孤單、追求家庭之愛，以及人類在世界中的墮落的故事；或把這則以科學創造生命、試圖僭越神的科幻小說，視為本質上在探討關於生育與教養之痛苦的嘗試，對照瑪麗．雪萊的母親因難產過世，她的子女也不幸早夭的經歷，也意味藉由這部小說來召喚離去的生命。而維克多則代表了父權社會的男性中心主義思想，妄想成為掌握一切生命的主宰者，但最後的結局反而是被自己創造的怪物毀滅，從這個層面來看，怪物也可以看成是被邊緣化的女性代言人。

還有一些觀點認為《科學怪人》是一部充滿反叛精神的作品，當怪物遭到不公平的對待，找不到出路，便決定開始反抗創造者，這也對應了工業革命後產生的資本家與工人的對立。瑪麗．雪萊生長於激進家庭的身世，她的性格加上對政治理論與當時在歐洲及美洲依然盛行的奴隸制度有深刻的理解，因此在作品中也肯定追求知識的力量和獨立精神的重要。

無論學者解讀到怎樣的訊息，受到怎樣的啟發，對讀者而言，最重要的是《科學怪人》建立起一種知識型敘事的模式，也就是後來所謂的「瘋狂科學家」故事，在這一類型故事裡，總有一位或一群科學家因為揭露或發現某種知識，並將之運用在現實生活中，從而造成巨大的混亂與衝突、破壞和災難，最後只能等待某種英雄人物挺身而出，讓人類社會免於遭到毀滅。但是，英雄人物並不會總能及時出現……。

肆・再做點補充

受到原著的啟發，《科學怪人》最早改編成電影版本，是美國導演於一九三一年創作發行的，成為早期影史上著名且成功的恐怖電影，此後不斷產生新的創作靈感，而有各種改編的故事版本，例如《科學怪人的新娘》（一九三五）、《科學怪人的兒子》（一九三九）、《科學怪人的鬼魂》（一九四二）、《科學怪人一家子》（一九四六）、《當科學怪人碰上狼人》、甚至廿一世紀以後的電影《凡赫辛》，還把吸血鬼德古拉、狼人等一幫怪物全部加到這個殘忍的故事裡。此外還有哥德風的《阿達一族》（The Addams Family）中也將科學怪人的形象和故事元素，融入電影敘事情節當中；《科學怪犬》（Frankenweenie）更是向《科學怪人》致敬之作，片中的小男孩也叫維多（Victor），是一個熱愛科學和藝術的孤單男孩，小男孩維多最好的朋友就是他的小狗史巴基，維多也是一個瘋狂小科學家，成天不是與史巴基玩在一起，就是做他的科學實驗。有一天史巴基不幸在路上被車撞死，維多因失去愛犬傷心不已，他在課堂上看到老師用電力讓死青蛙動了起來，於是他在一個雷雨交加的夜晚，將強大的電流引入史巴基的屍體裡，科學怪犬史巴基從此復活。

另外，《科學怪人》的結尾與美國科幻作家菲利普．迪克的小說〈機器人能否夢見電子羊？〉所改編的電影《銀翼殺手》之間，也有許多科幻譜系上的精神繼承；電影故事描寫某大型公司創造出幾乎與真人並無二致的人造人（仿生機器人），並被植入記憶，為免他們叛變或程式錯誤，人造人的生命僅有短短四年。在一次大規模的人造人叛變後，一批連鎖六型仿生機器人來到地球，被視為非法存在，必須銷毀除役，政府派出特殊的警察單位「銀翼殺手」追捕這些逃逸的人造人，一名半退休的銀翼殺手戴克接下這個任務，在追捕人造人的過

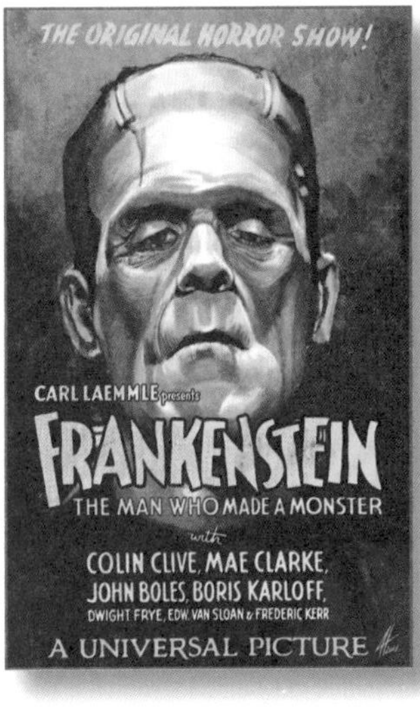

1931 年《科學怪人》最早改編成電影版本。

程中開始對自己的任務感到迷惘，因為他愈來愈無法分清楚，自己究竟殺的是人造人，還是真人。

電影版《銀翼殺手》中，能力最強大的仿生機器人領袖羅伊，也和《科學怪人》中的怪物一樣，想要尋找伴侶，試圖尋求延續生命的機會，羅伊找到創造他們的泰瑞博士，提出延長他們壽命的要求，但泰瑞並沒有答應，於是羅伊親手殺死了這位如上帝造物主般創造他們的人。

電影的最後，羅伊在生命即將消失之前，用最後的氣力道出一段經典的獨白：「我見過你們這些人無法置信之事——太空戰艦在獵戶星座旁熊熊燃燒。我注視萬丈光芒在天國之門的黑暗裡閃耀。那些瞬間，都將在時間之中消逝，一如雨中之淚……。」這樣的獨白，和《科學怪人》結尾中怪物在喟嘆後消失，有著極深刻的連結，也帶給讀者無盡的感慨，「我就要死了，一切感受將不復存在。這些灼熱的痛苦將被澆熄，我將以勝利者的姿態登上我的火葬台，在烈焰灼身的痛苦中得到狂喜。熊熊的火光將漸漸消失，我的灰燼將隨風飄入大海。我的靈魂將永遠安息；如果到時候它還能思考，它也肯定不會再思考這些事情了，永別了。」

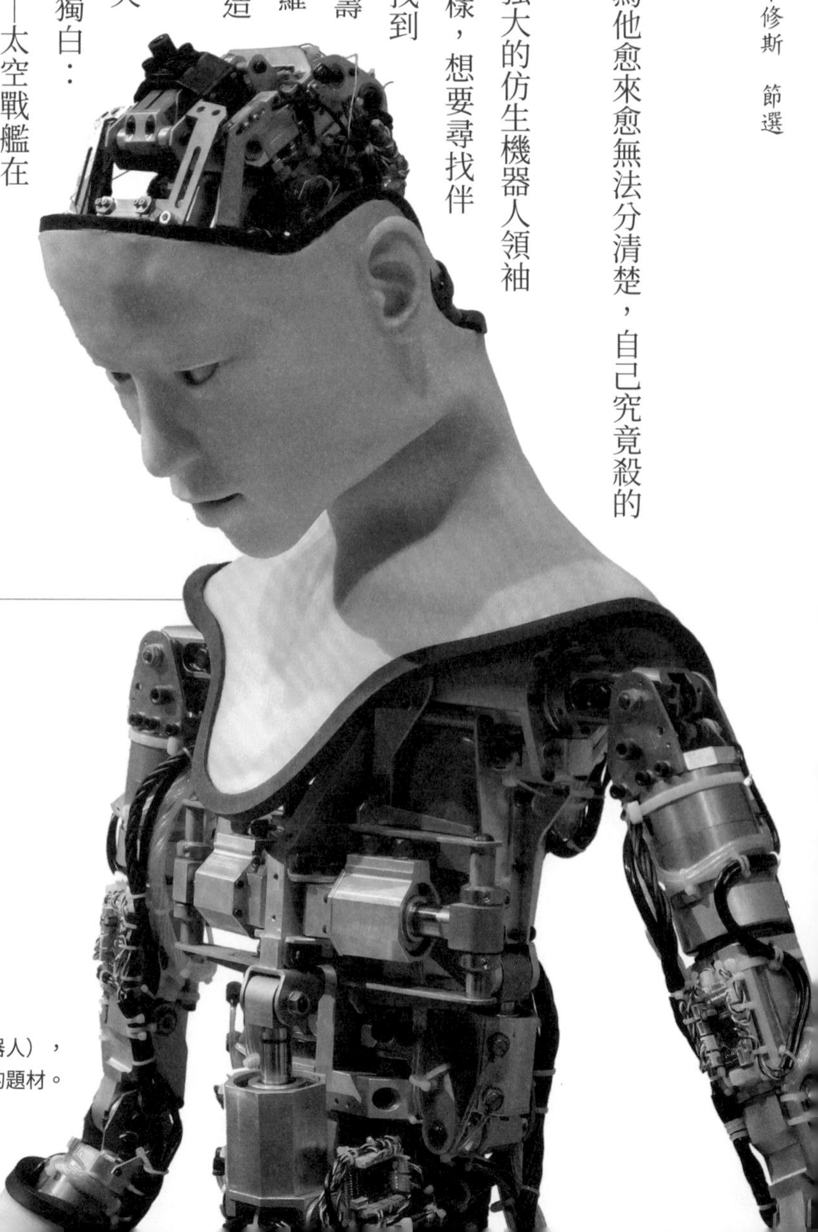

與真人並無二致的人造人（仿生機器人），
是科幻故事中經常出現的題材。

把人造人的角色擴充出去，我們會發現到，無論在電影中還是現實生活裡，各式各樣的另類「科學怪人」已環伺周圍：《侏儸紀公園》中的恐龍、《攔截人魔島》中的獸人、酷斯拉、核能或核子彈、DDT、塑膠或冷媒等等……，或許我們很難擺脫《科學怪人》裡的預言，但是科技究竟會為人類帶來怎樣的結果，仍有待我們在每個關鍵時刻的選擇。也許可以確定的是，《科學怪人》已完成其古典科幻的意味和價值，在未知的未來，我們一定要有屬於現代人的新故事，或者新的角度去超越《科學怪人》，這樣才不會辜負這兩百年來的學習與教訓。

（向鴻全・羅智成）◆

把人造人的角色擴充出去，我們會發現到，
無論在電影中還是現實生活裡，
各式各樣的另類「科學怪人」已環伺周圍。
酷斯拉是一個巨大、具有破壞性的史前巨獸，
在被輻射污染的海域中復活，反應出日本人對
戰爭記憶，及對原子能愛恨交加的矛盾情緒的體會。

9 春夜宴從弟桃花園序

以氣象萬千的神來之筆讓當代及後世讀者目眩神迷的同時，
李白也是心懷壯志的劍俠、議論獻策的高士，
更是對生命境界有極深體會的文人。
信手拈來的〈春夜宴從弟桃花園序〉，
字字珠璣、處處雋句，詩仙瀟灑曠達之情，躍然紙上。

壹・作者與出處

李白（七〇一～七六二，一作七六三年），字太白，號青蓮居士，生於唐武則天長安元年，歷經睿宗、玄宗、肅宗，卒於代宗廣德元年，一生以玄宗、肅宗兩朝為主要活動時期，見證唐代由盛轉衰的歷程。賀知章稱他為「天上謫仙人」，遂有「謫仙」之稱，或稱「詩仙」，與「詩聖」杜甫同為我國偉大詩人，號稱「李杜」。

李白一生大約可分作四個階段：第一個階段是求學時期，二十四歲之前在蜀，是他努力讀書的階段，豐富學養是為了將一身的抱負施展於世，曾讀書綿山、匡山，十九歲遊梓州，從趙蕤學縱橫術。在讀書期間也嘗試向蘇頲投刺，遊渝州時謁見李邕，希望有機會出為世用。

第二階段是求仕時期，在安陸（湖北安陸）時積極尋求仕用。二十四歲辭親出蜀，開始一生壯遊。二十七歲在安陸入贅故相許圉師之門，與其孫女許氏結婚。安陸十年，是他人生最穩定的時期，也是積極尋求出路時期。三十歲第一次西入長安尋求仕進未果，徘徊魏闕之間，頗有失志之慨，遂東去華州，經開封到洛陽，返安陸閑居，再出遊襄陽謁見韓朝宗，仍然求荐未遂。

第三階段是隱居時期，四十歲移家東魯，與孔巢父等人結為竹溪六逸，隱於徂徠山。四十二歲二入長安，經元丹丘及玉真公主引荐得見玄宗，命為翰林學士供奉，在京未足三年，是他人生最風光的時刻，也是他以為可以施展抱負的時期，然而遭讒被疏，賜金放還，心灰意冷之餘，到齊州從高尊師受道籙，求道之心愈強。此時期到處漫遊，曾到揚州、金陵、廬山等地浪遊，卻仍未忘出為世用，曾入幕幽州，知安祿山將叛，再歸梁園。

第四階段是南北失路時期，五十三歲三入長安，上陳濟世之策未果，旋離長安，往南遊宣城，五十七歲時因入永王李璘幕，以叛國罪被流放夜郎，遇赦之後，即流落江南，六十二歲還欲從李光弼征戰，因病半路折返，最後卒於當塗。

李白一生雖然努力追求世用未果，未能成為政治家或軍事家，卻為我們留下題材豐富、風格多元的歌詩與文章，是我國偉大詩人

〈上陽臺書帖〉是李白唯一傳世的墨寶 藏於北京故宮博物院

之一，《新唐書．文藝中》曾記載：「文宗時，詔以白歌詩、裴旻劍舞、張旭草書為三絕。」是向李白致上最高的冠冕。

《侯鯖錄》曾記載李白謁見宰相時自署為「海上釣鰲客李白」。人疑而問：「先生臨滄海釣巨鰲，以何物為鉤線？」李白回答說：

「以風浪逸其情，乾坤縱其志，以虹霓為絲線，以明月為釣鉤。」「風浪逸情、乾坤縱志、虹霓為絲、明月為鉤」這四句很能將李白天縱英才、不受限制的生命特質豁顯無遺，正因為有這樣的逸情大志，故能不受時代格局所框限，縱使一生浪遊天下，求用、求道兩邊皆無所附麗，仍不妨他噴放四射的才情，為我們寫下氣勢滂薄、飄逸奔放、清新俊麗等不同風格的詩文。

李白傳世詩文，目前詩歌有九百多首，文章有賦、表、書、記贊、序等七十餘篇傳世。據李陽冰編輯《李白集》云：「當時著述，十喪其九」殊為可惜，這與其一生浪遊天下有關，飄移不定的行蹤，如何將著作好好收藏呢？

雖然李白以詩歌名世，其文章亦氣勢非凡，情真理深，造境寫景芊眠清麗，透過文章仍可見其為人、性情與卓爾不群的豪逸風度。例如〈大鵬賦〉寫出豪情思飛的凌雲壯志；〈與韓荊州書〉寫出生平志向與求用之心，而最能展現李白氣性的千古名文是〈春夜宴從弟桃花園序〉一文。

〈春夜宴從弟桃花園序〉又稱〈春夜宴桃李園序〉，據安旗的李白編年，定在開元二十五年（七三七）時年三十七歲，在安陸，也就是入贅故相許圉師時期，是生命中相對穩定的歲月，才能開展良辰美景、賞心樂事之宴飲歡會。

貳．選文與注釋

夫[1]天地者，萬物之逆旅[2]也；光陰者，百代之過客[3]也。而浮生若夢，為歡幾何[4]？古人秉燭夜遊[5]，良有以也[6]。況陽春[7]召我以煙景[8]，大塊[9]假我以文章[10]。會[11]桃花之芳園，序[12]天倫之樂事[13]。羣季[14]俊秀，皆為惠連[15]；吾人詠歌，獨慚康樂[16]。幽賞未已[17]，高談轉清[18]。開瓊筵以坐花[19]，飛羽觴而醉月[20]。不有佳詠，何伸雅懷[21]？如詩不成，罰依金谷酒數[22]。

1 夫：發語詞，無義。
2 逆旅：指旅館、客舍。逆：迎接。
3 光陰者，百代之過客：時間就像是百代的過客，而我們生存在世間就像是過往的旅客。光陰：指時間。
4 為歡幾何：歡樂有多少呢？
5 秉燭夜遊：指白天遊樂未足，晚上拿著爛燭繼續歡遊，意謂及時行樂。語出〈古詩十九首〉：「生年不滿百，常懷千歲憂。晝短苦夜長，何不秉燭遊！為樂當及時，何能待來茲？愚者愛惜費，但為後世嗤。仙人王子喬，難可與等期。」
6 良有以也：是有原因的。良：實在。以：原因。
7 陽春：春光和煦。
8 召我以煙景：用朦朧的煙霧美景召喚我欣賞。
9 大塊：大自然。
10 假我以文章：提供我創作文章的素材。假：提供。
11 會：聚會。
12 序：同敘，敘說。
13 天倫之樂事：指兄弟相聚，其樂融融。
14 羣季：諸位弟弟們。季：古代兄弟以伯、仲、叔、季排序，「季」最小，此指年幼的諸弟。

15 惠連：指南朝宋詩人謝惠連。這兒借來稱讚諸弟像謝惠連一樣聰慧。謝惠連早慧有才，鍾嶸《詩品》記載謝靈運每對謝惠連輒得佳語，曾在永嘉西堂時，思詩竟日未得，寤寐間，忽見惠連，即成「池塘生春草」名句。謝靈運嘗說：「此語有神助，非我語也。」

16 康樂：指謝靈運，南朝劉宋詩人，因襲封康樂公，世稱謝康樂。

17 幽賞未已：指欣賞春夜美景，興致高濃。未已：不止。

18 高談轉清：由高談闊論轉為清雅的話題。

19 開瓊筵以坐花：在花叢中擺設華美的盛宴。

20 飛羽觴而醉月：夜宴中互傳酒杯喝得盡興淋漓，酣醉在月色下。飛：形容傳酒杯迅捷。羽觴：狀似有翼之酒器。

21 何伸雅懷：如何抒發雅致的情懷呢？

22 罰依金谷酒數：指這次雅集宴會之中，未能作詩者，要罰酒三斗。金谷：指金谷園，是西晉石崇在河南洛陽的園林，他曾在金谷園宴請文人雅士，大家銜觴賦詩，若作詩不成必喝三斗罰酒。〈金谷詩序〉云：「遂各賦詩，以敘中懷，或不能者，罰酒三斗。」

參．可以這樣讀

源遠流長的詩歌水系圖

每個民族、每個國家皆有其傲人的文學成就，希臘的神話、英國莎士比亞的戲劇、德國的格林童話、丹麥的安徒生童話、印度的羅摩衍那史詩等，皆是人類文明的寶礦，而最足以代表我國文學成就的是大唐盛世詩歌，輝耀世界展現獨特的魅力。

在我國的文學史上，每一個時代皆有馨香芳悱的詩歌，輝映出與時代相得益彰的光華。從韻文學的發展來看，先秦時代，在北方有《詩經》，以「風」記錄十五國各地風土民情的歌謠；以「雅」記錄周王朝政治興亡盛衰；以「頌」記載周、魯、商祭祀的舞詩，這些詩歌，經由采詩、刪詩之後，成為我國詩歌總集的鼻祖。在南方有《楚辭》以含蘊楚地語言文化、宗教祭祀、神話浪漫及文人迂曲情志的楚騷文學，成為後世摹寫的範式。

漢代歌詩最具代表者有樂府詩及《古詩十九首》。樂府多採自民間，為我們留下珍貴的庶民生活，《古詩十九首》刻摹棄婦逐臣的感傷。這些芳馨悱惻的詩歌，嵌進千百年來讀者的心臆之中。

六朝詩歌有代表民間歌謠的吳歌西曲，還有體製短小的小詩，以及宮體詩、玄言詩等，呈現品類繁盛豐富的詩歌創作與流衍。除此而外，專家詩足以輝映一代者尚有陶淵明田園詩及謝靈運的山水詩，為我們開創新的書寫題材。北朝詩歌

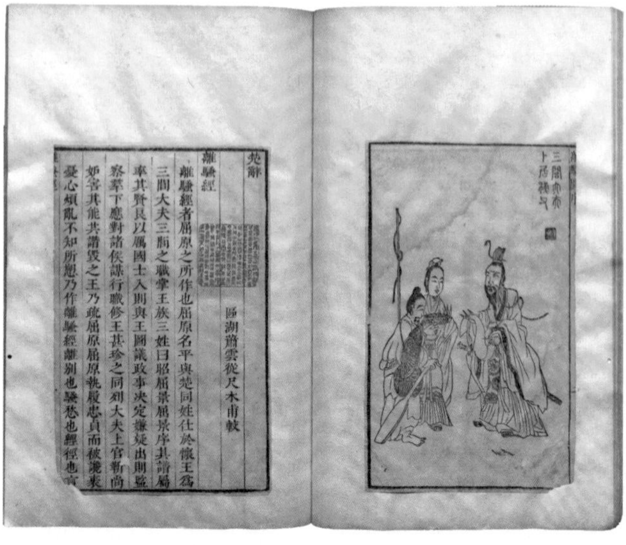

屈原〈離騷〉
蕭雲從繪，唐永寶刻。

則是展現另一種雄渾氣勢，最足以代表的是〈敕勒歌〉表現出壯闊遊牧生活。

這些源遠流長的詩歌水系圖，開展出不同流向的水景，共蔚郁郁豐沛的詩歌王國。而最足以擔當並代表詩歌盛世的是唐代，不僅詩家輩出，且流派紛呈，展現出大唐噴薄的壯盛氣勢。

標幟大唐盛世的詩歌風華

唐代是我國詩歌發展的高峰期，標幟時代風標的唐詩，和漢賦、六朝駢文、宋詞、元曲、明清小說等各代特色文學並駕齊驅，成為文學史上輝煌耀目的扉頁。可以概括分成初、盛、中、晚四個時期，每個時期皆有重要的代表詩人，初唐四傑各有風采，王勃的「海內存知己，天涯若比鄰」、駱賓王的「昔時人已沒，今日水猶寒。」、盧照鄰的「得成比目何辭死，願作鴛鴦不羨仙」、楊炯的「寧為百夫長，勝作一書生」等皆是膾炙人口的名句。此外，初唐陳子昂亦有「前不見古人，後不見來者」也成為映世名句。

盛唐的詩人輩出，有自然詩派王維、孟浩然。王維禪理空靈，有「行到水窮處，坐看雲起時」，孟浩然有「野曠天低樹，江清月近人」名句；邊塞詩派有王昌齡、岑參、王之渙等人。王昌齡有「秦時明月漢時關，萬里長征人未返」，王之渙有「黃河遠上白雲間，一片孤城萬仞山」及「欲窮千里目，更上一層樓」，岑參有「君不見走馬川行雪海邊，平沙莽莽黃入天」，高適有「漢家煙塵在東北，漢將辭家破殘賊」，這些皆是傳世的名篇佳句。還有被稱為浪漫詩派的是

元代　盛懋作〈坐看雲起圖〉
國立故宮博物館藏

李白及社會寫實的杜甫。

代表中唐詩歌的主要有奇險派的韓愈、孟郊、賈島，不能錯過還有獨幟一格的李賀，有「天若有情天亦老」的名句；晚唐則有峭傲的杜牧、綺艷的李商隱，義山的「春蠶到死絲方盡，蠟炬成灰淚始乾。」千古以來惻動讀詩的心靈。

而足以標誌盛唐風範的是李白和杜甫。李白堪稱盛唐詩歌的代表，放進中國文學史中，也依然是一顆閃耀奪目的明星。

李白的詩歌為何可以成為大唐盛世的風標呢？主要是：

一、收攝歷代詩歌特色，鎔鑄成體式兼備、雜糅眾家之長的歌詩，將《詩經》、《楚辭》、民間歌謠、樂府等不同寫作技巧與內容轉化成創作元素，既有騷體況味者如：「九疑聯綿皆相似，重瞳孤墳竟何是？帝子泣兮綠雲間，隨風波兮去無還。」的孤絕敻遠，又有歌行的酣暢淋漓者如：「笑矣乎！笑矣乎！君不見曲如鉤，古人知爾封公侯。君不見直如弦，古人知爾死道邊。」諷刺世道混濁曲直不分；既有樂府的淳樸直白如：「由來征戰地，不見有人還。」也有穠艷纖麗的歌詞如：「雲想衣裳花想容，春風拂檻露華濃。」這些體式不一的創製，標幟出李白卓爾不群的天才，不擇地皆可出的仙才與逸氣，汩汩然流洩。

二、詩歌題材多維，既能表現個人雄放不為世俗所羈的「安能摧眉折腰事權貴，使我不得開心顏」，又能寫出恬靜自守的「桃花流水杳然去，別有天地非人間」；既能寫出澄淡共歡的「我醉君復樂，陶然共忘機」，又能表現對社會的觀照與體證，例如諷刺權貴者有「路逢鬥雞者，冠蓋何輝赫。鼻息干虹蜺，

唐代 周昉作〈內人雙陸圖〉
國立故宮博物院藏

行人皆怵惕」；反對戰爭有「烽火燃不息，征戰無已時。……乃知兵者是凶器，聖人不得已而用之。」；描寫縴夫勞苦有「吳牛喘月時，拖船一何苦。水濁不可飲，壺漿半成土。」；相思情長有「天長路遠魂飛苦，夢魂不到關山難」；敘寫思婦之悲有「何日平胡虜，良人罷遠征」，這些詩歌豁顯關注面向廣大與深刻體會，並非僅是不食人間煙火的謫仙與狂客。

三、風格豐富多元，既能表現個人輕狂傲岸，例如「我本楚狂人，鳳歌笑孔丘」、「且樂生前一杯酒，何須身後千載名」，又能表現大開大闔氣概的「長風破浪會有時，直掛雲帆濟滄海」，還有描寫蜀道高險的「上有六龍回日之高標，下有衝波逆折之回川」表現出山勢之壯闊，回川之激湍。

是以，李白為我們留下體式兼具、題材多維、風格奇逸疏宕的豐富詩歌，而我們應當如何仰望這顆閃耀的明星呢？

李白生命著力點：希聖有立，志在刪述

人生追求什麼？每一個人皆在時間和空間的軸線上尋找自己的定位點，李白亦然。然而，文學史所圖構出的李白是任俠擊劍、豁達超邁的形象，是李白的真實形象嗎？用浪漫詩人來稱他恰當嗎？

他曾在〈古風五十九首．其一〉起句云：「大雅久不作，吾衰竟誰陳？」藉孔子「甚矣吾衰也」揭示詩道不存久矣，而在最末四句對自己詩歌成就與抱負，以「我志在刪述，垂輝映千春，希聖如有立，絕筆於獲麟。」將自己比作

詩中孔子。孔子是文化聖人，曾經刪詩書、定禮樂、贊周易、作春秋，以教後世，而李白也以此自許，期勉詩歌成就可以等同至聖孔子贊春秋永垂千古，如此自許的他，不能僅以浪漫詩人來概括的。尤其，他對自己事功更有高度期許，一生積極尋求出路，欲施用於世。如果僅看到他的對酒當歌，看到他的攜妓出遊，看到他的仗劍遠遊，是未能通透他複雜、矛盾多種樣貌的生命。

李白年二十還在四川時，曾遊渝州謁見李邕，寫下〈上李邕〉一詩，詩歌一開頭云：「大鵬一日同風起，摶搖直上九萬里。假令風歇時下來，猶能簸卻滄溟水。」將自己比作大鵬鳥，若是迎風而起，可以衝上青雲九霄，若是停歇下來，也可以撼動浩瀚的大海，他對自己無論出處進退皆有深切期許。

二十四歲離開讀書的匡山時，有〈別匡山〉云：「莫怪無心戀清境，已將書劍許明時。」學書學劍，是為了在政治清明時施展文韜武略，這也就是他深懷四方之志，仗劍去國，辭親遠遊的緣故。到處壯遊，真的是為了旅遊而出遊嗎？是為了尋找可以舉荐他的人，為了尋找仕進出路。然而，回報他的是什麼呢？一生浪遊天下，僅以「翰林供奉」成為生命的高標，三年未滿而去，雖未能實踐政治理想，卻也讓世人看到他的奇情逸才，不受羈控噴射的異彩。

李白一生大約像鐘擺一樣，擺盪在「求仕」與「求仙」的兩端，當「求仕」之心越熾烈所受的挫折越強時，反擊回來的「求仙」意願力道就更強烈。每一次的壯遊，每一次的困頓受挫，或有慷慨激昂之作，或有幽悒難解之託喻作品，讓我們感受他深沉的歡愉與悲戚，既展現出壯志思飛的逸興噴薄，又有青雲無路的自憐幽獨；既有清狂自得的豪邁超曠，又有志業如轉蓬的處境。杜甫描寫李白的「痛飲狂歌空度日，飛揚跋扈為誰雄？」、「冠蓋滿京華，斯人獨憔悴。」頗能揭示他南北失路，一生志業無所著落的處境。

縱觀李白一生，積極求用，常懷濟世之情，期望「已將書劍許明時」，可惜三入長安皆無所斬獲，反身追求仙道，深嘆「富貴與求仙，蹉跎兩成空。」至於詩歌成就，曾自負地說「興酣落筆搖五嶽，詩成笑傲凌滄州」，並期勉自己「希聖有立，志在刪述」猶如孔子在文化事業一般有輝煌的功業；最終，雖然求仙、求仕皆無所成，卻為我們留下豐盛的詩歌，成為偉大的詩人，輝耀千秋。

杜甫和李白同為我國盛唐偉大的詩人，杜甫在天寶三載初識李白於洛陽，對李白之詩才佩服之至，後來曾寫下《寄李十二白二十韻》云：「昔年有狂客，號爾謫仙人。筆落驚風雨，詩成泣鬼神。」用驚天地、泣鬼神來形容李白詩歌是曠世絕倫之作。中唐另一位老嫗皆解的詩人白居易，也曾在〈與元九書〉稱讚李白：「詩之豪者，世稱李杜，李之作，才矣！奇矣！人不逮。」道出李白是才人、奇人。韓愈〈調張籍〉：「李杜文章在，光燄萬丈長。」也稱其詩歌萬丈光燄，不可忽視。這些偉大詩人皆向李白致上最高讚頌，其詩歌成就自是文學史上璀燦的扉頁，李白也甚以此自負，指出詩家之多，有如「眾星羅秋旻」，而自己志在刪述，是其中最閃爍的一顆明星，當可以「垂輝映千春」。

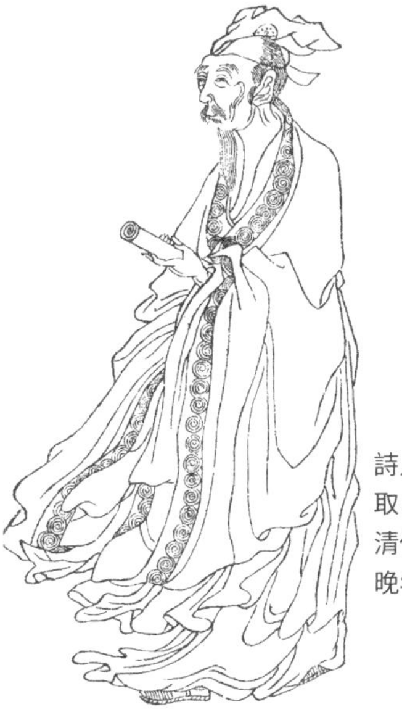

詩人白居易畫像
取自《晚笑堂竹莊畫傳》
清代 畫家上官周
晚年創作的人物畫像。

杜甫造像（石灣陶）。

凌爍千古的奇文

我們知道李白是中國偉大詩人之一，其實他的文章也寫得像詩一樣的令人驚艷。文詞華美，用字精賅，既有詩歌之意象美，又兼情理通透曠達，而且各種文體皆有，包括古賦、書、表、序、記、頌、讚、銘碑等作品凡七十餘篇。

他的堂弟李令問曾經說：「兄心肝五藏（即臟）皆錦繡耶？不然，何開口成文，揮翰霧散？」李白撫掌大笑，揚眉當之。面對他人稱美，完全不矜持，充滿了自傲。也曾自豪以天為容，以道為貌，大有睥睨群雄之姿，自負是位能「達則兼濟天下，窮則獨善一身之人。」唯有才者，方能如此狂放自得，也因此，讀其文章，必能感受其欬唾笑貌的真性情如在眼前。

在諸多文體之中，李白對於古賦，頗有鍾愛，曾經前後三次模擬《昭明文選》創作古賦。為何要寫賦呢？他認為賦是古詩之流「辭欲壯麗，義歸博達」，不然如何達致「光贊盛美，感天動神」呢？自云「十五觀奇書，作賦凌相如」，以作賦自擬司馬相如，則其對自己才華肯定，不言而喻，且亦展示其對賦的重視。雖則如此，對自己賦作不滿意，悉數焚毀，唯留下〈恨賦〉、〈別賦〉，今僅存〈擬恨賦〉，寫出松楸骨寒，浮生可嗟的悲慨。其後有〈大鵬賦〉以周旋天際的大鵬自況，寫出與藩籬斥鷃不同的氣度。我們在覽讀李白文章時，不僅體契他將古賦視為古詩之流，連序、書、碑、贊等文體皆體現「辭欲壯麗，義歸博達」的特色。

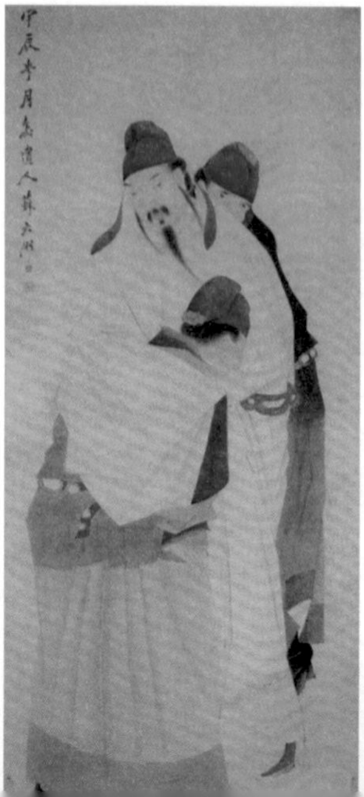

清代 蘇六朋作〈李白醉酒圖〉
上海博物館藏

李白之文，雖各體皆具，而以序為多，且最具代表，凡有二十篇。

「序」，是一種書寫文體，依功能與目的性可分為「書序」與「贈序」二種類型。「書序」是為書籍敘寫介紹性的文字，包括主旨、創作過程、詮評等內容；「贈序」是贈人以言，為遠行者敘寫關照或勗勉的文字。「書序」若依作者而分，有「自序」與「他序」二種，「自序」是作者自己書寫的序言；「他序」是為他人書寫序言。

李白序中以贈序為多，另有宴飲賦詩之序，亦有贈別之序。無論是宴飲之序或是贈序，抒情寫景，宛然在目，且文辭雅麗，造景清曠。所贈之人有從弟、好友、山人、上人等，內容多以大自然景色烘托幽情雅致。因李白好旅遊，自有奇山異水存乎胸壑，無論造境或寫境，皆可覽窺其汪洋恣肆的氣魄。

例如送朋友蔡十還家雲夢有「朗笑明月，時眠落花」的歡快，且以煙霞輔賞來襯托餞別宴的豪情幽賞；秋夜送孟贊府還都，寫當下林風吹霜，散下秋草的情景，並以「海雁嘶月，孤飛朔雲」之淒美來表現離傷。送元演隱居仙城山時，寫別酒寒酌，眾人喝醉青田酒而稍微留駐，讓夢魂曉飛，先度淥水而去，並期待來春相逢時必要「抱琴臥花，高枕相待」。

送戴十五歸衡嶽時寫下「江葉墜綠，沙鴻冥飛」情景，登高送遠，使人心醉的離情依依。送張祖監丞到東都洛陽時「平生酣暢，未若此筵」，寫下當宴之際雖同歡共樂，未免著染依戀難捨之情，揮毫縱歌仍有期待重逢之歡愉「想洛陽之秋風，將膾魚以相待」的深情。

清代 冷枚作〈春夜宴桃李園圖〉（局部）
國立故宮博物院藏

與諸從弟登龍興閣，寫出「晴山翠遠而四合，暮江碧流而一色」遠眺之美景，還疑是夢中，而迎風開襟，讓風吹衣袂，頗有宋玉雄風快哉之歡。送黃鍾到鄱陽湖時有「汀葭颯然，海草微落」之景；太原送別友人到長安，大肆張羅餞別宴，宴中羽觴電舉，高目遠覽，憑軒高吟，大有「屏俗事於煩襟，結浮歡於落景」之情，將瓊筵之中高歌賦詩美景俱現眼前，讓我們在千餘年之後，仍能想見那種歡情。

這些贈序，無論是寫當下送行情景，或是預想行者抵達之處所，敘寫手法大多以景寄情，或融情於景，將山水美景涵攝其中，是歡樂、是淒美，皆有增色添香之效。

而在這些文章之中，特能展現李白在歡宴中對生命的體會者，厥推〈春夜宴從弟桃花園序〉一文。文簡意賅，詞情豐美，義理通透，儼然是李白千古奇文的代表。

逆旅過客的桃李園歡會

〈春夜宴從弟桃花園序〉是詩集之序，屬「書序」一種，是李白三十七歲時在安陸與堂弟們春夜歡宴的詩集寫序，這是書序的一種變體，因盛會宴飲之樂，為銜觴賦詩者所寫的詩序，內容多敘寫歡宴的內容，而少及詩集的展演。

文學史紀錄文人雅士宴飲歡會重要的序集有西晉石崇〈金谷園詩序〉、東晉王羲之〈蘭亭集序〉、初唐王勃〈滕王閣序〉以及李白的〈春夜宴從弟桃花園序〉，形成前後互文關係，不僅讓我們看到文士雅集的歡會，也讓我們看到他們對人生不永的感喟；不僅為我們演繹一場精采的歡宴雅集，也為我們開發倏短隨化的人生思考。

對生命深沉的思考，石崇〈金谷園序〉寫出了「感性命之不永，懼凋落之無期」；王羲之〈蘭亭集序〉寫出了「倏短隨化，終期於盡」；王勃〈滕王閣序〉也有「天高地迴，覺宇宙之無窮；興盡悲來，識盈虛之有數。」三位都體現生命有限的悲感，唯有李白可以跳躍出這樣的框架而不會坎陷在其中，翻轉人生有限，一變而為「秉燭夜遊」的當下歡愉，讓我們驚服他能夠超邁塵俗的眷戀，而能有逸興遄飛的想望。

〈春夜宴從弟桃花園序〉從時空的高處拉開視角，宇宙浩瀚，時光悠渺，天地是萬物的客棧，我們不過是逆旅的過客，偶然寓居其中，空間不單是為我們開展，時間亦不為我們駐足，終有消歇殆盡之時。

在有限的時空之中，陳子昂也曾悲嘆「念天地之悠悠，獨愴然而涕下」那種索寞蒼茫的孤寂感，嵌進千古文人心緒中，無可排解。李賀〈古悠悠行〉「今古何處盡？千歲隨風飄。海沙變成石，魚沫吹秦橋。空光遠流浪，銅柱從年消。」也指出滄海桑田的變換，千年隨風飄逝，連海沙都變成石頭，銅柱也因歲月長久而消蝕。肉體人身的我人，又如何禁得歲月的摩挲？白居易〈浪淘沙〉：「一泊沙來一泊去，一重浪滅一重生。相攪相淘無歇日，會教山海一時平。」以潮水為喻，潮來潮往，浪生浪滅，我們都像是大海的潮汐一般，來了又走，走了

清代　黃慎作
〈春夜宴桃李園圖〉
泰州市博物館藏

又有新浪堆起，沒有人可以長久居留。我們皆是天地之間的過客，既為天地承載，又為天地涵育，卻沒有永生居留之權。

李白不僅揭示我們是逆旅過客，而且更深一層指出「浮生若夢，為歡幾何」，人生既如春夢一場，了無痕跡，如何面對浮生若夢終有翻然醒來的時候？古人秉燭夜遊早已啟示我們應當及時行樂，求歡求樂，何必等待呢？及時的迫切感縈懷，「當下即是」就是珍愛此生此世、此人此身、此時此刻最好的回報。何況正值春景爛漫，所有天地提供我們賞心悅目的美景，都是我人可珍惜寶愛的現場。是以，李白用天人之眼洞識有限人生，用超邁之思為我們擘開這種生存的有限性。浮生若夢，為何不歡不樂？李白以秉燭夜遊來扣「春夜宴」的及時行樂、當下即是的歡暢，每一刻歡愉皆是回報曾經擁有過的我人此身，曾經擁有過的易逝光陰，唯有及時行樂，才能回饋這一場燦艷的春夜，這一場人生之旅。

一年盛景當以春天為最美，而春天的美景有哪些呢？李白不寫彤雲暮彩，不寫旭日紫曛；不寫桃紅柳綠，不寫鶯燕巧囀，只用了「陽春召我以煙景」，「陽春煙景」四字似乎就要將春天美景映現眼前，以煙景點染春意盎然與蓬勃生機，以春和景明的氤氳之氣來概括春景無限，到處籠罩著似明未明的氣息，一切皆是氤氳朦朧的，教人有似清不清之感，才能感受大自然正以和暢之氣，蘊含著取之不竭、用之不盡的寶藏，是我們當下可以盡情享受的美感。聚會在桃花盛開的芳園裡，賞心悅目，燦艷的花顏向人盈盈開綻，芬芳美好的氣息讓人洋溢在融融的春夜裡。

是春夜之宴，也是人生之宴，把握住每一刻，就是將瞬間串接成千秋萬世的歡宴，將每一個轉瞬即逝的當下片刻，展演成最光華亮彩的霎那，人生，就在一場場的當下，形成了鮮亮的片段串成不可抹滅的記憶。

而能為美景增溫的不僅是大自然的春景，「序天倫樂事」更是人生難得的歡樂，與兄弟姐妹們齊聚一堂，暢敘幽情更是樂事。自二十四歲辭親遠遊，一個人在外面飄泊流移。此時在安陸的李白三十七歲，暫時過著安居的歲月，能與群季共開歡宴誠是人生至樂之事，雖然我們無法知道參與這場雅集盛宴者有誰，但是，群季相聚是天倫樂事，在交通不便、山水間關的唐代，應是一件不易之事。如何為美好的盛宴留下印記？如何銘刻這場天倫樂事呢？

歡宴之中，除了齊聚一堂，欣賞桃李美景，高談闊論，醉飲月下之餘，還要做一件事，那就是為盛會留下書寫的印記。「不有佳詠，何伸雅懷」，銜觴賦詩，是文人雅士最不可以錯過的事，金谷題詩、蘭亭賦詩、滕王閣留下名篇皆是為當時盛會增添高潮，也為後世留下品賞的名作。飲酒賦詩，方能樂其所樂，歡其所歡。唯有書寫才能記錄盛會宴飲歡樂；也唯有書寫才能為我人留下印記，不被時間所淘洗殆盡；唯有留下詩歌佳篇，才能抒寫當下的雅懷清談；也唯有抒寫當下之歡快，進而能夠以「立言」成就永恆不朽的記錄。

「如詩不成，罰依金谷酒數。」是的，李白深向石崇金谷園文人雅士聚集盛會致意，形成西晉與盛唐的互文。金谷盛會的罰則是什麼呢？〈金谷園序〉云：「遂各賦詩以敘中懷，或不能者，罰酒三斗。」罰酒三斗果真是為了罰酒

明代 仇英作
〈春夜宴桃李園圖〉
國立故宮博物院藏

嗎?實則詩酒本為良伴，酒是催發詩興的觸媒，多喝點酒，便可創作，便能與大家同歡共樂，讓整個雅會昇華到與天地萬物不朽的立言書寫之中。「佳詠」，成就立言不朽，既回應了秉燭夜遊的當下即是，也為我們留下豐美的文士雅宴盛會之歡。

全篇結構首先從宇宙浩瀚拉開宏闊的視野，直視生命的有限性，如何抗拒這種有限?及時行樂才不辜負暫如過客的此生此世、我人我身，從當下即是開展秉燭夜遊的歡會，又能往上承接「夜宴」扣題開展。接著，續寫春夜美景，歡宴雅集，除了暢敘天倫樂事、高談清雅之外，必有銜觴賦詩以記歡樂盛事。四個層次的起承轉合巧妙承接，讓整篇文字雖精短僅百餘字，卻飽涵豐富的意象與意境，遂與〈金谷園序〉、〈蘭亭集序〉、〈滕王閣序〉成為曠世名文。

肆．再做點補充

穿古越今的名篇佳句

李白是我國不世出的偉大詩人，隨著不同年齡層，而有不同的閱讀興味。最膾炙人口的是〈靜夜思〉：「床前明月光，疑是地上霜。舉頭望明月，低頭思故鄉。」成為兒童朗朗上口的名詩；〈長干行〉：「妾髮初覆額，折花門前劇。郎騎竹馬來，繞床弄青梅。」摹寫兩小無猜之情；〈古朗月行〉：「小時不識月，呼作白玉盤。」敘寫童稚對月的不解與疑問；〈早發白帝城〉：「朝辭白帝彩雲間，千里江陵一日還。兩岸猿聲啼不住，輕舟已過萬重山。」是流放夜郎放還的詩歌，將死裡逃生的喜躍心境刻摹入裡，「輕舟已過萬重山」也成為一種象喻，用來形容渡越千辛萬苦之後輕快自在的心境，也用來譬況人生艱辛之後的自得自適。

〈將進酒〉也是一篇名作，「君不見，黃河之水天上來，奔流到海不復回。君不見，高堂明鏡悲白髮，朝如青絲暮成雪。」先從時空寫光陰流逝不回，再寫當下應及時行樂的歡愉：「人生得意須盡歡，莫使金樽空對月。」尤其是「天生我材必有用，千金散盡還復來。」點撥世人，每個人活在世上皆有其用，皆有可用，莫使金樽空對月。尤其用「古來聖賢皆寂寞，惟有飲者留其名」寫出及時行樂的歡愉。人生，無可無不可，什麼是人世最值得追求的呢？在歡會之中，享受當下，享用歡飲之樂，便是最美的當下，最後用「與爾同銷萬古愁」來解消人世困厄，解消有限存有。這句詩幾乎成為超越古今愁緒的高標，李白所以為李白，總在最陷落時有上揚的氣概，讓自己不會摧陷在悲情與困境之中。

〈宣州謝朓樓餞別校書叔雲〉又是另一種自我期許與曠達超越的思維。以「蓬萊文章建安骨，中間小謝又清發」作為文章華國自我期許，以「俱懷逸興壯思飛，欲上青天攬明月」寫出超曠逸懷，而以「抽刀斷水水更流，舉杯消愁愁更愁」來喻示人世愁緒無窮無盡，當能奈何呢？接著以「人生在世不稱意，明朝散發弄扁舟」超越人世困限，寫的是不必被客觀形勢所羈紲，不稱意之事太多了，何必為此而心煩意憂呢？散髮弄扁舟，代表的是一種「狂」，「散髮」

張大千作〈長江萬里圖〉（局部）國立歷史博物館藏

寫的是自在，不受拘束，而「扁舟」象徵在大海無邊任我逍遙。超越人世框架，如何活出自己，讓自己有主體性而能自在自然？悠遊在滄海之中，猶如在浮世之中活出更自在的人生，是無人可框限的。

除了敘寫個人的心緒起伏跌宕之外，也有以歷史深度審視古今興衰，登金陵鳳凰台寫下：「鳳凰臺上鳳凰遊，鳳去臺空江自流」寫出索漠敻絕之感；「吳宮花草埋幽徑，晉代衣冠成古丘」寫的是繁華過眼的歷史，在感喟之餘，仍然回應時代的變局：「總為浮雲能蔽日，長安不見使人愁」以浮雲蔽日寫出憂心國勢日頹的悲緒。

這些詩歌展現李白不同心情流轉之下的敘寫，也表現出書寫的廣度與深度。

排宕奔騰的歌行體

最能表現李白排山倒海、萬馬奔騰之勢的是歌行體，〈蜀道難〉：「噫吁戲！危乎高哉！蜀道之難，難於上青天！蠶叢及魚鳧，開國何茫然。」以散文化詩句參差錯落排宕成奔放的氣勢，似將蜀道高峻之空間感與開國神話時間感，用一種雄渾與滄茫之勢渲染而出，且意象鮮明的續寫「黃鶴之飛尚不得過，猿猱欲度愁攀援。」高險的蜀道連飛鳥皆不得飛越，猿猴也無法攀爬度越。以此極力形容其山勢險峻。

記夢、遊仙之詩亦不能錯過〈夢遊天姥吟留別〉：「海客談瀛洲，煙濤微茫信難求。越人語天姥，雲霓明滅或可睹……欲因之夢吳越，一夜飛度鏡湖

蜀道之難，難於上青天！

月。」句式錯落，兼用騷體：「霓為衣兮風為馬，雲之君兮紛紛而來下。」全文既寫天姥山是道教列為第十六洞天福地之高聳奇幻，又寫自己登臨時乍見奇瑰麗景的驚嗟，最後寫出睥睨不屑佞倖小人的作為：「安能摧眉折腰事權貴，使我不得開心顏。」以不事權貴來宣洩政治上的鬱結之氣。善用屈原遐想天外的筆法還有〈梁甫吟〉：「我欲攀龍見明主，雷公砰訇震天鼓。」運用遠遊手法寫自己乘龍上天欲見玉帝，卻遇到雷公轟轟震鼓威赫。

最能表現狂狷氣勢的是〈廬山謠寄盧侍御虛舟〉：「我本楚狂人，鳳歌笑孔丘。……五岳尋仙不辭遠，一生好入名山遊。」將一生壯遊的豪狂之氣與求仙訪道之心表露無遺，既寫出性情之狂，亦寫出求仙之殷切，文字縱橫酣暢，絕不刻鏤做作。

清麗雋永的七絕

除了氣勢滂薄的歌行體之外，還有清新的七絕亦有雋永、深遠、清麗之作，例如〈贈汪倫〉：「桃花潭水深千尺，不及汪倫送我情。」以「比法」寫出乘舟將行，汪倫相送之深情厚意。聽聞王昌齡左遷龍標時寫下了「我寄愁心與明月，隨風直到夜郎西。」刻畫愁緒託寄明月的心情流轉。送孟浩然時寫下「孤帆遠影碧空盡，唯見長江天際流」的空遠曠渺、駐立凝望相送之情。這些皆是李白清麗芊眠之作。

王士禎曾在〈戲仿元遺山論詩絕句三十二首．其三〉：「青蓮才筆九州橫，

孤帆遠影碧空盡，惟見長江天際流。

六代淫哇總廢聲。白紵青山魂魄在，一生低首謝宣城。」鐫刻李白橫逸九州、氣貫六朝的詩歌成就，也揭示李白對謝朓的尊崇愛慕。李白曾七遊宣城，只因謝朓曾在此地擔任太守，曾有「蓬萊文章建安骨，中間小謝又清發。」對謝朓致意；也曾有「月下沉吟久不歸，古來相接眼中稀。解道澄江靜如練，令人長憶謝玄暉。」道出知音難遇，只能對景長憶謝朓，排解這種滄茫沉鬱的千古知音之感。王士禛頗能契會李白之意，而隔世之後的我們，又當如何解讀李白？如何叩問知音呢？

唯有飲者留其名

酒，是詩人的好友，歡樂時必以酒助興，悲悒時亦以酒消愁。喝酒，儼然是千古詩人孤寂下的慰藉。李白好飲，自稱酒中之仙，同樣嗜好杯中物者前有陶淵明，有〈飲酒詩〉二十首。

面對有限人生，陶淵明有「一生復能幾，倏如流電驚」，李白也寫出「浮生若夢」同樣的感喟。雖然二人對人生短促的感受一樣，但是，同樣是喝酒，李白與陶淵明仍有不同，陶淵明是反樸歸真，樂在田園之樂；李白是激憤排宕，故作狂歌姿態。陶淵明第十四首云：「不覺知有我，安知物為貴。悠悠迷所留，酒中有深味！」酒中深味是能忘我，遂能為之痴愛迷狂；第十九首：「世路廓悠悠，楊朱所以止。雖無揮金事，濁酒聊可恃。」雖無黃金可揮霍，卻有濁酒聊慰平生之快；第二十首：「若復不快飲，恐負頭上巾。」昭示人生必須痛飲，

田園詩人陶淵明畫像
取自《晚笑堂畫傳》

方不辜負為人。

陶淵明〈飲酒詩〉雖揭示此中真意、欲辨忘言的況味，卻是放下俗務歸回田園之後的澄淡，面對的是真實的自我，體現出任真自得的興味；而李白的狂歌痛飲，是仍在俗世紅塵中奔走衝撞，處在汙濁混世之中展現既孤且狂的快意淋漓。

孤獨時李白如何排解？「花間一壺酒，獨酌無相親。舉杯邀明月，對影成三人。」就算是一個人，也要歡樂，也要製造可喜可樂的場景。「暫伴月將影，行樂須及春」又和「秉燭夜遊，良有以也」一樣，享受當下，這就是李白，分明是孤寂一人，不僅扛得住寂寞，也要將自己活出淋漓盡致的歡愉，將孤寂場景演成生色的三人共舞歡樂，將敻絕孤寞演繹成寂中有歡的盛會。

〈把酒問月〉：「青天有月來幾時，我今停杯一問之。」將浩瀚宇宙與索漠人世的時間作一綰合，從神話與空間感受，拉出時間的綿渺空曠，將孤高出塵的個人，從浩瀚之中拉出定位點，「我」停杯一問，點出了吾人此身的意義，最後以「唯願當歌對酒時，月光長照金樽裡。」寫出了及時行樂之祈願。

「抽刀斷水水更流，舉杯消愁愁更愁。」就算是愁上加愁，仍要狂歌痛飲，「呼兒將出換美酒，與爾同銷萬古愁。」一飲解愁，不必珍惜千金馬、五花裘，因為千金散盡還復來。更有「人生得意須盡歡」，這就是一種當下即是的態度，好好活著，好好享受，不負天地逆旅之承載我人我身，不負百代過客之遽爾匆匆。

李白留給我們的不僅是得意盡歡的飲者留名，更是天上謫仙人般的恣肆縱橫不可控捉的逸才與詩興，回應了桃李芳園、天倫樂事的歡快。（林淑貞）◆

舉杯邀月飲，行樂須及時。

10 新詩三首之一・二度降臨

葉慈是二十世紀英語世界最重要的詩人之一。他的作品充滿了玄學氛圍與愛爾蘭文化的魅力。這首〈二度降臨〉是他最著名的代表作之一，讓我們領略他如何透過神秘、迫人的意象，詮釋著他所關注的人類命運與對歷史宿命的理解。

壹・作者與出處

威廉・巴特勒・葉慈（William Butler Yeats，一八六五～一九三九），是愛爾蘭詩人、劇作家、作家，也是二十世紀英語文學最重要的人物之一。他對於「愛爾蘭文學復興」有很大的貢獻，也曾擔任過兩任參議員。

葉慈出生於愛爾蘭的森蒂蒙，是有著盎格魯愛爾蘭血統的新教徒後裔，父親本來學習法律，後來改行作藝術家，母親來自史萊格郡的殷商家庭。他們家族都有濃厚的藝術天賦，出過幾個畫家，並活躍參與當時的藝術運動。

葉慈的童年常常待在史萊格郡，對當地景觀有很深的印象和情感，後來在作品中成為個人和象徵意義上的心靈故鄉。

一八六七年，為了父親的藝術家生涯，全家曾搬往英國。一開始在家接受教育，他的母親常常用愛爾蘭民間故事來啟蒙年幼的葉慈，父親則不定期教他化學、地理，並帶他到處探索自然。一八七七年葉慈進入戈得芬學校就讀但成績平庸。一八八〇年回到都柏林，並在此繼續完成學業。

由於父親職業的關係，他很早就認識了當地許多作家和藝術家，並開始寫詩，一八八五年「都柏林大學評論」發表了葉慈的第一首詩和一篇文章。一八八六年個人出版一首戲劇詩《莫薩達》，一八八九年出版詩集《奧辛的流浪和其他詩歌》。一八九六年葉慈和友人更積極推動民族主義和愛爾蘭元素的文學作品，開始了「愛爾蘭文學復興」運動。一八九九年這些人又建立了「愛爾蘭文學劇場」來發展理想中的愛爾蘭戲劇。

雖然和喜歡自由體的現代主義詩人頗有淵源，葉慈的詩作形式是傳統的。早期風格受到斯賓塞、雪萊和前拉菲爾派詩人的影響，接著是愛爾蘭民間傳說、神話與異教氛圍。詩人威廉·布萊克的作品對他的影響也頗為深遠。在劇作上還受到法國象徵主義和王爾德的影響。

二十世紀開始，他的詩風從青年時的超越與純粹開始改變，變得具體、紮實、富於現實性和政治化，也成為愛爾蘭文學劇場重要的劇作家。

雖然積極參與當代事物，並勇於發言，葉慈一生中對於神秘主義、召靈術與泛靈論都非常感興趣，因此晚年耽溺於玄學、神秘學甚至印度宗教，樂此不疲。但是包括〈航向拜占庭〉等系列經典作品也是在後期完成。

葉慈於一九二三年得到諾貝爾文學獎。獲獎原因為「始終充滿了啟發性的詩歌，它們以高度的藝術形式表現出整個民族的精神。」他則認為這個榮耀是把他個人視為愛爾蘭文學的代表，是歐洲歡迎一個獨立愛爾蘭的表示。

葉慈的情感生活充滿了波折，一九一七年五十二歲時才和二十五歲的喬治海德里斯結婚。婚姻基本上是成功的。晚年時健康大不如前，疾病纏身，一九三九年一月在法國芒通的酒店去世，享年七十三歲。

〈二度降臨〉寫於一九一九年第一次世界大戰終結之際，並於一九二〇年發表在《日晷》月刊十一月號。該詩藉著宗教、幻象表達了葉慈對歷史循環的詭譎預言。葉慈〈二度降臨〉一詩後收錄於其一九二一年出版的詩集《邁克爾・羅巴蒂斯與舞伴》（Michael Robartes and the Dancer），為其中期代表詩作。葉慈的〈二度降臨〉不僅是對力量的解放，同時也是其思想與想像力的釋放，尤其歷史循環論更整合了他對現實與神秘的體察。

貳．選文與注釋

迴旋又迴旋於擴開的螺旋[1]
獵鷹聽不見馴鷹者了；
萬物散裂；中心失控；
絕對混亂縱放於全世界，
血汙的潮水四漫，各地
純真的祭典已告陷溺；
最善者失去所有信念，
至惡者充滿激情熱勁。

顯然有些啟示已迫眉睫；
顯然二度降臨[2]就在眼前。

1 螺旋：熟習玄學與神秘主義的葉慈，對於世界與文明的演化進程有一套自己的說法，並用一組對立、相疊的雙圓錐體的辯證關係，來解釋這有正有反的歷史動能。詩中的螺旋，或迴旋，指的就是這正在加速變動中的雙錐螺旋。文中另有詳細說明。

2 二度降臨：基督宗教《新約聖經》最後一卷，是對於未來的預言的〈啟示錄〉；相傳是耶穌的門徒約翰所作。在這卷經書中，主要預言了世界末日以及末日之前的種種徵兆（七封印）和過程（七支號角）；預言了上帝與撒旦最後的戰爭（哈米吉多頓）；預言了基督的「二度降臨」以及最後的審判。這些關於人類命運的終極圖像對基督徒有重大的意義與影響。「二度降臨」所象徵的重大災難與對人類罪行的最終審判，意味著世界末日或文明毀滅，也成為葉慈有感於文明動盪、世局混亂（第一次世界大戰、俄國大革命、愛爾蘭動亂……）所發出的沉重警告。

二度降臨！這話才說出
來自宇宙原靈[3]的巨像便
凌駕我的視野；荒漠沙丘某處
一獅身人首[4]的形影，
空洞冷酷如烈日的凝視，
正移動緩緩四肢，其上
盤繞激憤沙漠群鳥之影，
黑暗重新罩下；但此刻我了悟
那二十個世紀的石般沉睡
已被晃動的搖籃攪為惡夢，
而是何等猛獸，最終牠的時刻到來，
蹣跚邁向伯利恆[5]誕生？

（羅智成譯）

3 宇宙原靈：Spiritus Mundi，是葉慈在此詩作中一個廣被討論的詞彙。本是拉丁文名詞，字面上的意思為「世界靈魂」（World spirit）。葉慈個人將之理解為「宇宙的記憶和詩人靈感的繆思」，認為它是所有意象與象徵的來源，是人類的集體潛意識。所以譯者將之譯為「宇宙元（原）靈」。作為一個受各種玄學影響很深的詩人，他是打從心裡相信，人類的心靈與形而上的更超越的存在是有聯繫的。甚至和篤信秘教的年輕妻子嘗試過類似體驗。

4 獅身人首：在此明顯是指埃及吉薩卡夫拉金字塔邊巨大的獅身人面像。這座石像是如此古老、出名，但是身世如謎，並非兩千年後希臘神話中同名的斯芬克斯。他出現在這首詩裡，更大的可能是因為啟示錄中提到，在世界末日時會出現一隻（從無底坑來的）獸，所以獅身人首可能象徵著現身來執行世界末日或二次降臨的巨靈。

5 伯利恆：伯利恆位於巴勒斯坦西岸地區，是基督宗教創教者耶穌誕生之地。也是基督教徒的朝聖之地。當巨大的獅身人面像朝伯利恆靠近，「是去準備誕生嗎？」葉慈在詩中這樣問，原本二度降臨的應該是基督，但是顯現在我們面前的卻是陌生、迷樣的巨靈，反而散發出一種巨大、不祥的預感。

參．可以這樣讀

失控的鷹對災難的預視

葉慈〈二度降臨〉全詩一開始以迴旋、螺旋，提供讀者強烈的視覺造型。迴旋、螺旋不只是靜態的，更帶有力量感，第二行的「獵鷹」為力量提供了具象。迴旋、螺旋的獵鷹，不是放飛的紙鳶，但確實牠曾是被馴鷹者所要馴化的對象。失控的鷹，是否是自由，回到本／野性的隱喻？從詩行中的情境意象「萬物散裂；中心失控；／絕對混亂縱放於全世界，／血汙的潮水四漫」所呈顯的災難感，可知失控的鷹，象徵的並非自由，而是由馴鷹者所代表人類世界的失序感。以人為中心的世界，中心不再，人的主體感也頓然失重，飄盪於海面暈開的漩渦螺旋。

在此詩境的天地災異，及所寄寓主體惶惶惘惘的死亡威脅，並非突然，也非一時。葉慈詩作定名〈二度降臨〉，這「二度」是為重返，乃是直指西方重要的基督教之《聖經》末世審判預言。蓋依照基督教傳說，耶穌基督將在升天一千年後重新降臨人間，經過審判後建立幸福聖潔的千年王國，亦即所謂的千禧年。在十九世紀終結，轉折至二十世紀之際，歐陸陷入世紀末情緒，而二十世紀初的第一次世界大戰，更強化了這份群體心理狀態。因此，〈二度降臨〉第一段彷彿正如一個世紀末的時代段落——由失控之鷹啟頭，由堆疊的災難巨變終結。

迴旋、螺旋的獵鷹，不是放飛的紙鳶，但確實牠曾是被馴鷹者所要馴化的對象。

歷史騷動的巡迴

第二段如同一份對再臨末世的點名，詩人細寫「二度降臨！這話才說出」具有聲音重複指涉的感覺，「二度降臨！」已顯現，詩人又再指涉「二度降臨！」是處於「被說出」的狀態，使得「二度降臨！」如被堆疊的油彩，產生厚重的焦點感。厚重的音感，恰正對應那來臨的「宇宙原靈的巨像」之重量。詩人也調動了獅身人面像，這已陷在歷史與沙漠中，靜寂復又死寂的埃及意象。埃及意象，相對於葉慈所處的英語世界，帶有異國情調。在大航海以致於帝國主義時代下，非洲埃及對英語世界來說雖是可及的異域。但其悠遠的歷史，以及別具風格的金字塔、人面獅身像，仍帶給英語世界別具魅力的視覺想像。

詩人調動著埃及獅身人面像，正也在隱喻「歷史敘事」，也存在著西方人所理解之歷史，還存在另一個版本。對神秘學與星象學的探求，使得葉慈並不信任單一的信仰與神話。這首詩被詩人葉慈擇選，而座落於詩行的埃及獅身人面像，於是成為了如此的銘記——儘管「二度降臨」這話語根源於基督教神學敘事，但葉慈也仍懷疑再度降臨的，那基督教神學敘事的結果。曾被沙漠流沙掩沒，陷入無比深眠的巨型埃及獅身人面像「正移動緩緩四肢」，如此巨型的身體空間擴展，彷彿將打開、撐開另一世界的裂隙。這一如《聖經》中神分

獅身人面像，這已陷在歷史與沙漠中，
靜寂復又死寂的埃及意象。

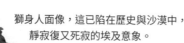

開日夜天地，也一如埃及神話中空氣之神舒，分開自己的子女——大地男神蓋博，以及天空女神努特。

「二十個世紀」沉睡之埃及獅身人面像的甦醒以及其移動，他的動機從「已被晃動的搖籃攪為惡夢」可見，是被裹藏他的世界搖籃攪動的惡夢而起。「二十個世紀」就計算年代的概念上，則是西方以耶穌誕生之年作為紀元起點。一個世紀即為一百年，二十個世紀為兩千年，也是詩人葉慈寫作此詩的時代，因此惡夢之所指，明顯正是那現代性的騷動不安。如此現代性的騷動不安，肇因於科學革命後，大量生產工具乃至於戰爭機器的現代化，使得帝國主義、資本主義擴張，所引動的一系列經濟資源剝削跟殖民地爭奪衝突，終而引爆大規模跨國界世界大戰。

葉慈寫作〈二度降臨〉一詩時，正是第一次世界大戰之尾聲，俄國也爆發十月革命，而與葉慈生命精神息息相關的愛爾蘭，則以「黑褐戰爭」透過襲擊英國雇傭警察而開啟了獨立戰爭。詩人卻以「二度降臨」指稱這一系列戰亂感受，明顯認為這些衝突將不會終結，而會以另一型態終將再返。因此在一九三六年爆發西班牙內戰，納粹德國也與法西斯義大利、日本簽訂合作條約，日本也虎視眈眈將侵略中國，整個世界局勢即將走向第二次世界大戰時，葉慈於該年四月十八日曾致信給曼寧：「我不曾沉默，我用了我所擁有的唯一載體——詩歌。如果你手邊有我的詩集，就查找一首叫做〈二度降臨〉的詩。那是十六七年前寫的，預言了現在正在發生的事情……我並非麻木不仁，面對歐

洲正在發生的事情，『純真無邪的典禮儀式被淹沒』，每一根神經都因恐懼而顫抖。」葉慈自我對〈二度降臨〉的回顧，同時也為此詩定下「預言」的位置。歷史災難形成了在時間歷程的鏡像，鏡像所擁有的圖像細節，不只是一個全然的圖像複製，它具有一種將被投影物之對稱狀態，予以影像對倒的特性。例如：人站在鏡子前，仔細觀看其鏡像，是左右相反，卻不是上下顛倒。正是因為人的身體形象，主要為左右對稱，而非上下對稱。而鏡像也被提供為符號密碼的運用，例如「202」在鏡像中顯現為「SOS」。

歷史反覆如循環

在葉慈〈二度降臨〉中最後段落，從人面獅身「其上／盤繞激憤沙漠群鳥之影，／黑暗重新罩下」，我們看到了跟開頭段落，迴／螺旋飛行的失控獵鷹相呼應的意象。這份呼應，是葉慈歷史循環論概念的鏡像再返。葉慈在“The Variorum Edition of the Poems of W.B. Yeats”曾如此申論：

> 所有活著的心靈都同樣具有一種基本的數學運動，無論是適應特定環境的植物，動物還是人類之中的；如果你發現了這種運動並計算出其種種關係，你就能夠預言那心靈的整個未來。他們的信仰中有一種頂級的宗教行為是集中意念於這種運動的數學形式，直至全人類或某個人的全部過去和未來都呈現在心智之前，彷彿剎那間就完成了。那極樂幻景到來時，其強烈程度要依這種實修的強烈程度而定。以這種方式就有可能看到死亡本身被標記在數學圖

義大利畫家波提且利（Sandro Botticelli）以但丁的《神曲》裡描述的地獄形式，畫成一個上寬下窄的漏斗，共9層。第一層是靈薄獄，生於基督之前，未能接受洗禮的古代異教徒，在這裡等候上帝的審判。在其餘8層，罪人的靈魂按生前所犯的罪孽，分別接受不同的嚴酷刑罰。梵蒂岡宗座圖書館藏

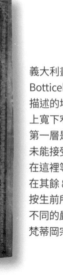

形之上，後者越過前者，跟隨靈魂進入最高天界和最深地獄。……靈魂寄居於肉體之中，或還在受前世的果報時，圖形常常被畫成雙圓錐體，每個圓錐體的尖端位於另一個的底部中心。

在葉慈的時間歷史認知中，人類群體的歷史時間之活動，可由數學幾何圖像進行標示，而這個幾何圖像是由兩個圓錐體的交疊所表示。這個交疊具有空間感，在一個圓錐底部，為另一個圓錐頂部所觸碰。如果一個圓錐代表一個時代區間，那其底部平面被另一圓錐端點觸碰的狀態，正暗示一種發生的微末起點。兩個圓錐的鏡像與對倒觸碰，也暗示了歷史的回轉。如此圓錐的狀態，也正是失控獵鷹、沙漠群鳥迴旋放飛之數學幾何模型的樣態。而當失控獵鷹、沙漠群鳥迴旋高飛，逐次拉高的空間中，也湧漲、堆疊了時代的種種災難與陰影。

葉慈這樣歷史錐體的造型，也與但丁《神曲》對地獄如九層漏斗的描述類似。特別是但丁《神曲．地獄篇》第十七章第一二七至一二九行，但丁與維吉爾正是搭乘怪獸格率翁，以盤旋而落之姿，抵達了地獄第九層。在葉慈〈二度降臨〉獵鷹、沙漠群鳥也以其盤旋放飛，動態地勾勒了一個現世災難感的規模。當然，這歷史復返的預言，也能在葉慈所追尋的凱爾特文明找到根源。

整體來看，葉慈〈二度降臨〉歷史循環論一如織衣，交織了他對不同宗教、文化系統的擇選，裡頭的末世預言，銷毀了文明甚至救贖發生的想像。是以全詩以甦醒的獅身人面巨獸，「蹣跚邁向伯利恆誕生」為終結。當耶穌降生，牧

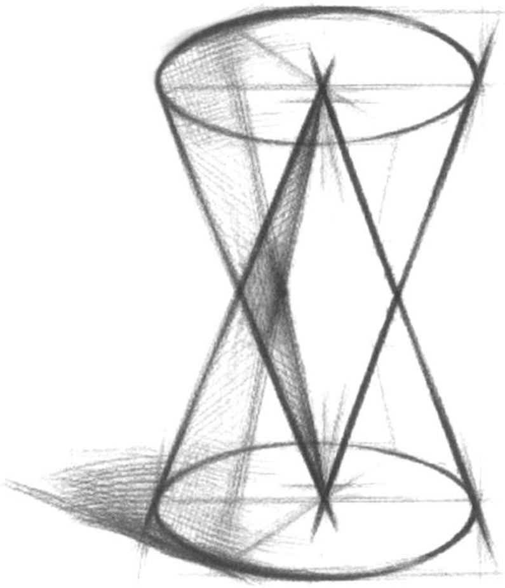

兩個圓錐的鏡像與對倒觸碰，
也暗示了歷史的回轉。

法國雕塑大師
奧古斯特．羅丹
（Auguste Rodin）
以但丁《神曲·地獄篇》
為主題的雕塑：
《地獄之門》，
作於 1880-1890 年間
巴黎羅丹博物館藏

羊人看見伯利恆之星閃耀指引著人們尋覓見證，這前抵的獅身人面巨獸，是要膜拜，又或者相反地脅迫那隱喻著將來人世的救贖？詩人為此詩留下疑惑，正也是對所預言的歷史將來，內心的惘惘不安。

肆．再做點補充

在〈二度降臨〉那不斷重返的歷史悲劇外，葉慈另有一首能照見生命溫柔的經典詩作〈他祈求天堂的衣裳〉：

倘若我有天堂錦繡的衣裳
鑲織以金和銀的彩光
那湛藍與昏鬱與黑暗的衣裳
屬於夜晚和天光和將亮未亮

我將把這衣裳鋪在你的腳下
但貧窮的我，只有我的夢想
我已把我的夢攤在你的腳下
輕輕踩，因為你踏在我的夢上

（羅智成譯）

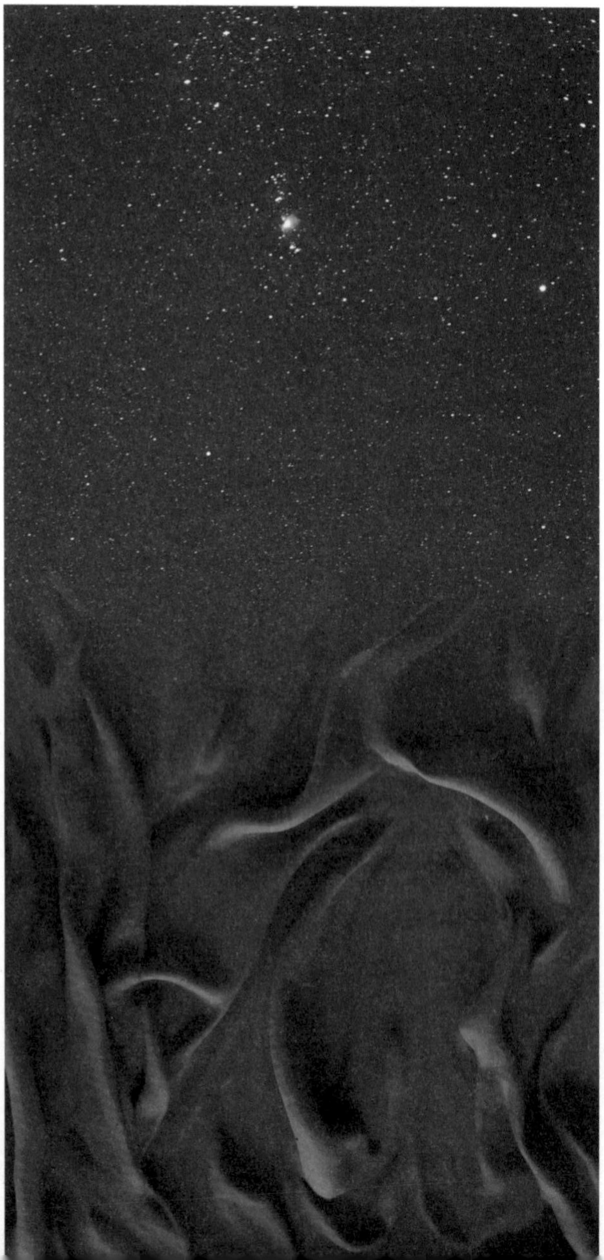

相對於葉慈〈二度降臨〉對末世災變的預言，在〈他祈求天堂的衣裳〉中葉慈則展現了對年輕生命的溫柔。全詩第一段細緻地以天堂織衣，錦織豐富細膩的天色變化：金銀彩光、湛藍、昏鬱、黑暗。這都是一日之間如果細加體察天空，所能在我們視覺心理體察的天色。詩中的我將之紡織為衣裳，在物質匱乏的生活中，自我對世界的觀察力與想像力，成為自我珍寶。

這件來自於天光的衣裳，可以另外呼喚它為「夢想」，在時光的將來中兌現。而在詩的第二段，貧窮的我卻將這件自我珍視的天光衣裳，攤在你的腳下，展現儘管並不富裕的我，是如何願意將自我的夢想與你分享。這裡展現了你與我之間，可能存在上與下的權力關係。在生命現場中，當有人願意與你共享他心中的夢想時，詩人藉著這件來自天堂的織衣，告訴我們應當溫柔以對，如嬰兒般也為他呵護這份夢想。

（解昆樺）◆

新詩三首

之二・雁

白萩是臺灣前輩詩人中參與主要詩社最多的一位。
他的詩作量多質精，也廣受歡迎。
這首〈雁〉就是他最被傳誦的代表作之一。
藉由雁群的不斷飛翔、追逐的宿命，
象徵人類永無休止的重複與追尋。極具現代主義的精神。

壹・作者與出處

白萩，本名何錦榮，一九三七年生於台中。自幼敏感的他，童年並不快樂：一方面是父親經商失敗，導致全家經濟陷入危機，生活十分困頓；另一方面，成長時遇到日本戰敗大舉撤離，國民政府又因內戰轉進來台，動盪的時代氛圍及語言的全盤轉換，讓他內心充滿疑惑不安，也形成勤於思考的習慣。性格內斂卻亟思反抗的他，把要說的話與想做的事都置入文學之中。白萩最初接觸的是傳統詩，一九五二年起開始閱讀新詩後受其吸引，嘗試將習作投稿報刊。十八歲那一年，他以一首〈羅盤〉獲得中國文藝協會第一屆新詩獎，並因此被冠上「天才詩人」稱譽。三年後白萩出版處女作《蛾之死》，這是一本從四百多首詩作中精選出的個人詩集，足以證明他當時充沛的創作能量。在那個語言劇烈轉換的年代，罕有本省籍作者能像白萩一般，靈巧流暢地運用白話文來作詩。作家張秀亞便曾稱讚：「乍讀白萩先生的作品時，我即為其中蘊蓄的豐富，句法的獨創，意象之新奇而敬佩不止。」

因為在詩壇出道甚早，又與外省籍詩人常有交往，白萩早期曾加入紀弦倡議成立的「現代派」，也參加過「藍星」詩社，並擔任過「創世紀」詩社的《創世紀》編委。後來他又成為「笠」詩社發起人之一，主編過《笠》詩刊，至此可謂是唯一能夠跨越台灣一九五〇、六〇年代四大詩社（現代詩、藍星、創世紀、笠）的詩人。無怪乎作家林燿德曾說：「白萩是一個集大成者，也是一個開拓者」、「在五〇年代崛起的詩人之中，白萩的血緣最為複雜」。

一九七二年後白萩作品產量銳減，但一九七七與八二年的兩次台灣「十大詩人」選拔他都同樣列名其中，當可說明其人其詩仍然深受敬重與肯定。白萩著有詩集《蛾之死》、《風的薔薇》、《天空象徵》、《白萩詩選》、《香頌》、《詩廣場》、《風吹才感到樹的存在》、《自愛》、《觀測意象》與詩論集《現代詩散論》。自一九六二年起，他的作品陸續被翻譯為法文、英文、日文、德文、韓文等不同版本，其中德文版詩集更是台灣文學的德文首譯。

這首〈雁〉原刊於一九六六年一月出版的《創世紀》第二十三期，後收入一九六九年由田園出版社印行之個人詩集《天空象徵》。

貳．選文與注釋

我們仍然活著。仍然要飛行
在無邊際的天空
地平線長久在遠處退縮地引逗著我們
活著。不斷地追逐
感覺它已接近而抬眼還是那麼遠離

天空還是我們祖先飛過的天空。
廣大虛無如一句不變的叮嚀
我們還是如祖先的翅膀。鼓在風上
繼續著一個意志陷入一個不完的魘夢[1]

1 魘夢：惡夢。魘：音ㄧㄢˇ。

在黑色的大地與
奧藍[2]而沒有底部的天空之間
前途祇是一條地平線
逗引著我們
我們將緩緩地在追逐中死去，死去如
夕陽不知不覺的冷去。仍然要飛行
繼續懸空在無際涯的中間孤獨如風中的一葉
而冷冷的雲翳[3]
冷冷地注視著我們。

2 奧藍：深藍。
3 雲翳：陰暗的雲。

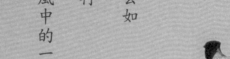

參．可以這樣讀

白萩的詩創作歷程可以劃分為四個階段：第一階段以詩集《蛾之死》為代表，展現出現代主義手法與前衛實驗性格，也收錄了多首圖象詩創作的嘗試。第二階段以《風的薔薇》為代表，思考與探索個人的存在處境，反映自身無從解脫的孤獨感受。第三階段則相當不同，詩人體認到詩不該只重視形式方面的變化革新，而應追求如何表現現實生活的感觸，在詩語言運用上也開始盡量以淺顯的口語入詩，企圖以此逼近事實真相，《天空象徵》、《香頌》、《詩廣場》等詩集皆可劃入此一時期。第四階段因工作繁忙導致創作量大減，《觀測意象》只選錄了二十年的二十首詩作。

整體看來，白萩受益於多元的語言背景與各方的文藝思潮，影響並造就了他多變的詩風。作為一名詩人，他致力於對自我存在、生命價值與生活感受之探討，雖帶有悲劇意識卻並不陷溺於其中。白萩可謂兼具現代主義和寫實主義兩者之長，卻又能走出自己獨特的道路。論前衛性與實驗性，他在台灣同世代詩人中必屬先鋒；論走向現實及直面生活，他的日常感與批判性，同樣在當代詩壇別具一格，無可替代。可惜能詩也能畫的詩人，後來為疾病所困，行動不便，只能黯然停止文學創作。

詩集《天空象徵》共收錄白萩三十四首詩作，並分為三輯：「以白晝死去」、「阿火世界」和「天空與鳥」。這階段創作跟之前有著巨大的轉變，詩人開始改用平易而不艱澀的語言，取材則多源自日常生活經驗。〈雁〉一詩既旨在探索人類存在情境，又承載了詩人對現實的批判之意，堪稱是連結詩人創作歷程之第二階段（《風的薔薇》）與第三階段（自《天空象徵》起）的代表作。此作顯示出詩人深切體會到生存與生命的悲苦，卻始終不願接受命運的支配擺弄，積極反抗並追求超越，遂成為〈雁〉亟欲傳達給所有讀者的訊息。

此詩以「我們仍然活著。仍然要飛行」開篇，敘述者用「我們」而不用「我」，暗示自己代表著某一群體或族類。無論是自身狀況、環境變遷或改朝換代，我們都得繼續「活著」與「飛行」，因為那是宿命、更是使命。活著與飛行並非任性或隨意，而是有一個目標「地平線」在前，儘管它總是「在遠處退縮地引逗著我們」、「感覺它已接近而抬眼還是那麼遠離」。廣大無垠的天空跟不斷退縮的地平線，再加上群雁飛行的畫面，成就了強烈的空間對比；從第二段「天空還是我們祖先飛過的天空」可知，在時間上是不斷的重複再重複，擁有和祖先一樣翅膀的「我們」就是得延續此一傳統，不容半途中輟。對此敘述者並非沒有絲毫意見，「廣大虛無如一句不變的叮嚀」與「意志陷入一個不完的魘夢」都代表了充滿質疑，但是祖先的託付與群體的期待，豈可因為個人的意志而調整修改？還是只能繼續追逐那個可望卻似永不可及的地平線。

同樣的天空、同樣的翅膀，祖先對「我們」的影響恐怕不僅限於生理上的遺傳，更多的是心理上的遺願。如詩中第三段所述，敘述者深知在抵達目標「地平線」之前，我們都將「緩緩地在追逐中死去，死去如／夕陽不知不覺的冷去」。

就算飛到精神疲乏，力氣用盡，群雁始終堅持「仍然要飛行」。

命運既然已經寫好了最終章，歷來群雁為何都要接受這個目標「地平線」的逗弄？詩中沒有明確說出理由，但夕陽變冷是日復一日出現之事實，可見群雁在追逐中死去，必然也是一代復一代的宿命。詩中明白寫出的是「仍然要飛行」，猶如預知死亡紀事一般，身而為雁，就飛下去。在黑色大地與深藍天空之間，複數的「我們」終究只能是「孤獨如風中的一葉」，回到單數的「我」。就算飛到精神疲乏、力氣用盡，群雁或一雁都堅持「仍然要飛行」，在追逐到目標以前都得繼續下去。面對宛如以死明志的上述聲明，最末段詩人卻寫道：「而冷冷的雲翳／冷冷地注視著我們。」四個冷字，好像是在澆熄「我們」燃起的烈火；但轉念一想，冷眼旁觀的雲可能是因為看過太多前例，才會對這一次發出「又來了」的冷漠反應。但知道這點又何妨？雁此一族類多年來還差誰的冷眼或白眼嗎？世人或許都跟雲翳一樣，只會冷眼看著「我們」如何「緩緩地在追逐中死去」。但既然身為群體或族類一員，「我們」就該具有歷史意識與懷抱使命，寧可因為長年追逐崇高理想而身疲倒地，也不要因為祖先達不到而讓自己老想著投降。儘管孤獨如風中的一葉，反抗也是必須的——讀者至此終於知道，全詩首句「我們仍然活著。仍然要飛行」原來就是一種反抗的姿態，儼然成為雁此一群體間世代相傳的口訣心法。

肆．再做點補充

從十七到二十一歲，白萩在四年間寫出四百多首詩，並於一九五八年由藍星詩社出版第一部詩集《蛾之死》。此書前半充滿浪漫主義的激情筆調，後半則是現代主義的前衛實驗，在在可見青年白萩勃興與爆發的詩才。浪漫之作最著名的，當為曾獲中國文藝協會第一屆新詩獎的〈羅盤〉：

握一個宇宙，握一顆星，在這寂寞的海上
我們的船破浪前進，前進！像脫弓的流矢
穿過海鷗悲啼的死神的梟嚎
穿過晨霧籠罩的茫茫的遠方
前進啊，兄弟們，握一個宇宙，握一顆星
我們是海上新處女地的開拓者

此詩結合了海洋的壯闊神秘及青年的昂揚鬥志，聲稱要「握一個宇宙，握一顆星」的自信與氣勢相當驚人，無怪乎發表後備受稱讚。但《蛾之死》最重要的突破性創作，還是白萩受惠於現代主義啟發與自身學畫的經驗，所展開的新詩形式實驗。這種實驗乃是從「造形」下手，以「圖象」為手段來完成，嘗試在詩中加入視覺的感應。詩人認為，圖象的魅力在於它不僅給你「讀」，並且給你「看」，圖象宛如一種「以非言辭開始的言辭」，可以讓詩人在詩藝上進一步把握「簡練」的本質。這種被稱為「圖象詩」（或「具象詩」、「具體詩」）

白萩的〈羅盤〉暗喻了海洋的壯闊神秘與青年的昂揚鬥志。

的創作，部分源頭可上溯中國古典文學裡別具一格的「雜體詩」。它是利用漢字之圖象特性加以排列，強調詩的視覺性質，重視詩的外觀形象，俾能達到圖形寫貌的作用。白萩圖象詩的代表作，應屬〈蛾之死〉和〈流浪者〉。〈蛾之死〉的圖象部分，集中於全詩第二十一到三十二行：

光光光光光光光光光光光。啊
光光光光光光光光
光　　　　　　光
光　飛飛飛飛　光
光　飛飛飛飛　光
光　飛飛飛飛　光
光　飛飛飛飛　光
光　　　　　　光
光光光光光光光光
光
光
光

「飛」本身是象形字，字的右側正是兩隻鼓動之翅。被光包圍的十六個左轉右旋的「飛」字，表現了「蛾」突獲光明後的激動與沐浴於光明中的喜悅。詩人用圖示之法來傳達「蛾」對自由的奮力追求，手法新鮮而前衛。不同於〈蛾之死〉的牛刀小試，另一首〈流浪者〉已是台灣圖象詩發展史上的階段性典範。此作以「一株絲杉」作為流浪者的隱喻：

望著遠方的雲的一株絲杉
望著雲的一株絲杉
一株絲杉
絲杉
在地平線上
一株絲杉
在地平線上

他的影子，細小。他的影子，細小
他已忘卻了他的名字。忘卻了他的名字。祇
站著。祇站著。孤獨
地站著。站著。站著
站著
向東方。
孤單的一株絲杉。

詩中「一株絲衫」與題目「流浪者」之間，其實存在著「立於定點」和「居無定所」的反諷。因為詩人用「望」字而讓「絲衫」被擬人化，但後者終究只是根埋大地的植物，無法移動下僅能「孤獨地站著」。「絲衫」想要移動的渴望，與「地平線」所代表的環境必然會起衝突，兩相拉鋸下「絲衫」注定成為失敗者。但或許也跟前述的〈雁〉一樣，既知前有理想與目標，這樣的失敗就是一種反抗的姿態，絕不願意接受命運的擺弄。倘若回到〈流浪者〉這首詩的創作時代背景，「絲衫」亦可解讀為一九五〇年代後台灣知識分子的象徵，他們在表面的安定生活下，潛藏著無可排解的巨大苦悶。政治環境與社會氛圍，讓他們只能選擇自我放逐（self-exile），並以此作為對任何霸權形式的消極抵抗，一種沉默卻非無聲的「詩之抵抗」。

中年以後的白萩，曾經繳出書寫婚姻與家庭生活的《香頌》，以及開啟政治諷刺詩先河的《詩廣場》。兩部詩集都不再以前衛實驗為追求目標，《香頌》以詩坦露一名台灣男子對婚姻的複雜感受，放膽於書寫性愛及狂想，甚至觸及婚姻的背叛與求和，筆下卻總是冷調而疏離。《詩廣場》部分作品對現實之批判甚為強烈，但絕非是吶喊、口號或吼叫，譬如這首〈廣場〉：

所有的群眾一哄而散了
回到床上
去擁護有體香的女人

而銅像猶在堅持他的主義
對著無人的廣場
振臂高呼

只有風
頑皮地踢著葉子嘻嘻哈哈
在擦拭那些足跡

這首詩是用高度的對比及反差，驅使讀者反思失格政治人物是何等可悲復可笑。在冰冷的銅像與「有體香的女人」之間，在一座廣場過往的滿座與今日的空蕩之間，在曾經的人潮跟消逝的足跡之間，種種對比下都成了偌大的諷刺。所有政治人物都是在群眾簇擁下，才得以一度佔據時代或歷史的舞台。當群眾一哄而散，退出舞台自成定局，甚至連紀念用的銅像都顯得那麼不合時宜。放不下的手，肯定很酸，但「堅持」振臂高呼，要給誰看呢？風踢著葉子嘻嘻哈哈，既談不上嚴肅也不怎麼莊重，恰與正經的各式「主義」或理念形成鮮明對照。廣場上已經空無一人，可以推測風踢樹葉所欲擦拭者，不是過去群眾，而是主義跟口號造成的汙染。〈廣場〉在寄意批判中不忘保持適度幽默，是白萩對失格政治人物敲下的一記喪鐘。（楊宗翰）◆

新詩三首之三．還魂草

沉靜、羞怯的周夢蝶，是台灣早期詩壇最與眾不同的詩人。
他一襲粗袍，老僧入定般，守在武昌街明星咖啡館騎樓下的書攤，
曾是台北街頭最浪漫的風景，如今已是文學史上的傳奇。
這首〈還魂草〉是他最被傳誦的代表作，
把珠穆朗瑪峰（聖母峰）上傳說中的神奇藥草，擬人化為
悟道的聖者，彼此屬性相疊相容，渲染出某種引渡衆生的悲憫情懷。

壹．作者與出處

周夢蝶（一九二一～二〇一四），河南省淅川縣人，一九四八年渡海來臺。祖父為晚清秀才，因父親早逝，由母親扶養成人。家境貧困的他，自幼即沉默內向，寡言少語。他的本名周啟述，乃私塾老師所取，意思是期待他承繼先人遺業並發揚光大；筆名周夢蝶，是

因十五歲時讀《莊子．齊物論》：「昔者莊周夢為胡蝶（蝴蝶），栩栩然胡蝶也，自喻適志與！不知周也。俄然覺，則蘧蘧然周也。不知周之夢為胡蝶與，胡蝶之夢為周與？」可釋義為：莊周夢見自己是一隻蝴蝶，飄飄然，十分輕鬆愜意。這時全然不知道自己是莊周。一會兒醒來，對自己是莊周感到十分驚奇疑惑。不知道是莊周做夢以為是蝴蝶，還是蝴蝶做夢以為是莊周？莊周和蝴蝶雖然形體不同，但本質相同，可見萬物可以流轉。他對其中寓意甚感歡喜，援此為自己取了「夢蝶」之名，連「蝶」也成為詩中常見之意象。

周夢蝶在私塾培養了古文基礎，初中畢，即輟學，做過各一年的圖書管理員與小學教師。一九四七年進宛西鄉村師範，後參加青年軍，次年便隨軍來台。一九五六年退伍，五九年起在台北市武昌街「明星咖啡館」騎樓擺書攤維生，專賣詩集和文哲類書籍，直至一九八〇年才因胃疾而結束營業。當時有許多自費出版圖書和小眾雜誌，都十分樂意交給周夢蝶代銷，也吸引了許多愛好文學的青年男女佇足在書攤前。書攤上的周夢蝶禮佛習禪，默坐繁華街頭，被公認為台北十大文化風景之一，儼然台灣文壇一則傳奇。

在創作文類上以新詩為主，一九五三年《青年戰士報》發表第一首詩作〈皈依〉，一九五六年加入由覃子豪、余光中等人組成的「藍星詩社」。五九年由該社出版首部詩集《孤獨國》，從此奠定周夢蝶的詩壇地位。一九六二年開始禮佛習禪，六五年出版第二本詩集《還魂草》。這些早期作品的共同特徵為矛盾語法、頻繁用典與難遣的悲苦情懷，並可以見到佛經與古典文學對詩人的深刻影響。一九八〇年大病一場後，詩人對生命產生新的體悟，作品更趨從容圓滿，不時展露諧趣。他的詩從思想內容到藝術形式，皆體現出東方文化的精髓與中國美學的風貌，人格與風格高度合一，形塑完整之心靈世界。無論外在世界如何變化，周夢蝶一貫淡泊自持，甘於清貧，有「詩壇苦行僧」之稱。

周夢蝶一貫淡薄自持，有「詩壇苦行僧」之稱。

創作超過半世紀的他，詩作量少質精，除上述作品外，另著有《約會》、《十三朵白菊花》、《周夢蝶詩文集》與《不負如來不負卿——石頭記百二十回初探》、《周夢蝶世紀詩選》等書。一九九七年獲得第一屆「國家文藝獎」文學類獎章，一九九九年《孤獨國》獲選為三十部「臺灣文學經典」之一。二〇一一年由目宿媒體拍攝「他們在島嶼寫作」系列紀錄片，周夢蝶部分題名為《化城再來人》。導演陳傳興借用佛教《法華經》「化城喻品」典故，即導師帶領眾生前往成佛之地，每當人們因道途險惡、疲倦退卻之刻，導師會變出一幻化城郭以供休息。而一旦眾生生養休憩，導師便又將城郭幻化，令眾生瞭解一切均為夢幻泡影。「再來人」則是可成佛卻不成佛，選擇重回人世來渡化眾生。這部片以周夢蝶的一天隱喻其一生中的風景，從日常中穿插映射其思維、修行與寫作。武昌街頭書齋，是否一如「化城」？潛心佛經的他，或許就是那「再來人」？

〈還魂草〉發表於一九六一年，收錄於同名詩集《還魂草》，為周夢蝶書寫孤絕心境之代表作。

貳・選文與注釋

「凡踏著我腳印來的
我便以我，和我底[1]腳印，與他！」
你說。

這是一首古老的，雪寫的故事
寫在你底腳下
而又亮在你眼裡心裡的，
你說。雖然那時你還很小
（還不到春天一半裙幅大）
你已倦於以夢幻釀蜜
倦於在鬢[2]邊襟[3]邊簪[4]帶憂愁了。

1 底：通「的」。
2 鬢：兩頰邊靠近耳朵前面的頭髮。
3 襟：衣服胸前接合紐扣的地方。
4 簪：音ㄗㄢ，插、戴之意。

穿過我與非我
穿過十二月與十二月
在八千八百八十之上
你向絕處斟酌自己
斟酌和你一般浩瀚的翠色。
南極與北極底距離短了，
有笑聲曄曄然[5]
從積雪深深的覆蓋下竄起，
面對第一線金陽
面對枯葉般匍匐在你腳下的死亡與死亡

5　曄曄然：光明、繁盛的樣子。曄：音一ㄝˋ。

在八千八百八十之上
你以青眼向塵凡宣示：
「凡踏著我腳印來的
我便以我，和我底腳印，與他！」

註：傳世界最高山聖母峰頂有還魂草一株，經冬不凋，取其葉浸酒飲之可卻百病，駐顏色。按聖母峰高海拔八千八百八十二公尺。

參．可以這樣讀

首部詩集《孤獨國》扉頁上，周夢蝶曾引奈都夫人所言：「以詩的悲哀征服生命的悲哀」，當可藉此語來理解其創作之主題與心境。詩人自幼飽嚐困頓，一生宛如苦行僧，安於清貧，甘耐寂寞，其中必有文學持續賜予之力量及援助。他深受佛經影響，常引禪入詩，寫人、描景、思物時總能不落俗套，故既有「雪中取火，鑄火為雪」之奇，也可見化身街角一片落葉，「帶我的生生世世來為你遮雨」之妙。香港評論家李英豪曾經指出：「周夢蝶的『孤絕』，在流露自我中，其意象的構成和心靈的狀貌，顯然是一種『禪』，一種『佛』，達到『無有』、『見性』、『淨化』的境界。他在這種近乎『禪』、『佛』中，發現了無所囿繫的自我。詩人雖非『入聖』，但已『超凡』。他的感性已跟這物質社會解體。他在形上世界中追尋『我』，君臨萬象，待『我』如待『佛』。」〈還魂草〉就是從禪與佛的境界，寫出了詩人至高的孤絕感受。

相傳聖母峰頂有一株還魂草，歷經寒冬未曾凋零，取葉片浸酒飲用，就有治病養顏之功效。「凡踏著我腳印來的／我便以我，和我底腳印，與他！」全詩頭尾出現兩次的這段話，既是還魂草的自我宣示，亦是詩人追尋自我之暗示。詩裡呈現遺世獨立、至高之處的冷冽蒼涼，與宛如站上世界之巔聖母峰的孤絕心境。或許可以從孤、高、絕、寒、滅五點，嘗試切入〈還魂草〉這首詩。「孤」指的是此草僅有一株，「高」是指世界最高山聖母峰，「絕」是指處於時間、空間的絕處（「古老的，雪寫的故事」、「在八千八百八十之上」），「寒」指的是感受到「積雪深深的覆蓋下」，「滅」指的是「枯葉般匍匐在你腳下的死亡與死亡」。孤、高、絕、寒、滅五者共同營構了意象之美與心靈之境，也讓這株君臨萬物的還魂草，成為詩與禪結合的化身。

周夢蝶的詩，多依禪境化為詩境，時見朦朧不可盡解，卻又圓融足以感悟。他曾說過：「一個讀者面對文學作品時，第一要去體會他整體的意思，更重要的是要體會作品文字背面的意思。」有時文字背面的意思，可能比一首詩整體的意思更能誘引人思考。譬如本詩以〈還魂草〉為題，欲藉之彰顯何謂至高的孤絕；然而在此之外，亦可解釋為旨在說明生命之奧義。譬如詩中有云：「穿過我與非我／穿過十二月與十二月／在八千八百八十之上」，如此「穿過」並非真實可辨或肉眼可見之行為，而是生命積極追尋的姿態。「你向絕處斟酌自己／斟酌和你一般浩瀚的翠色」，於絕處能不絕，面死亡而無懼，「斟酌」二字背後是不服命運安排的勇氣。末段「從積雪深深的覆蓋下竄起，／面對第一線金陽／面對枯葉般匍匐在你腳下的死亡與死亡」，金陽融積雪，死亡踩腳下，一股不屈的鬥志自此昂揚。詩末再度說道：「凡踏著我腳印來的／我便以我，和我底腳印，與他！」這與第一段完全重複的呼籲，彷彿在暗示起點即為終結，終點也是開端。倘若如此，〈還魂草〉欲訴說的就是一則絕處不絕、永不放棄的故事：生命中必有跌跤、受挫或重傷之刻，唯有積極面對，不懈追尋，終將迎來一片金陽，映照層層積雪的山巔之上。

周夢蝶詩作的《還魂草》時期，援引很多佛禪典故及繁複意象，以表現內心隱微及玄祕哲思。葉嘉瑩教授為《還魂草》作序時便指出，周夢蝶是「一位以哲思凝鑄悲苦的詩人，因之周先生的詩，凡其言禪理哲思之處，不但不為超曠，而且因其汲取自一悲苦之心靈而彌見其用情之深，而其用情之處，則又因其有一份哲理之光照，而使其有著一份遠離人間煙火的明淨與堅凝」，對詩人特色有精準之掌握。詩人洛夫也說過，周夢蝶的悲劇情感，是「一種內心深處的孤絕無告」，他讓「一個現代詩人透過內心的孤絕感，以暗示與象徵手法把個人的（小我）悲劇經驗加以普遍化（大我），並對那種悲苦情境提出嚴肅的批評。」《還魂草》時期可以〈菩提樹下〉為代表，直接引佛典為題，詩前引言即為：「佛於菩提樹下，夜觀流星，成無上正覺」。內文摘錄如下：「誰是心裡藏著鏡子的人呢？／誰肯赤腳踏過他底一生呢？／所有的眼都給眼蒙住了／誰能於雪中取火，且鑄火為雪？」詩人用詰問法，叩問誰是先知先覺、誰能見人所未見，且能將雪與火這兩種截然之物加以轉換。〈菩提樹下〉的雪與火，宛如冷跟熱的極端，彷彿在藉此誘使讀者，破除色與空、有與無的執念。同篇後段部分：「坐斷幾個春天？／又坐熟幾個夏日？／當你來時，雪是雪，你是你／一宿之後，雪既非雪，你亦非你」，在「雪」與「你」之間的變與不變，亦可如此理解。雖然他的詩也引用過《莊子》、《紅樓夢》、《可蘭經》與《聖經》，但仍以佛、禪之典故居絕對多數，亦成為周夢蝶創作的鮮明特徵。

▶生命中必有挫折，積極面對，終將迎來一片金陽，映照層層積雪的山巔之上。

肆．再做點補充

周夢蝶的創作約略可分為三個階段：一為五〇年代《孤獨國》時期；二為六〇年代《還魂草》時期；三為《約會》、《十三朵白菊花》的詩作時期，尤其他因胃疾大病一場，自八〇年代起心境明顯轉折。

《孤獨國》是周夢蝶的第一本詩集，同名作品〈孤獨國〉呈現了詩人心中的理想世界形貌。摘錄如下：「昨夜，我又夢見我／赤裸裸地趺坐在負雪的山峰上。／這裏的氣候黏在冬天與春天的介面處／（這裏的雪是溫柔如天鵝絨的）」，而且「這裏白晝幽闃窈窕如夜／夜比白晝更綺麗、豐實、光燦／而這裏的寒冷如酒，封藏著詩和美／甚至虛空也懂手談，邀來滿天忘言的繁星……」。詩人統治著這個孤獨國，因為在這個國家裏，只有自己一人。由自己統治自己，詩人自身就是一個完整的世界。白晝如夜，黑夜光燦，也都在說明孤獨國裡不循世俗，自有秩序。而「這裏的寒冷如酒，封藏著詩和美」是將寒冷譬喻為酒，亦即表面上的冷，卻能讓飲者體內發熱。所以孤獨國裡的寒冷，不是令人無助的寒冷；孤獨國裡的孤獨，也不至於是使人絕望的孤獨吧？「虛空也懂手談，邀來滿天忘言的繁星」，可見孤獨國雖只有一人，卻不是拒絕外界來訪的——儘管跟繁星間只是手談，雖無言卻仍有意。全詩收束在「過去佇足不去，未來不來／我是『現在』的臣僕，也是帝皇」二句，意指「我」在這時空中停留，享受、肯定純粹的「現在」，既可能被其主宰（作臣僕），也試著掌握其存在（當

《孤獨國》是周夢蝶的第一本詩集，同名作品〈孤獨國〉呈現了詩人心中的理想世界。

帝皇）。這樣的雙面性，也呈現在詩人是夢到自己赤裸趺坐於負雪山峰，以如此決絕之姿統治著一個理想卻孤獨的世界。

接下來的《還魂草》，是他的代表作以及創作巔峰。在《還魂草》出版後的三十七年，才出版第三本詩集《約會》。《約會》、《十三朵白菊花》，不同於以往的孤冷苦吟，因胃疾大病一場後，他的心境有所轉折。周夢蝶曾經自述：「我以前觀念錯誤，以為我生我老病我死，全是我自己的事，與世界無關。經過這番折騰，纔幡然悔悟：人是人，也是人人。……原來活著，並不如我所以為的那麼簡單，草率，孤絕與慘切。」他開始採平淡語言，描寫平凡日常風景，卻總能帶出不凡境界，益發能夠引人深思。一九九一年作品〈約會〉便是一例，詩前有段引言寫道：「謹以此詩持贈／每日傍晚／與我促膝密談的／橋墩」。從詩人約會的對象是「橋墩」，即可推知這和世人所謂的約會大為不同。全詩如下：

總是先我一步
到達
約會的地點
總是我的思念尚未成熟為語言
他已及時將我的語言
還原為他的思念

總是從「泉從幾時冷起」聊起
總是從錦葵的徐徐轉向
一直聊到落日啣半規
稻香與蟲鳴齊耳
對面山腰叢樹間
嫋嫋
升起如篆的寒炊

約會的地點
到達
總是遲他一步——
以話尾為話頭
或此答或彼答或一時答
轉到會心不遠處
竟浩然忘卻眼前的這一切
是租來的：
一粒松子粗於十滴楓血！

高山流水欲聞此生能得幾回？
明日
我將重來；明日
不及待的明日
我將拈著話頭拈著我的未磨圓的詩句
重來。且飆願：至少至少也要先他一步
到達
約會的地點

人人皆知橋的位置必然固定不動，周夢蝶則改稱為橋永遠比人先到，已收出人意表之奇效。約會時的談話，竟是「泉從幾時冷起」聊起，這是用了《春在堂隨筆》的故事，指清人俞樾攜妻女同遊杭州靈隱寺，見冷泉亭有董其昌撰聯，俞樾隨口念道：「泉自幾時冷起？」其後延伸出一段饒富禪機的對話。詩人亦在此想像自己如何跟橋墩對話，所以有「高山流水欲聞此生能得幾回？」此句亦是用典，「高山流水」為伯牙跟與鍾子期的故事，也就是把橋墩當成詩人的知己看待了。這裡可見詩人以物為友的情懷，願待橋墩如同平生知己，無怪乎詩人會許願，期盼某天能夠「至少至少先他一步／到達／約會的地點」。

（楊宗翰）◆

清人俞樾遊杭州靈隱寺，見冷泉亭有董其昌撰聯，念道：「泉自幾時冷起？」其後延伸出一段饒富禪機的對話。

11 昨日世界：一個歐洲人的回憶 節選

《昨日世界》是奧匈帝國最重要的作家史蒂芬．茨威格的回憶錄。
在這本書中，他描述了從一次世界大戰之前到二次世界大戰之間，
親身遭遇與目擊西方文明的轉變、興衰，
是一本了解西方近代文化史極具參考價值的作品。
其中關於他回憶在維也納的青春時代，
對文學藝術的狂熱與執迷，
特別能引起不同世代、不同國度文青的共鳴。

壹．作者與出處

史蒂芬．茨威格（Stefan Zweig，一八八一～一九四二）出生於維也納，成長於奧匈帝國衰落時期，父親是猶太紡織實業家，母親是西班牙著名的金融家族之後。茨威格從小出生在富裕的環境，他的父母對他寄予厚望，青年時期在維也納接受良好的教育，深受當時奧地利文化氛圍影響，很早就開啟了對音樂、戲劇與文學的興趣。大學畢業後，他前往德國攻讀哲學，一九〇三年獲頒博士學位。茨威

格年少時已展現出驚人的寫作才華，十九歲時他將詩作投稿至當時知名的德語出版社，立刻出版了第一部詩集《銀弦集》，並且引起了廣泛的注意。他成為維也納知名《新自由報》副刊撰稿人，甚至著名的作曲家馬克思·格雷，也在看過他的詩集後，主動提出為他的詩作譜曲。

在文壇小有名氣的茨威格並不急於求成，而是大量閱讀，廣泛交際，並聽從了德國詩人戴默爾的建議，利用翻譯文學的工作，使自己更深刻了解如何運用母語，從而增進文學造詣。茨威格翻譯過波特萊爾、魏倫、葉慈等人的詩作，並暗自下定決心，必須等時機成熟後才發表作品。一九〇七年，他的朋友華特·拉特瑙勸他離開歐洲，前往不同的國家遊歷，因為「唯有踏出歐洲大陸，才會理解歐洲所代表的意義。」茨威格欣然同意，立刻動身前往印度與美國，隨後又去了巴拿馬、加拿大、古巴、波多黎各、倫敦與莫斯科等地。第一次世界大戰爆發後，他曾自願入伍從事戰地新聞的蒐集工作，但他個人對戰爭的態度卻始終與羅曼·羅蘭等人一致。他強烈譴責戰爭對人類的殘害，曾經語重心長的說：「我總是禁不住地想用筆揭示，無論何種權勢，都會令一個人的內心變得冷酷，而任何一種勝利，都會讓整個民族思想麻痺。」茨威格所處的奧地利本身就是多種族的國家，加上他始終自我定位為「世界公民」，不願被狹隘

奧匈帝國時期的維也納街景。

二戰期間遭受迫害的猶太人。

的民族主義所侷限，造就他每每總能以超越政治的觀點看世局。他本人的奧地利成長經驗並未有過強烈的認同困境，因此對於猶太人政治立場始終溫和中立。直到二次世界大戰，他因種族隔離政策被迫遷居異地，遠離他熱愛的藝術之都，他才意識到自己猶太人身分的現實處境，他的心靈「原鄉」維也納已淪入納粹之手，在薩爾斯堡家中的手稿與藏書，都被沒收充公。習慣用德語寫作的茨威格，所有的出版品在德國和奧地利都被禁止。一九三八年，他最後一次回到奧地利，與八十四歲的年邁母親告別。

德文版的《昨日世界》

一九四二年二月，他從倫敦移居到巴西彼得羅保利斯，在狂歡節的清晨，看見報紙上登出英軍潰敗與新加坡淪陷的消息，悲觀的他似乎再也不忍見戰爭與人類彼此相殘，暗自下定決心，要做好告別世界的準備。二月二十三日，他在居所留下一封公開的遺書，信中寫道：「與我操同一種語言的世界，對我來說業已沉淪，我的精神故鄉歐羅巴亦已自我毀滅，從此以後，我更願在此地開始重建我的生活。但是一個年逾六旬的人，再度從頭開始是需要特殊力量的，而我的力量卻因長年無家可歸、浪跡天涯而消耗殆盡。」之後便與妻子共赴黃泉。二次大戰帶給他的心靈衝擊始終難以抹滅，一如他在《昨日世界：一個歐洲人的回憶》（簡稱《昨日世界》）所言：「我畢生熱切追求全人類在人性與精神上團結一致，在此刻，我比任何人都更加需要牢不可破的精神團結，但遭遇如此無情的排擠，此時，我感到一生中從未有過的孤獨。」茨威格離世後的三年，二次大戰於一九四五年九月二日結束，他所企盼已久的人類和平終於姍姍來遲，宣告降臨。

茨威格一生著作等身，包含詩作、評論、小說、戲劇與史傳文學，代表作如《巴爾扎克》、《瑪麗亞·斯圖亞特》、《羅曼·羅蘭》、《人類群星閃耀時》等，都是相當膾炙人口的史傳作品。他的小說亦相當知名，作品刻劃出幽微的人性與心理意識，短篇小說如〈一位陌生女子的來信〉、〈一個女人一生中的二十四小時〉、〈馬來狂人〉，中長篇小說如《變形的陶醉》與《焦灼之心》（或譯作《同情的罪》）等。他在離世前完成的遺作《昨日世界》，是寫作生涯中最重要的作品，茨威格曾在書中強調自己的寫作動機，是為了見證二次大戰後的時代巨變。茨威格說，不只是他，其實每個人都是見證者，必須被迫見證「時代」。《昨日世界》不啻是茨威格為所有人類寫下的歐洲備忘錄，提醒人類曾經共同創造如此豐盛的文化盛世，一如維也納或其他美麗的城市，美好的「昨日」並不遙遠，只要人類放下手中武器，世界就能免於淪為戰場，充滿希望。一如他在書中結尾所言：「任何陰影，到頭來也只是光線的孩子。」

本文選自史蒂芬．茨威格《昨日世界：一個歐洲人的回憶》，史行果譯，漫遊者文化出版。

貳．選文與注釋

在年輕人當中，熱情會互相傳染。熱情在同一個年級裡像痳疹或猩紅熱[1]一樣，從一個人身上傳到另一個人身上。由於那些新加入的人都懷著天真的虛榮心，希望在知識方面迅速就能表現傑出，因此他們總是相互督促。至於這股熱情往什麼方向發展，一般說來都是偶然所致。如果班級裡出現集郵愛好者，那麼他很快就會讓十幾個人也同樣入迷；如果有三個人對女舞蹈演員稱羨不已，就會有別的人天天站在歌劇院的後台門前。比我們低三級的一個班級，完全為足球而癡狂，高我們一級的班則熱衷於社會主義或托爾斯泰[2]。我恰巧進入了一個對藝術產生狂熱興趣的班級，也許正是這件事決定了我的一生。

這種對戲劇、文學和藝術的熱情，在維也納是相當自然的。維也納的報紙為文化界所有的事件騰出版面。無論走在哪裡，在你的身側，都能聽見人們談論歌劇或城堡劇院。在所有的證券交易所的櫥窗裡，都掛著大明星的肖像。當時，體育運動被看作是粗野的行為，中學生可是羞於從事的，然而符合大眾理想的電影尚未問世。即使在家裡，這種熱情也不會受到阻撓，這和打牌與交女朋友不一樣，戲劇和文學可是「純潔無邪」的嗜好。

再說，我父親和維也納所有的父輩一樣，在青年時代也對戲劇情有獨鍾，就

1 猩紅熱：十九世紀盛行的傳染病，症狀是皮膚出現大片紅色疹子，看起來像被太陽曬傷。

2 托爾斯泰：俄國作家，著有《戰爭與和平》、《安娜．卡列尼娜》和《復活》的知名小說。

3 理查．史特勞斯：德國作曲家，著有《莎樂美》、《玫瑰騎士》等歌劇。

像我們去看理查・史特勞斯[3]和蓋爾哈特・霍普特曼[4]的戲劇首演一樣，他也曾懷著同樣的熱情觀看華格納[5]的歌劇《羅恩格林》。我們那時的中學生覺得擠去看每場的首演是理所應當的，如果誰在第二天不能在學校敘述首演的每個細節，面對比自己幸運的同學，他不知會感到多麼的屈辱。如果老師對我們不是那麼的漠不關心的話，他們就會發現，在每場盛大首演之前的那個下午，有三分之二的學生都神祕地病了——因為我們三點就得去排隊，好去買我們唯一買得到的站票。如果他們嚴密注意的話，一定還會發現，在我們拉丁文文法書的封皮裡，夾著里爾克[6]的詩，而且，我們用數學作業本抄錄借閱了書籍裡最美的詩句。每天我們都有新點子，利用無聊的上課時間看我們自己的書。當老師念著他的破講稿，講解席勒[7]的《論素樸的詩和感傷的詩》時，我們就在課桌下閱讀尼采[8]和史特林堡[9]的作品，而台上那位老夫子聽都沒聽說過他倆的名字。我們像患了熱病一樣渴望知道一切，了解發生在藝術、科學領域中的一切。我們常常在下午擠在大學生當中聽講座。參觀每一次的藝術展覽，甚至走進解剖學的課堂去看屍體解剖。我們用好奇的鼻孔嗅聞一切。我們溜進愛樂管弦樂團的排練場，到舊書店翻閱舊書，每天去書店瀏覽一遍，為的是立刻能知道一天之內又出版了什麼新書。其中對我們最重要的，就是閱讀。我們閱讀到手的所有讀物。我們從公共圖書館借書、並且互相借閱彼此借到的書。但是，讓我們了解一切新鮮事物的最佳教育場所，始終是咖啡館。

4 蓋爾哈特・霍普特曼：德國知名劇作家和詩人，著有《日落之前》、《織工》等劇作。

5 華格納：德國作曲家，被視為上承莫札特，下開浪漫主義歌劇作曲潮流的音樂家。代表作如《尼伯龍根的指環》、《帕西法爾》等。

6 里爾克：奧地利知名德語詩人，代表作如《杜伊諾哀歌》和《致奧爾甫斯的十四行詩》等。

7 席勒：奧地利畫家，師承古斯塔夫・克林姆特，是二十世紀初期重要的畫家，繪畫代表作如〈自畫像〉、〈裸體的女人〉、〈女孩〉等。

8 尼采：德國當代哲學家，對當世存在主義哲學研究影響極大。代表作如：《查拉圖斯特拉如是說》、《悲劇的誕生》等。

9 史特林堡：瑞典劇作家和畫家，被稱為現代戲劇創始人之一。史特林堡一生寫作過六十多部戲劇，代表作如《茱莉小姐》、《現實中的烏托邦》。

要了解這一點，我們得先明白，維也納的咖啡館是一種非常特別的所在，是世界各地的咖啡館都無法相比的。它實際上是一種民主俱樂部，每個客人只要花一小筆錢，就能在那裡坐上幾個小時，和人討論問題、寫作、玩紙牌、讀信，而最重要的是，可以在那裡免費閱讀無數的報紙和雜誌。在一家比較好的維也納咖啡館，能看到維也納所有的報紙，而且不僅有維也納的報紙，還有整個德意志帝國、法國、英國、義大利、美國的報紙，此外，還有《法國信使報》、《新觀察》、《創作室》、《柏林頓雜誌》這些全世界最重要的文學和藝術雜誌。所以，我們能知天下事，我們有第一手材料，了解出版的每本新書，知道各地的每場演出，比較不同報紙上的評論。奧地利人能夠在咖啡館掌握到眾多事件的豐富資訊，並且可以馬上與朋友們討論，這可能就是奧地利人思維敏捷、具有國際意識的最重要原因。

我們只要每天在咖啡館泡上幾個小時，沒有不知曉的事件。我們依靠的是共同興趣的集體力量，我們不是用兩隻眼睛去關注全球的藝術動態，而是用二十隻、四十隻眼睛，這個人忽視的事情，那個人就會提醒他。由於幼稚地想炫耀自己的知識，就像在體育競賽中一樣，我們競相拿出最新或更新的知識來超越別人，實際上我們是在不斷追求聳人聽聞的東西。比如當我們在談論當時頗遭非議的尼采時，突然有個人擺出高人一等的姿態說：「不過在自我主義思想方面，齊克果[10]還要更勝一籌。」我們立刻就會坐立不安，「齊克果是何許人也？這個人知道他，而我們卻

10 齊克果：十八世紀重要哲學家，一般被視為存在主義之創立者。

不知道！」第二天大家就會湧進圖書館，翻開這位不知何方神聖的丹麥哲學家的著作。假如別人知道的事我們不知道，就會覺得大受貶抑——而我們熱衷於去發現的，恰恰就是那些尚未被人發現的、最近、最新、最怪、最不尋常的事物。尤其重要的是，這些都是四平八穩的官方日報上的文學評論沒有涉及的（這種熱情在我自己身上保留了很多年）。正是那些尚未被普遍承認的事情、那些難以理解、異想天開、新奇和極端的事物，引起了我們特殊的愛好。對於我們相互競逐的集體好奇心而言，沒有什麼東西是偏僻而無法找到、深奧而無法理解的。在讀中學的時候，史蒂芬・格奧爾格[11]和里爾克的作品總共出版了兩三百冊，但是頂多只有三、四冊到了維也納。沒有一個書商的倉庫裡有他們的書，官方的評論家根本不知道里爾克是誰。但是我們這群中學生憑藉意志的奇蹟，熟稔他的每一首詩、每一行句子。我們這些嘴上無毛、發育未全、每天還得耗在課堂裡的男孩們，確實是一群理想的讀者，每位詩人對這樣的讀者都會夢寐以求的。

我們既好奇又有鑑賞力，並且充滿了激情。我們的狂熱是無止境的，有好幾年的時間，這些半大小子在學校裡、在上學和放學路上、在咖啡館和劇院、在散步的時候，除了討論書籍、繪畫、音樂、哲學，啥都不幹。無論是指揮家還是演員，誰經常登台；誰並出版了新書或在報紙上發表了文章，都像星辰一般出現在我們的天空。多年之後，當我讀到巴爾札克[12]如何描述他的青年時代時，其中有句話讓我大

11 史蒂芬・格奧爾格：德國重要詩人，代表作有《戰爭》、《朝聖》等。

12 巴爾札克：法國現實主義作家代表，代表著作為《人間喜劇》系列小說。

吃一驚：「我總以為名人像上帝一樣，而不似平常人那樣說話、吃飯、走路。」我們當時也是這樣的。誰若在街上看見馬勒，就是遇上了一件了不起的大事，在第二天早晨就會像打了勝仗一般洋洋得意對同伴們報告。當我還很小的時候，受人引介認識布拉姆斯[13]，他和善地拍了拍我的肩膀，我就受寵若驚，好幾天為之神魂顛倒。當時我十二歲，雖然不太清楚布拉姆斯的成就何在，卻被他的聲望所震撼。在蓋爾哈特·霍普特曼的戲劇準備在城堡劇院首演前，一連好幾個星期，我們全班的同學都魂不守舍。我們悄悄溜到演員和跑龍套的小配角身邊，為的是搶先一步知曉劇情和演員陣容！我們還到城堡劇院的理髮師那裡理髮（對於當年幹的荒唐事，我倒不會羞於啟齒），只為了探聽一點關於沃爾特或索能塔爾[14]的秘聞。如果某個低年級學弟的舅舅在歌劇院當燈光師，就會受到我們特別的籠絡，因為我們可以透過他偷偷溜上舞台去看排練——而登上舞台時的緊張心情，比但丁進入天國聖界時心懷的恐懼還要劇烈。在我們看來，名人的聲望真是威力無窮，即使轉過七道彎，仍然會令我們肅然起敬。某個貧窮的老太婆在我們眼中超凡脫俗，只是因為她就是舒伯特[15]的侄孫女。就連在街上遇見約瑟夫·凱恩茨[16]的男僕，我們也會向他行注目禮，因為他是那樣幸運，得以接近這位最受愛戴、最有天分的演員。

13 布拉姆斯：浪漫主義中期德國作曲家，本身亦為傑出鋼琴家，與華格納、李斯特等人齊名。

14 沃爾特或索能塔爾：奧地利知名演員。

15 舒伯特：奧地利作曲家，早期浪漫主義音樂的代表。

16 約瑟夫·凱恩茨：匈牙利籍的奧地利演員，被維也納人稱譽為德語系中「最偉大的演員」。

理查・史特勞斯　德國作曲家

托爾斯泰　俄國作家

蓋爾哈特・霍普特曼
德國知名劇作家和詩人

巴爾札克
法國現實主義作家代表

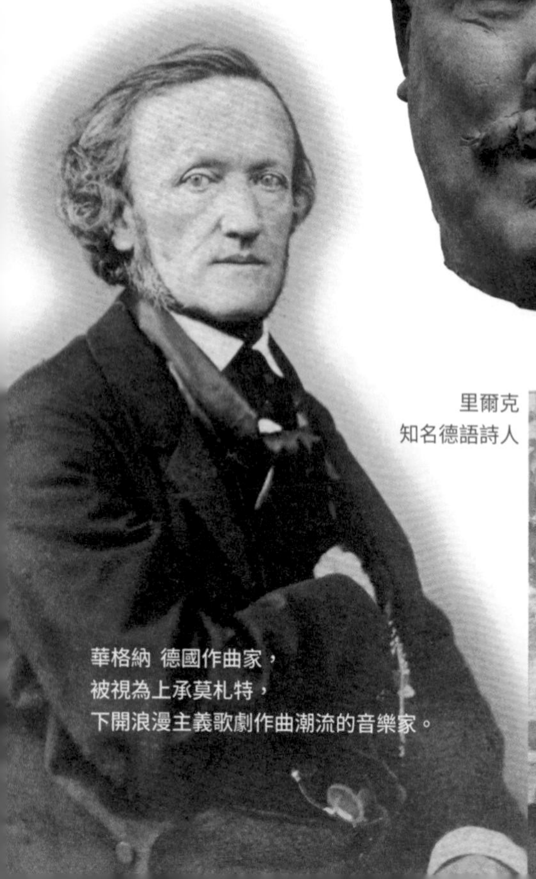

華格納　德國作曲家，
被視為上承莫札特，
下開浪漫主義歌劇作曲潮流的音樂家。

里爾克
知名德語詩人

約瑟夫・凱恩茨
匈牙利籍的奧地利演員

尼采
德國當代哲學家

齊克果 十九世紀哲學家。

席勒 奧地利畫家

舒伯特 奧地利作曲家，
早期浪漫主義音樂的代表。

布拉姆斯
浪漫主義中期德國作曲家，
本身亦為傑出鋼琴家，
與華格納、李斯特等人齊名。

古斯塔夫·馬勒
奧地利作曲家、指揮家

史蒂芬・格奧爾格 德國重要詩人

史特林堡 瑞典劇作家和畫家

參．可以這樣讀

一本釘在恥辱柱上的書

一九三三年，一群德國年輕人從書店明亮的櫥窗裡搶奪了書籍。這群穿著土黃色制服的人，手上戴著紅色臂章，高舉著標語和旗幟，走向一處公開的廣場。他們在廣場上豎立大型木樁，他們向群眾呼喊口號，宣稱這些搶來的作品「有毒」，應當處以「極刑」。於是乎，幾個年輕人負責拿起鐵鎚和釘子，嚴嚴實實的敲打。不一會兒，木樁上釘滿了五顏六色封皮的書籍。他們高喊愛國口號，更多的書籍被丟入柴堆裡，他們在柴堆上澆了助燃的油料，書籍的紙張瞬間油濕，成了薄薄的透明扉頁，乍看之下如同千百隻蝴蝶。一個仍帶著些許稚氣的青年從人群中走出來，拿著點燃的柴火，他高舉手勢，神色驕傲的向圍觀人群轉了一圈，把火把決絕的丟進那堆無辜的書籍小山。一切都化為灰燼，除了那一本逃過劫難的小書。恰巧只有那本，這是因為，某個年輕人在執行完任務後，悄悄趁著同儕先行離去的空檔，從恥辱柱上將這燒了一半的書籍搶救下來，他找了空偷偷去見作者，站在他家大門口，靦腆的說，這是留給您作紀念的，我一直喜歡您寫的書，哪怕它已經被釘子穿鑿了孔洞，一半已成灰燼。作家笑著收下年輕人的好意，凝視眼前殘破焦灼的書籍，被火焚燒過後的赭色殘跡鑲在書籍的每一頁，一層又一層，彷彿黑紗舞裙。他隱約有種預感，他即將要離開自己的國度，所有和他一樣具備猶太身分的人，也終將被迫流離。

上述的故事，是發生在二十世紀三〇年代的真實事件，被茨威格如實紀錄在《昨日世界》。《昨日世界》是茨威格以生命寫下的文字，囊括了他從出生到離開維也納為止的半生回憶。這本書完成沒多久，茨威格便離開人世。作為一名奧地利籍的猶太人，他的青年時代經歷了維也納藝術文化鼎盛的半世紀，祖父輩已在奧地利落地生根的茨威格，有幸參與維也納最璀璨的藝術年代。二十世紀初期的維也納，是歐洲最重要的城市之一，人口多達兩百多萬，由奧地利哈布斯堡王朝統治。因為幾世紀以來的太平安逸，維也納遂漸形成一股特殊的文藝風氣，舉凡音樂、文學、藝術，都是這個城市令人心醉神迷的美麗風景。幾乎可以說，當時的維也納，就是整個歐洲的文化心臟，各民族的文化精華亦在此匯聚融合，無論是宮廷或平民，人人對於藝術的愛好皆有過之。維也納藝文界人才輩出，音樂方面，諸如葛路克、海頓、莫札特和貝多芬，鼎鼎大名的音樂家不計其數。文學則有格奧爾格·特拉克爾、萊納·瑪利亞·里爾克、以及茨威格本人，藝術方面如克里姆特和席勒、漢斯·馬卡特，都是維也納藝術黃金年代的重要分子。

茨威格出生在這樣的年代，而他本人的社交來往，幾乎也是重量級的藝文人士。羅曼·羅蘭、里爾克、羅丹、達利與弗洛伊德，都曾與茨威格密切往來。因為維也納是如此特殊，如同守護歐洲千年傳統的繆斯女神，吸引不同的藝術人才前來居住。再加上自然風光渾然天成，多瑙河沿岸倒映著無數城市的小小屋脊，不遠處的阿爾卑斯山綠蔭綿延，市區裡隨處可見古蹟遺留下的要塞

▶一群德國青年從書店明亮的儲窗搶奪了書籍，
拿起點燃的柴火，將一切化為灰燼。

遺址或斑駁城牆，如同殷殷訴說歷史的耆老，在古城裡與路過的人們安靜相遇。維也納是茨威格眼中最美的「昨日」，也是他魂縈夢牽的青春時光。但是一九三八年以後，風雲變色，世局驟變，維也納成為茨威格再也回不去的故土，只能留待往昔追憶。

多瑙河畔的藝術之都：維也納

在《昨日世界》中，茨威格回憶了青年時代美好的維也納，這座奧地利的首善之都，如同一雙靈動慧黠的眼睛，閃現著美妙的藝術光芒。這城市裡充滿一群眼光獨到的鑑賞家，他們是感官豐盛且品味不凡的市民，是最懂得生活之美的庶民代表。茨威格說，在這座城市中，音樂、舞蹈、葡萄酒與戲劇，所有一切與美相關的「享受」，是生命中最重要的事情。普通的人早晨看報第一件事就是關心皇家劇院演出的劇目，其中「戲劇」更是舉足輕重，舞台就好比一個小型世界的投影，演員的舉手投足都將成為眾人的焦點，茨威格以「宮廷侍臣」形容戲劇，這是如同皇家侍臣般對維也納人民效忠的「臣子」，是上至王公貴族下至平民日常不可或缺的「夥伴」，普羅大眾從戲劇中學習到如何穿搭、言談教養與生活哲理。一位戲劇演員受人崇拜與尊敬的程度，與今日大明星與偶像相仿。書中描述了許多有趣的維也納「瘋狂追星」的即景：走在路上遇到了話劇演員的髮型師或馬車伕，會使眾人為之欣羡，大明星的紀念日或喪禮會造成萬人空巷，連從不進戲院看戲的廚娘，風聞哪個知名演員驟然去世，也會

維也納舊城堡劇院

淚流滿面，彷彿死的是家人至親。還有其他誇張的「追星」事跡，例如演過莫札特歌劇《費加洛婚禮》的舊城堡劇院被拆除時，維也納人蜂擁而上，你爭我奪，只為在拆毀的殘餘舞台裡拾起一塊地板的小碎片，帶回家細心收拾，密封保存在精緻的小盒子裡，彷彿傳家寶般的世代留存。

這當然是維也納人的浪漫，但這份浪漫背後體現的，是維也納人對文藝的熱愛，歷史上從沒有一座城市像維也納，文風如此熾盛。文明的發展從來不是簡單的事，精神與物質的豐美，往往來自時代的生命力量。維也納市民萬事不問，對奧地利政治或其他事務多半寬宏大量，得過且過，但說到藝術，簡直就是有些強迫症傾向。為了達到追求完美的境界，市民們各個也練就了世上最挑剔的感官，而要想在維也納登台亮相的音樂家和戲劇演員們，可得有心理準備，他們的演出絕不能有半點差錯，否則就會吃不完兜著走。因為，無論他們是縮短一個音符還是唱錯一個字，甚至是合唱團加入不同聲部的時間稍有延遲，都會被觀眾席上耳尖的市民們挑出錯誤，用鄙夷的眼光加以斥責。茨威格說，維也納的文化傳統體現出對藝術的最高「崇敬」，生活在這裡，如果不懂得享受音樂或藝術，就不是「真正的維也納人」。這正是維也納人的可愛之處，對美的追求如此全然與忠誠，完全超越世俗功利的價值，簡直如同墜入愛河般心有所戀，纏綿悱惻，這種熱愛藝術的瘋狂與浪漫，正是茨威格所經歷二十世紀初期奧地利的輝煌時代，堪比文藝復興的多瑙河畔文化盛世。

1930 年代的維也納街景

瘋狂的奧地利「文青」們

維也納社會的鼎盛文風，對當地的青年造成了重要的影響，這些瘋狂的「奧地利」文青們，對於藝術文化的熱愛程度與成年人不相上下，種種「狂戀」文藝的行徑，使讀者感到相當不可思議。選文一開始，茨威格描述自己青年求學時代，如何因緣際會，在良好的同儕氣氛中，與藝術結下不解之緣。這些可愛的奧地利「文青」們，對於藝術的瘋狂程度，如同患了「熱病」，一個傳染一個，深怕遺漏任何關於戲劇或文藝的消息。文中提到諸多藝文人士，如蓋爾哈特·霍普特曼和理查·史特勞斯，儘管到了今日，在藝術、或音樂史上仍具重要的世界影響力。熟悉歌劇作品的人都知道，理查·史特勞斯這位作曲家曾以《唐璜》和《莎樂美》等作品廣受人們重視，甚至得到德意志帝國皇帝的親自接見，讚揚他藝術方面的成就。而理查·史特勞斯本人亦十分讚賞茨威格的寫作才華，甚至曾不顧當時德國頒布的法律，堅持與身為猶太人的茨威格合作，共同撰寫歌劇《沉默的女人》。另一位蓋爾哈特·霍普特曼，則是鼎鼎大名的戲劇作家，於一九一二年榮獲諾貝爾文學獎，創作涵蓋了戲劇、詩歌與小說，影響深遠。再如文中提到華格納《羅恩格林》在維也納首演的盛況，年輕人為之風靡，《羅恩格林》這部歌劇曾使諸多王公貴族傾倒，著名的觀光景點「新天鵝堡」，即是巴伐利亞的國王路德維希二世，因喜愛故事中的「天鵝騎士」巧喻命名。茨威格娓娓道來，帶讀者重回這些文藝重度成癮青年的「追星」現場：每逢首演下午便集體缺席，只為排隊求取可憐的站票，觀賞後的隔天還要鉅細靡遺的回

著名的觀光景點「新天鵝堡」，即是巴伐利亞的國王路德維希二世，因喜愛故事中的「天鵝騎士」巧喻命名。

顧，絕不可錯漏半點細節。

除了戲劇，這些奧地利「文青」對於詩歌的狂熱也令人咋舌，學校教師尚未觸及的，他們早已透過各式各樣的秘密方式先睹為快，還把自己喜愛的詩句抄在毫不相干的拉丁文課本裡，如同咒語般喃喃複誦，藝術的懾人魅力，使這些維也納青年為之瘋魔，連艱深的尼采哲學著作，竟也搖身一變成為「中學生讀物」，令人難以置信。「知識」竟能為這些年輕的心靈帶來如此懾人的美感經驗，如與戀人相遇，充滿無法自拔的狂喜與熱切。年輕的茨威格眼中散發熱情的火光，對於知識或藝術之美的追求，是維也納百萬人剪影之一。沒有比文藝更能撫慰人心的，沒有比文藝更能使人願意終生奉獻，這是繆斯女神的光輝臨照，足以抵禦一切醜陋現實，成為人們心中那座堅固的精神堡壘。

茨威格寫他與朋友們如何以書籍作為「密語」，以滋潤靈魂的文藝糧食互通有無，他們心領神會的藝術交流殿堂，不是別處，正是維也納的「咖啡館」，這可不是普通的閒聊場所，咖啡館對維也納人而言，幾乎像是街市裡的小型圖書館或公眾藝文沙龍，人們在這兒閱讀各種報章雜誌與交流訊息，談天說地，舉凡國際局勢與最新的藝文動態，都可以在這裡先睹為快。二十世紀初期網際網路尚未發明，人們的訊息取得無法像今天一樣快速即時。因此，當時的維也納「咖啡館」，可說是一道城市文學風景，是具有特殊地位的文藝活動場域。咖啡館堪比維也納的「世界之窗」，帶領年輕學子觀看全球局勢與藝文脈動，更重要是，咖啡館普遍存在著文藝討論的風氣，比十七世紀以來盛行的文藝沙龍更加自由開放。咖啡館不需要貴族的豪華宅邸，不專屬於上流社會少數私人交際，在「咖啡館」這個相對自在的藝文空間，每個人都可以盡情參與討論。年少的茨威格與同好們在咖啡館相互討教，良性競逐。這裡成為另類的「學校」，使他們拓展視野。甚至是維也納還未出版的書籍，他們都能獲得先聲，汲取新知。史蒂芬·格奧爾格和里爾克的作品，在當時的奧地利還未完整出版，早已被這批文藝青年私下熟稔和口耳相傳。他們確實是一群「理想的讀者」，充滿好奇心，感受力豐富。更重要的是，他們的狂熱也會回過頭來「感染」城市裡的成年人，如同「麻疹或猩紅熱」，使維也納的文藝之風更加熾盛。

走筆至此，讀者不難了解，茨威格所處的時代如何令人心嚮往之。維也納就像精緻的瓷器，被人類歷史文明發展孕育出極致的光澤。選文最後，茨威格邀請讀者再度「回眸」，最後凝視一眼這座偉大的藝術之城。即便是世界級的音樂大師，在維也納也如同日常風景，隨興可遇。馬勒這位作曲家與指揮家，是繼貝多芬、舒伯特之後的音樂大師，三十七歲便當上維也納宮廷歌劇院總監，走在維也納的路上，不知令多少巧遇他的人雀躍不已。還有布拉姆斯，這位時時看不順眼自己創作，動不動就銷毀自己樂譜手稿的挑剔作曲家，如何和善地拍了作者肩膀，使他受寵若驚，神魂顛倒。還有其他數也數不完的誇張崇拜行徑，向演員馬車伕打聽消息、偷溜進舞台看事前排練，這些行為的背後，顯示出維也納人對於藝術文化的癡迷與熱愛。

茨威格《昨日世界》為讀者留下維也納的美麗身影，以及眾多文藝狂熱分

維也納「咖啡館」，
可說是一道城市文學風景，
是具有特殊地位的文藝活動場域。

子的形跡，這份令人讚嘆美哉藝術的「藝文備忘錄」，當然不僅止是為了「緬懷」維也納。更重要的是，提醒世人，唯有「美」才是真正超越一切的價值意義，維也納的「昨日」如此美好，是他心靈永恆的文化原鄉。哪怕經歷兩次世界大戰，甚至被迫以猶太人的身分流亡，他心中仍然時刻牢記。茨威格說，只有藝術可以超越一切。維也納的文化，乃至整個奧地利，其實就是德意志、斯拉夫、匈牙利、西班牙、義大利、法國等「巨大反差融於一爐」的文化精神，不同國家的人來到這裡，卻能超越狹隘的民族對立觀點，以心靈真實的面貌彼此交流，不管出身哪個種族，隸屬何種語系，都能在維也納這座城市巧妙的「融合」。只要來到維也納，彷彿就擁有了藝術的「文化國籍」，這才是屬於整個歐洲文明的精神，是人類至高無上的群體本質，海納百川，無邊無際。

成長於奧地利多種族國家的茨威格，自始至終都是一個超越國界的理想主義者，他青年時代身處的維也納，散發卓越的文明氣象，兩次世界大戰帶給歐洲的重創，使得這座藝術之城轉而黯淡，儘管對茨威格而言，他當時所處的維也納早已今非昔比，榮光不再，種族主義導致的殺戮層出不窮，數以萬計的人被迫流離，但一切仍未絕望。茨威格說，只要人們自他書中一瞥維也納曾有的絢爛景象，領略藝術的力量，國族主義的偏狹仇恨終有淨化之日，那時，人們必然可以擺脫無止境的迫害或征伐，停止流亡，活在真正相互理解的和平之中。

維也納的中央咖啡館，號稱是「全世界最美的咖啡館」。

肆、再做點補充

文藝手稿蒐集達人：茨威格

茨威格曾被作家羅曼．羅蘭譽為「心靈捕手」，他的文筆流暢精彩，善於捕捉意識的瞬間，博學多聞。茨威格在柏林取得博士學位後，遍歷各國，增廣見聞，並結交眾多文友。在《昨日世界》中，他曾提到與作家們交往的諸多軼事，諸如陪伴里爾克欣賞修道院建築，兩人在一座修道院附近等待了很長的時間，只為了大詩人里爾克想看一眼大門緊閉後的簷廊。再如被邀請參觀羅丹的工作室，見證一代大師創作出神入化的雕塑，這位雕刻大師從事藝術事業時聚精會神，全然投入，旁若無人，甚至到了連自己邀請茨威格到家中吃飯和參觀工作室，都忘得一乾二淨。竟然在工作告一段落後，驚詫的看著已在一旁久候多時的茨威格，差點脫口而出「您是哪位？」近乎戲劇的荒謬橋段屢屢上演。書中還提到他與高爾基在庭園附近漫步，高爾基的孫女將他童年時期親手栽植的樹指給茨威格觀賞。作為一名文藝愛好者，茨威格在藝文界不但交遊廣闊，同時還熱衷蒐集作家手稿或音樂家的樂譜。他要求作家朋友們捐獻手稿作為他的私人收藏，羅曼．羅蘭曾送給他一卷《約翰．克里斯朵夫》，里爾克則把自己廣受人愛戴的作品《愛與死之歌》交給他，還有高爾基把大量的草稿交付給他，甚至連心理學家弗洛依德，都曾贈送過論文的手稿給他。他自言對於上帝賦予詩人或音樂家的「雙手」充滿敬意，對靈感如何透過文字或樂譜留下「痕

作家羅曼．羅蘭

雕刻大師羅丹

跡」深深著迷，家中珍藏的作家手跡，堪比一座小型博物館，他本人也練就一身鑑賞的本事，甚至連古物拍賣公司的經理人都得向他請益，稱得上是文藝手稿蒐集的「超級達人」。

茨威格小說中的女性人物刻畫

除了蒐集名家手稿，茨威格本人的文學創作也相當精彩，曾被譽為「人類靈魂裡永遠的旅人」的他，小說取得的藝術成就，被視為等同契訶夫和莫里亞克。他筆下的小說故事情節引人入勝，許多故事的起點經常都有一位自稱「我」的先生為讀者穿針引線，訴說一個個精彩的故事。他曾自言，筆下的人物彷彿存在自我意識，身為作者的他其實無法完全「掌控」人物的命運。在寫作的過程中，茨威格說他常不自覺的隨意走筆，彷彿這些小說主角與他沒有直接關係。代表作如〈一個陌生女子的來信〉、〈一個女人一生中的二十四小時〉和長篇小說《焦灼之心》，都是相當膾炙人口的作品。

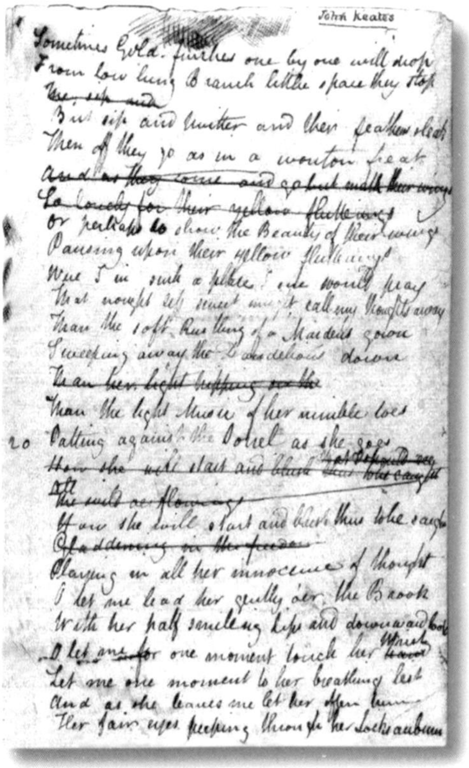

茨威格收藏的
英國詩人約翰濟慈手稿

〈一個陌生女子的來信〉曾經三度被改拍成電影，在好萊塢廣受好評，家喻戶曉。這篇小說的故事描寫作家亞爾，在四十一歲的生日突然收到一封神秘來信，信中提到一位不知名的維也納女孩，與作家曾經有過風流韻事並生下一子。神祕女子告訴亞爾，他倆生的兒子已經不幸病逝，基於這樣的痛苦，她必須對他坦承這麼多年來從未說出口的故事。自從十三歲起，女孩就愛上了比鄰而居的亞爾，但是亞爾卻一無所知，女孩後來一度與再嫁的母親搬到遠方，成年後仍對亞爾念念不忘，為此她又搬回原本居住的城市，目的是能日日見到她愛慕的亞爾。終於在一次巧遇的邂逅，女孩得以親近亞爾，但亞爾始終沒有認出她來，他倆的愛情十分短暫，他甚至不記得這個女孩的長相。她用一生深愛的男人，從不曾真正「認識」過她，甚至毫不費力的把她在記憶中抹去。她最終絕望的帶著孩子離開，獨自生活，直到寫信的夜晚，兒子身染重疾而死，她才決定把一切告訴亞爾，但一切都來不及了，女孩亦將不久人世。

小說曾描寫女孩與亞爾重逢時曾隱晦的暗示他，問他知不知道每年生日時收到的白玫瑰是誰送的？但亞爾不置可否，也毫無興趣探究。然而就在收到這封信的那天，亞爾讀完最後一個字，忽然發現，今天正是他的生日。桌上的花瓶卻始終空蕩蕩，因為從今以後，再也沒人送給他玫瑰花。〈一個陌生女子的來信〉深刻細緻刻劃了愛情的本質，每個人對感情的看法或詮釋都不同，對亞爾而言，愛情的本質變幻不定，高深莫測，他只能忠於自己的感覺，唯有「逝去」的美好，才會使他突然意識到，少了女孩的愛，他的世界就彷彿那只空蕩

〈一個陌生女子的來信〉
深刻細緻刻劃了愛情的本質。

蕩的花瓶。但對女孩而言，愛情是一種自我獻祭，是令人難以自拔的靈藥魔咒，哪怕只是一個眼神，都能使人終生牽腸掛肚，宛若飛蛾撲火，無計毀譽。

茨威格筆下的女性人物刻劃細膩，但大多帶著悲劇色彩。有評論家認為，「重逢」向來是茨威格小說中非常重要的主題。除了〈一個陌生女子的來信〉之外，〈一個女人一生中的二十四小時〉、〈馬來狂人〉與《焦灼之心》全都不約而同觸及了女性情感的悲劇命運。〈一個女人一生中的二十四小時〉的老太太講述年輕時拯救一名嗜賭成性的年輕人，卻反而陷入感情泥淖，最後一切無濟於事，年輕人拒絕了她的好意，依舊日日沉迷於牌桌，客死異鄉。〈馬來狂人〉中的美麗貴婦人，在追求婚外情的過程中不幸懷孕，最終悲慘的死去。而《焦灼之心》雙腿癱瘓的艾蒂絲，愛上了對她只有同情沒有愛情的少尉霍夫米勒，並訂下婚約，沒料到男主角三心二意，反覆猶豫，並在一次與軍官們談笑的公開場合否認了婚約。艾蒂絲從兩人共同的朋友口中聽聞此事，於是憤而從露臺上一躍而下，從此告別人世。情感本身是如此脆弱，身為女性更是限制重重，潛意識中尋求幸福的渴望，最終卻往往反噬女人的一生。俄國知名作家高爾基曾經稱道茨威格小說中女性心理描摹，認為他的作品真摯動人：「主題的獨創性，以及只有真正的藝術家才有的奇異表現力。」使高爾基看完他筆下的女性故事，也忍不住一掬同情淚，激動得難以自持。

（江江明）◆

《一個陌生女子的來信》
曾經三度被改拍成電影，
在好萊塢廣受好評，家喻戶曉。

12 生活的藝術 節選

林語堂是二十世紀中國不可多得的天才型人物。他既是文學家，教育家，也是發明家；不但精通英語，也精通生活美學。最重要的是他在豐富的知識、動人的文采、清晰的思想之外，更有精彩的人格、旺盛的生命力。作為一座任重道遠的橋樑，他竭盡心力，透過機智與幽默，用英文著作把深愛卻處於劣勢的中華文化向西方社會詮釋、介紹。《生活的藝術》就是他眾多英文著作最廣為流傳的中譯作品。

壹．作者與出處

林語堂（一八九五～一九七六），本名為和樂，大學時期改名玉堂，一九二五年前後又改名為語堂，筆名有毛驢、宰予、宰我、豈青、薩天師等等。林語堂學識豐富、著作等身，是享譽國際文壇的學者作家、語言學家、翻譯家，亦是第一臺中文打字機的發明家。他出生於閩南漳州平和縣坂仔村一個基督教家庭。在中西式教育的薰陶下，林語堂日後得以成為一位學貫中西、著述不輟、好學不倦的生

活大師，一生致力於作東西文化交流的橋梁與津渡。除了開放的家庭教育外，其所居住的故鄉坂仔村群山環繞、風景秀麗，年幼時曾攀登高山往下俯瞰村莊，使他感到人在大自然中的渺小。《四十自敘》寫道：「我本龍溪村家子，環山接天號東湖；十尖石起時入夢，為學養性全在茲。」生存環境的陶冶，培養出謙卑的人生觀、開闊自由的胸襟與率真樸實的性格，自詡為「山地的孩子」。

林語堂十七歲時，進入私立聖約翰大學（St.John's University）就讀，就學期間奠定良好的外文能力，大二時以英文創作的短篇愛情小說榮獲學校金牌獎，並獲選擔任校刊《約翰聲》（Echo）的編委。畢業後，擔任北京清華大學中等科英文教員。適逢新文化運動開始萌芽，胡適與陳獨秀於《新青年》雜誌上大力鼓吹「文學革命」。一九一七年，胡適回國後任教於北京大學，林語堂不僅與他成為好友，更首次以中文在《新青年》雜誌上發表文章。一九一八年進入哈佛大學（Harvard University）比較文學研究所就讀，在衛德諾圖書館（Widener Library）盡情閱讀、汲取知識。一九二二年二月，獲哈佛大學碩士學位。同年九月，赴德國萊比錫大學（Leipzig University）攻讀語言學博士學位。

一九二三年，林語堂至北京大學任教，擔任英文系英文和語言學教授。一九二四年在《晨報副刊》所發表的〈徵譯散文並提倡幽默〉

一文，為中國最早倡導幽默的文章。隔月，再於《晨報副刊》發表〈幽默雜話〉，開啟中國近代幽默文學的發展。爾後，林語堂兼任北平女子師範大學英文系教授及主任，受魯迅影響並與其有密切往來，同時加入以魯迅、周作人、錢玄同、劉半農、孫伏園為代表的語絲派，成為《語絲》的主要撰稿人之一。林語堂曾擔任蔡元培（時為上海國立中央研究院院長）英文秘書，並廣泛閱讀中外名著。在孫伏園的引介下，與開明書店老闆章錫琛簽訂合約，花費一年多的時間，編寫三冊《開明英文讀本》，經過教育部審定後於一九二九年出版，成為暢銷的中學英文教科書。在此之後，林語堂又編寫了《開明英文文法》、《英文文學讀本》和《開明英文講義》等英文教學系列書籍，為英文教學作出重要貢獻。一九三〇年代初期，由於國內政治動盪，林語堂過去經常撰寫投稿的《語絲》、《奔流》等刊物亦先後停刊，開始在英文《中國評論週報》發表文化評論性質的文章，由於題材豐富、筆法幽默而深受歡迎，漸次建立他作為英文作家的聲望。

一九三一年，日本入侵東北，自英返國的林語堂，面對變幻莫測的政治局勢，採取觀望的態度，開始思考如何在這樣的社會環境中生存。於是，一九三二年九月，他創辦了《論語》半月刊，再次提倡「幽默」，以戲劇看官的姿態及輕鬆活潑的筆調，觀察、評論動盪不安的中國社會，林語堂也因此獲得「幽默大師」的名號。從

《論語》開始，陸續創辦了《人間世》（一九三四年）、《宇宙風》（一九三五年）等刊物，逐漸聚集一批文人以幽默、閒適、性靈小品為主，後世稱之為論語派，老舍便是在《論語》刊物上發表較多作品的著名作家，稱林語堂為「語帥」。一九三五年，林語堂英譯沈復的《浮生六記》，並發表於英文《天下月刊》。除了《浮生六記》，林語堂亦翻譯劉鶚《老殘遊記》，逐漸在國外打開知名度。同年，他費時約十個月所創作的《吾國與吾民》一書，在諾貝爾文學獎得主賽珍珠（Pearl Buck）的促成下出版，頗受好評，不僅成為暢銷書，更被譯成多國語言銷售。出書成功後，林語堂在賽珍珠的建議下，決定舉家赴美演講出書，分享自己的人生觀與寫作經驗，以及中國提倡幽默文學的狀況，同時宏揚中華文化。是故，一九三六年至一九六六年間，成為林語堂英文創作的巔峰期，書寫內容多為中華文化與民情，介紹儒家的孔子，道家的老莊，以及一代文豪蘇東坡傳記。在中西文化的碰撞洗禮下，林語堂深刻的體會到中西文化的差異。一九三七年，《生活的藝術》一書，專文介紹中國生活藝術，甫出版便廣受歡迎，甚至被美國「每月讀書會」評選為當年十二月的特別推薦書。一九三九年所創作《京華煙雲》甫一推出即備受矚目，被譽為是「現代中國小說經典之作」。《京華煙雲》與《風聲鶴唳》（一九四一年）、《朱門》（一九五三年）合稱為「林氏三部曲」，寄託了他一生對於人生與文化的理想。

林語堂一生著作等身，創作能量豐沛，其作品總能以客觀的立場，同情共感去觀察、欣賞與批評中西文化，提供多元的視角讓人重新反思自身文化，並鎔鑄出獨特的文學寫作觀。他曾投入大量心力，自行研發中文檢字系統，歷多年的探索，於一九四七年在紐約推出「中文明快打字機」，此為全球第一臺中文打字機，並取得專利。一九六三年出版的《賴柏英》，為其自傳小說，一九六四年出版反共小說《逃向自由城》則是創作生涯中最後一部小說作品。晚年返臺定居，除了演講與撰寫小品文外，完成了《林語堂當代漢英辭典》的編纂，於一九七二年十月由香港中文大學出版，這部著作的問世，乃凝結畢生之學問，為重要的里程碑。一九七五年九月，第四〇屆國際筆會於維也納舉行，林語堂擔任國際筆會副會長，小說《京華煙雲》更入選為諾貝爾文學獎候選作品。晚年林語堂定居臺北，得以在臺灣聽到親切的閩南鄉音，彷若回到家鄉，在臺北陽明山構築「有不為齋」，徜徉書香桃花源，品賞滿園荷花，遠眺山巒綠蔭，安享靜好的歲月。一九七六年病逝，長眠於臺北陽明山寓所後園。一九八五年五月，將其規劃為「林語堂先生紀念圖書館」，二〇〇二年三月二十六日改名為「林語堂故居」，供後世紀念一代幽默大師。

本文選自《生活的藝術》第十二章〈文化的享受〉。

貳．選文與注釋

藝術是創造，也是消遣。這兩個概念中，我以為以藝術為消遣，或以藝術為人類精神的一種遊戲，是更為重要的。我雖然最喜歡各式不朽的創作，不論它是圖畫、建築或文學，但我相信祇有在許多一般的人民都歡喜以藝術為消遣，而不一定希望有不朽的成就時，真正的藝術精神方能成為普遍而瀰漫於社會之中。這正如學校中的學生，重在要他們多數能隨便玩玩網球或足球，而不必定求他們能產生少數幾個能加入全國競賽的錦標運動員或球員。兒童或成人，也重在能創作一些物事以為消遣，而不必定求其能產生一個羅丹[1]（Rodin，十九世紀之法國大雕刻家）。我寧願學校中教授兒童做些塑泥手工，寧願一切銀行總理和經濟專家能自製聖誕賀卡，無論這個思想是如何的可笑，而以為這樣實在較勝於少數幾個藝術家為了職業關係而從事這些工作。換句話說：我贊成一切的業餘主義。我喜歡業餘哲學家、業餘詩人、業餘攝影家、業餘魔術家、自造住屋的業餘建築家、業餘音樂家、業餘植物學家，和業餘航空家。我覺得在晚間聽聽一個朋友隨便彈奏一二種樂器，樂趣不亞於去聽一次第一流的職業音樂會。一個人在自己的房裏看一個朋友隨便試演幾套魔術，樂趣更勝於到劇院去看一次臺上所表演的職業魔術。父母看自己的子女表演業餘式的戲劇，所得的樂趣，更勝於到劇場去看一次莎士比亞[2]戲劇。我們知道這些都是出於

1 羅丹：人名。（一八四〇～一九一七）法國雕刻家。其創作影響現代雕刻表現形式甚鉅，作品題材廣泛，在傳統中融進新精神，以凸顯作品的性格、感情、生命及躍動感。代表作有〈沉思者〉、〈巴爾札克像〉、〈雨果像〉及〈地獄門〉等。

2 莎士比亞：人名。（一五六四～一六一六）英國伊麗莎白時代詩人、大戲劇家。幼年貧苦失學，二十二歲時至倫敦為劇場演員，後為劇場修改古代戲曲，繼乃自創劇本。傑作三十五種，剖析人性，刻劃入微。所著十四行詩有《短歌集》等，喜劇有《仲夏夜之夢》、《威尼斯商人》等，悲劇有《哈姆雷特》、《羅蜜歐與茱麗葉》等，歷史劇有《凱撒大帝》、《亨利第五》等。

自動的，而真正的藝術精神祇有在自動中方有的。這也就是我重視中國畫為高士的一種消遣，而不限是一個職業藝術家的作品的理由。祇有在遊戲精神能夠維持時，藝術方不至於成為商業化。

遊戲的特性，在於遊戲都是出於無理由的，而且也絕不能有理由。遊戲本身就是理由。這個見地，有天演[3]歷史為證明。美麗是一種生存競爭說所無從解釋的東西；世界上甚至有對生物具著毀滅性的美麗方式：例如鹿的過於發育的美角。達爾文發覺他的天然選擇說實在無從解釋植物和動物中的美麗分子，所以他不能不另定一個性的選擇為附加原則。我們如若不能承認藝術實祇是一種體力和心力的氾濫，自由而不受羈絆，祇為自己而存在，則我們即無從瞭解藝術和它的要素。「為藝術而從事藝術」的口號，常受旁人的貶責，但我以為這不是一個可容政治家參加議論的問題，而不過是一個關於一切藝術創作的心理起源的無可爭論的事實。希特勒貶斥許多種現代藝術為不道德，但我認為那種替希特勒作畫真像，放到新藝術博物院去取媚這個炙手可熱的統治者的畫家，乃正是不道德之中最不道德的人。這不是藝術，而簡直是賣淫。商業式的藝術不過是妨礙藝術創作的精神，而政治式的藝術則竟毀滅了它。因為藝術的靈魂是自由。現代獨裁者擬想產生一種政治式的藝術，實在是做一件絕不可能的企圖。他們似乎還沒有覺得藝術不能藉刺刀強迫而產生，正如我們不能用金錢向妓女買到真正的愛情。

3 天演：生物界的生存競爭，優勝劣敗，以成自然進化的過程。

我們如要瞭解藝術的要素，我們必須從藝術是力的氾濫的物體基礎去研究。這就是所謂藝術的或創作的衝動。藝術家每喜歡用「煙士比里純」[4]這個名詞，即表示藝術家本人也不知道這衝動是從那裏來的。這其實不過是一種內心鼓動關係，如科學家去做一種發現真理時的衝動，或探險家去做一次發現一個新海島時的衝動；這裏邊並無理由可說。我們在今日有了生物學智識的協助，漸能知道我們的思想生活的整個組織，是受著血液中「荷爾蒙」[5]（Hormones）增減的支配，對各項器官和控制這種器官的神經系所起的作用的調節。動怒和怕懼，也不過是某種液汁的分泌關係。天才本身，在我看來，也不過是腺分泌過量供給的結果。中國某無名小說作家雖然並沒有「荷爾蒙」的智識，居然能臆測到一切活動的起源；以為是由於我們體內的蟲的緣故。通姦是由於蟲在那裏咬大腸，逼迫一個人去洩欲。志願、挑釁心，和愛名位，也是由於某種蟲在那裏作怪，使一個人片刻不得安逸，直到他的志願達到了目的才罷休。著作一本書，例如一本小說，也是由於某一種蟲在那裏鼓動和迫促那作者無理由地去創作。「荷爾蒙」和蟲這兩個名詞中，我寧取蟲，因為它好像更為生動。

蟲的供給過量，或祇是常量，一個人便將被迫去做一些創作。因為這時他是自己也做不了主的。當一個小孩的體力供給過量時，他便會將尋常的跨步改做跳躍。當一個人的體力供給過量時，他即將跨步改為跳舞，不過是一種低效能的跨步；所

4 煙士比里純：即靈感，為英語 inspiration 的音譯。

5 荷爾蒙：生物體之內分泌腺所產生的分泌物。為英語 hormone 的音譯。

謂低效能者，是從實用主義者耗費力量的見解而言，而並不從美術的見地而言。跳舞者並不取徑直接走向目的地，而迂迴地兜著大圈子走過去。一個人在跳舞時絕不會顧到愛國的，所以命令一個人遵照著資本家或法西斯主義[6]或普羅主義[7]的預定方式跳舞，簡直就是毀滅遊戲的精神，以及使跳舞的神聖效能減低。如若一個共產主義者企圖去達到一種政治目的，或企圖去做一個忠實的同志，則他祇可跨步而不當跳舞。共產主義者似乎已明瞭勞工的神聖，但沒有明瞭遊戲的神聖。難道人類在和一切別種動物比較之下，還嫌他們的工作不夠量，所以連一些些的空閒去從事遊戲和藝術，也須受那個怪物（即國家的權力）的干涉嗎？

這種對於藝術祇為遊戲的真性質的瞭解，或許可以有助於澄清藝術和道德的關係。所謂美者不過是合式而已。世上有合式的行為，如同有合式的畫或橋一般。藝術的範圍並不僅限於圖畫音樂和跳舞，因為無論什麼東西，都有合式的。賽跑中有運動員的合式；一個自幼至長，更自長至老的人，在每個時代中都有相配的行為而具著行為上的合式；一次布置周密，指導有方，因而獲得最後勝利的總統競選活動，也自具著其進行上的合式；即小如一個人的笑和咳嗽，也有合式和不合式之別。如中國舊官僚習氣即屬於合式。凡屬人類的活動，都各有它的表顯方式，所以要想將藝術的表顯限制於音樂跳舞和圖畫這幾個小範圍內，是不可能的。

所以藝術有了這樣較廣泛的解釋之後，行為上的合式和藝術上的優美個性便有

6 法西斯主義：西元一九一四年在米蘭由義大利墨索里尼倡議的政治組織的意識形態，主張應由少數優秀權威者統治一般非理性群眾的極權與軍事統治，強調團結一致的國族與不平等的種族主義，並十分重視軍事對身體（特別是男性）的訓育，為極端右翼的思想。反對自由主義、保守主義、共產主義，影響二戰時的納粹種族主義。

7 普羅主義：意指無產階級擺脫被壓迫剝削的地位，成為領導國家政權的階級。普羅，為英語proletariat的音譯，指無產階級。

了密切關係，並成為同樣的重要。我們的身體動作上可以具有一種逾常的美點，如一首音韻和諧的詩的節調上逾常的美點一般。一個人一有那種過量的力量供給，他便會在一切行動中顯出飄逸和瀟灑，並顧到合式。飄逸和瀟灑是從體力充足的感覺而產生，他感覺到能把一個行動做到超過僅僅看得過去的地位而做得非常的合式。在較為抽象的範圍中，我們能在一切做得好的動作中看到這種美點。做一次優美動作或簡潔動作的衝動，本來就是一個美術的衝動；甚至如一件謀殺行為，或一件陰謀行為，祇要在動作上做得簡潔，則看去也是美的。就是在人生的一切小節上，也有可能有飄逸瀟灑和勝任的姿勢。凡是我們所謂的禮貌，都屬於這一類。一次行得適宜恰當的問候，我們稱之為優美愜人意的問候；反過來說，一次行得不好的問候，便謂之拙劣討人嫌的問候了。

中國人說話和一切人生動作上的禮貌的發展，在晉代的末葉（第三第四世紀）達到最高點。這就是「清談[8]」最流行的時代。這時女子的服裝尤其講究，男子中則有許多個以美貌出名。這時並盛行留「美髯」和穿著寬大的長袍。這種長袍的裁製很特別，能使一個人縮手到衣裏去搔身體上任何部分的癢處。當時一切舉動都是出之以瀟灑的。拂帚，即拿幾綹馬鬃紮在一根柄上以供驅除蠅[9]蚋[10]之用的，成為談天時一種重要的道具。這種閒談在文學中至今尚稱之為「帚談」。這帚的用處，是在隨談隨拂，以助談思。扇子也是談天時一種優美的道具，可以在談時忽開忽摺，或

8 清談：魏晉時代知識分子的哲學談論，以老莊思想為談論內容，不涉及任何現實事情。後亦指不切實際的言論。

9 蠅：昆蟲綱雙翅目蠅科的通稱。體長約六、七公釐，密生短毛，灰黑色，頭上有複眼甚大，口器伸為管狀，適於舐食。生長繁殖極快，能傳染霍亂、傷寒、結核、痢疾等的病原菌。

10 蚋：昆蟲綱雙翅目蚋科蚊類的通稱。體長一至五公釐，褐色或黑色。頭小，足短，胸背隆起，觸角粗短，翼透明。吸食人畜血液。幼蟲則生活在水中。

微微的搖動著，正如一個美國老婦在談天時，將她的眼鏡忽而除下忽而又戴上的神情一般，都是悅目的。在實用上講起來，拂帚和扇子與英國人的單面眼鏡差不多，但它們都是談天時的道具，如手杖之為閒步時的道具。我所親見的各種西方禮貌中，最悅目的，當為普魯士[11]紳士在室內向女客並足行鞠躬禮時，和德國少女叉腿向人行禮時的姿勢。我覺得這兩種姿勢都美麗無比，可惜現在都已經被淘汰了。

中國人所行的禮節，種類很多，一舉手一投足中的姿勢，都經過研究教導。從前滿洲人的「打扦」，姿勢是極為悅目的；他走進房中時，把一隻手垂直在身體的前面，然後用優美的姿勢，把一隻膝屈一下子，如若房中的人不祇一個，他可以在屈膝的當兒，將身體向四周旋轉一下，對在座的眾人打一個總扦。下棋的高手在落子時，姿勢也極好看；他用兩指拈起一粒棋子，用很優美的姿勢，輕輕地推上棋盤。富於禮貌的滿洲人，他們發怒時的姿勢也極美麗；他穿著裝有「馬蹄袖」的袍子，這馬蹄袖平時都是翻轉著裏子向外的，他在表示極不高興時，就將兩手一垂，將翻起的袖子往下一甩，走出房去，這就是所謂「拂袖而去」。

文雅的滿洲官員，說話時的音調極為悅耳。有著美妙的節奏，和有高有低的音韻。他說話時很慢，一個字一個字的吐出來。說話中，並夾著許多詩文中的成語，以表示學問的淵博。……他的笑，也是極富有音韻而美化的；起首時略帶一些矜持，輕笑兩聲，然後縱聲一笑。他如已有白鬚的話，那就更為好看。

11 普魯士：國名。位於德國北部。西元一六一八年由德意志霍亨索倫家族統治，以柏林為首都。一八一七年普法戰爭確立其在德意志帝國內的領導地位，成為盟主。第一次世界大戰德國戰敗，帝國解體，普魯士權力縮小。第二次大戰後，盟軍管制委員會下令廢除普魯士建制，成為歷史名詞。

笑術更是中國優伶所必須苦練，為演劇中重要動作之一。觀眾看見劇中人笑得美妙時，大都報以采聲。笑術不是一件容易的事情，因為笑的種類甚多：如快樂時的笑，看見別人中圈套時的笑，蔑視的笑。其中最難以摹擬的，則是一個人受到挫敗時的苦笑。中國的劇場觀眾最注意伶人的各種小動作，稱之為「臺步」或「做工」。伶人的舉手、投足、扭頸、轉身、拂袖、掀鬍，都有一定的尺寸，須經過嚴格的訓練。所以中國人將各種戲文分為兩類：一類是唱工戲，另一類就是做工戲。所謂做工者，即指一切手足的動作和表情。中國伶人在表示不贊同的搖頭，表示疑忌的掀眉，和表示滿意的掀鬍中，都有一定的姿勢。

參．可以這樣讀

東西文化的會通與傳播者

林語堂學貫中西，中外文兼擅，是近代重要的國際知名作家、語言學家、翻譯家，亦是現代文學的幽默大師。一九二〇年代林語堂以銳利又富機趣之健筆縱橫文壇，與語絲社成員共同為新文學、新文化運動而努力。語絲時期的散文創作具有鮮明的個性風格，體現其熱烈明快的藝術追求，以及改造中國的熱切想望，在他慷慨激烈之作品中表露無遺。《翦拂集》大多議論時事，讀來並不枯澀，文章中充滿恣肆的情感，語言不事雕琢，樸實無華，並常取生活現象為譬喻，增強語言論說的形象性。其散文的藝術追求還表現在體裁樣式的創新上，如以圖表說明，搭配漫畫，以文配歌詞，穿插歌謠體等等，所謂「奇形怪狀」的特殊雜文，今日讀來不但頗富趣味，乃時下最盛行的「跨文類」、「跨領域」的創新作法，推動雜文體裁向多元化、新穎的方向發展。

五四以降，中西方的交流偏重於對西學的推崇與移植，東方文化在西方審美觀念與框架下，缺乏自主性與文化特色、民族風格，導致東方文化似乎在苦苦追仿西方文化。為了消解東方與西方的二元對立，也為了扭轉西方人對於中國文化的偏見，林語堂在一九三五年後，他以英文發表創作，《吾國與吾民》（My Country and My People）向西方人介紹中國人和中國文化，在《生活的藝術》（The importance of living）融東方哲學與西方理學之觀點，調鼐理性與感性於一爐。並

林語堂在一九三五年後，他以英文發表創作，《吾國與吾民》（My Country and My People）向西方人介紹中國人和中國文化。

積極向西方傳播中國古典文化，讓西方世界重新認識中國人及古典文化的魅力。其散文以「幽默」、「閒適」、「性靈」為主要特色，構建獨具風格的文化美學。

在《吾國與吾民》中，林語堂塑造關於中國文化與藝術的新觀點，新「畫像」，此書對中國人的德性、中國人心靈、人生之理想、婦女生活、社會生活和政治生活、文學生活，對藝術家的生活與生活的哲思等作了各方面的闡述，是一本從新的視角解讀中國人的專著。在《生活的藝術》則從行、住、坐、臥，日常生活中以具體化的姿態展現中國古典的美好，如談到古代滿洲人「打扦」，以優美姿勢向在座眾人行禮。又如談到古人名士下棋，「用兩指拈起一粒棋子」，用優雅的手勢推上棋盤。甚且連古人發怒的表情都饒富情趣，將馬蹄袖往下一甩，即是所謂「拂袖而去」。東方世界的古典意趣，不再遙不可及或高高在上，而在日常言行舉止，隨手可得，隨處可見，在林語堂筆下，東方文化變得富有生命力的審美趣味，變得生機勃發，活潑可愛了。

《生活的藝術》乃林語堂對中西文化觀、人生觀與審美觀的考察與實踐。此中包含人生哲學的三個層次：人與自然、人與社會、人與自我。具體而言，首先是文化與自然的和諧觀，再者乃是幽默與近情的人生態度，最後則是真誠人格的追求，實踐人生與藝術合二為一的境界。生活藝術論亦被譽為生活哲學、抒情哲學、閒適哲學、快樂哲學，林語堂認為《生活的藝術》可稱作一本私人對生活態度的札記本，乃是一種高度崇尚感性生活，重視人生價值探尋和偏於自主性的人生哲學。其可貴之處在於林語堂能脫離西方現代美學感情與理性的分野，

古人名士下棋，
「用兩指拈起一粒棋子」，
用優雅的手勢推上棋盤。

尋找文化混融狀態的生存感性能力，尋找一種主體性，尋找到美學的情感根源，既秉承傳統文化美感又保持開放心胸，吸納自由民主的現代精神。他的內心世界始終雜糅著現代與傳統的複雜關係，然中西文化的雙重影響，並沒有使他陷入非此即彼的對立選擇模式，反而以一種寬容而調和的文化心態，作為跨文化的橋樑，溝通中西文化的精華。林語堂曾津津樂道：對外國人講中國文化，對中國人講西方文化，並以「兩腳踏中西文化，一心評宇宙文章」為座右銘。

以自我為中心，以閒適為筆調

作為一種生活態度與生活方式，閒適古已有之。西方文明尚且將休閒視為哲學的起源之一，也是自由的表現形式。古希臘的亞里士多德曾描繪人在悠閒時的精神狀態：「俯仰於這樣的宇宙之間，樂此最好的生命。」無往而不盎然自得，稍就安息之後又「以為希望，以為回憶，亦無不悠然自得。」此種生命的怡然自得，悠遊自在揭示人的心靈自由與人生理想，既是審美的愉悅，也是追求人生智慧的必要條件，進一步而言又是人生臻於至善的境界。林語堂在《生活的藝術》提出獨特的閒適文化的理念與主張，他認為休閒是一種智慧和歡樂的哲學，過休閒的生活，快樂的生活是人性之所嚮，乃是生活之本。「文化最後的標準，是看他教人在世上活得痛快不痛快。活得痛快便是文化好，活得不痛快，便是文化不好。」此種「痛快」所指是生活上的閒適狀態，從這樣的閒適文化出發，才能維護人格的獨立，保持精神的自由。

林語堂閒適文化的內在核心即是「生活的藝術」，而外在的表徵則是「以自我為中心，以閒適為筆調」。首先，除了要有閒暇的時間，最重要的是自由而無拘束的心境，物質豐富與否並不是決定性的要件。像《浮生六記》沈復與陳芸夫婦雖布衣蔬食，可樂終身。這種悠遊的心態，美好的情趣，即是對人生的一種熱愛，中國文化中即具備此種閒適的情感與自在的心靈空間。林語堂也身體力行此種閒適生活，時常雲遊四海，垂釣為樂，「換上便服，帶一漁竿，攜一本《醒世姻緣》，一本《七俠五義》，一本《海上花》，此外行杖一枝，雪茄五盒，到一世外桃源，暫作葛天遺民。」此種生活態度有如今日所倡導的「慢活」，他享受人生，不受名利所束縛，他喜愛旅行，認為大自然是人類的精神療養院，主張無拘無束的樂在生活。

幽默與性靈小品

林語堂主編《論語》、《人間世》、《宇宙風》雜誌，提倡幽默、性靈小品，其思想選擇一條所謂「介乎革命與反革命之間」，不涉及黨派政治的中間路線，常常信手拈來談「西裝」、「牙刷」、也嘲諷「政治病」，批評官場的客套虛偽，不敢勇於任事，稱病迴避政治責任。通過含蓄幽默形式笑看人間百態，針對當局內外政策及官僚專制加以針砭評騭。其自稱是「在缺乏幽默的假復古世界裏，頭一個鼓吹幽默的重要的人。」通過幽默文化的培養及提倡，解除傳統禮教的束縛，尤其是假道學之人，常板著臉孔裝出一副道貌岸然的樣子，實際卻失去

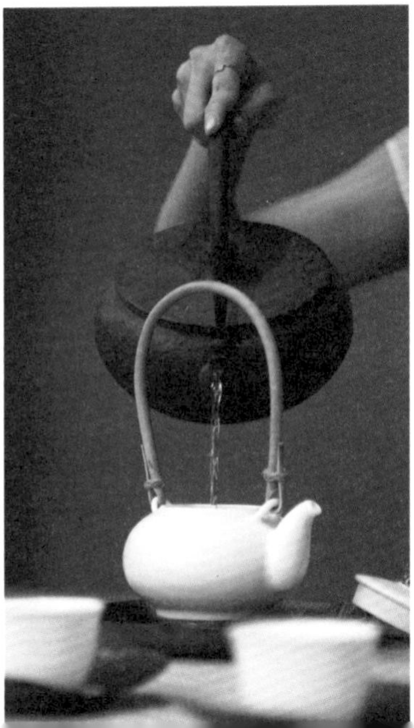

悠遊的心態，美好的情趣，即是對人生的一種熱愛，
中國文化中即具備此種閒適的情感與自在的心靈空間。

了思想，失去了人性。故從幽默作起，改變中國人被「道學」所禁錮、萎縮、乾枯、狹隘的國民性，從而建立一種清新的健康的生活態度。林語堂創作小品文篇章莊諧並出，清新自然，堪稱幽默大師，「幽默是沖淡的，郁剔（wit）諷刺是尖利的。世事看穿，心有所喜悅，用輕快筆調寫出，無所掛礙……不忸怩作道學醜態，不求士大夫之喜譽，不博庸人之歡心，自然幽默。」循著幽默的筆調，如〈大暑養生〉、〈紙煙考〉、〈中國究有臭蟲否〉。亦不乏對於社會百態的觀察篇什，如〈怎樣寫「再啟」〉雖小題大作，卻意在諷刺社會上虛情假意，人與人交往表面的套語先於實話，矯飾之風浮盛。其他題旨近似的〈作文六訣〉、〈冬至之晨殺人記〉，以玩笑戲謔的幽默色彩與文青憤世的批評話語綰合起來，自有一種笑談人間的警世力量。

林語堂早期散文語言以平易曉暢聞名，嚮往成為「大荒旅行者」、「深林遁世者」，以旅者的眼光重新探索東西世界，在閒適小品中表明創造的、自由的生活哲學。隨著《人間世》雜誌創刊逐漸轉為半文半白的風格，其語言特質從犀利直露轉為含蓄幽默，伴隨著對於語言本體的自覺追求，雖然保留著明快、輕捷的特點，更多是走向古老文言與現代白話之間的混融與雜糅，以筆記體、語錄體、小品文等探索文白交會的種種撞擊，朝向所提倡「雅健自然的國語」，將傳統再造，作出新鮮的活的語言嘗試。周作人針對當時文壇曾提出兩種寫作風格：「第一種如名士清談，莊諧雜出，或清麗，或幽玄，或奔放，不必定含妙理而自覺可喜。第二種如老吏斷獄，下筆辛辣，其特色不在詞華，在其著眼

◀林語堂著手撰寫《蘇東坡傳》
（The Gay Genius:The Life and Times of Su Tungpo），
整理大量關於蘇東坡的參考史料及珍本古籍，
透過流利而優美的英文向西方讀者介紹
一代文豪曠達悠遊的生命情調。

的洞徹與措語的犀利。」林語堂兼擅兩者，或優雅自適如名士清談，或言詞老辣、用字犀利若老吏斷獄。

游於藝的生命姿態

一九三六年林語堂受到賽珍珠的鼓舞，前往美國演講並宣揚中華文化，此後旅居美國，出版《京華煙雲》等三十六本英文專著，震撼國際文壇。一九四五年二戰結束，林語堂著手撰寫《蘇東坡傳》（The Gay Genius:The Life and Times of Su Tungpo），整理大量關於蘇東坡的參考史料及珍本古籍，透過流利而優美的英文向西方讀者介紹一代文豪曠達悠遊的生命情調，書中可見他偏愛蘇軾的才氣和憫人諷己的幽默感，不僅從撰寫蘇軾生命史中汲取精神養分，更從其文學作品得知其立身處世的智慧，追摹古人以之為靈魂嚮導，引領自我人生境界的超脫，《蘇東坡傳》帶來創作聲名的美譽及精神上的快意滿足。

旅居海外多年，中文寫作輟筆幾達三十年之久，晚年重操漢文，依然暢達自如，行雲流水。一九六六年回台定居，散文創作日多，近二百篇輯為《無所不談合集》，自序云：「書中雜談古今中外，山川人物，類多小品之作。」書中取材於兒時回憶、懷鄉思友、風光攬勝、文史考察、花草拾趣、國外雜感。或記人敘事，筆蘊春風；或考證史料，翔實真確；或抒情寫景，情致盎然；林語堂在此文集酣暢淋漓抒發晚年的生活哲思，也流露異鄉遊子多年蘊積於胸的去國懷鄉之情。其晚年的作品浸潤於一種淡泊、恬靜的詩化情境中，又喜讀雜書，英文功底深厚，故能旁徵博引，流麗灑脫，臻於其所主張的風韻與滋味。

「作品的優劣，全看它的風韻和滋味如何」，而「最美的文體就是如蘇東坡的文體一般的行雲流水」。此種清順自然的風格結合其閒適的生活態度，形成一種獨特的「閒談之樂」，淺近親切的文字，讓讀者感受到與老友圍爐夜談的輕鬆自在，戲說從頭，娓娓道來，號稱「娓語體」。此類文章如〈躺在床上〉、〈談勞倫斯〉、〈談中西文化〉等。〈論談話〉云：「與君一夕談，勝讀十年書……我們要明白這種文字的特格，是由於作者對讀者的態度，認為大家是老友，關起門來，作密室談的態度。」無論議論、抒情、狀物、敘事皆以閒談方式向讀者吐露內心所思所感，情真意切，不作矯飾。行文不為俗套所拘，不為章法所役，信手拈來，或剴切陳詞或侃侃而談，卻都是順理成章。林語堂散文特點在於平淡不流於俗鄙，平實樸素又蘊藉有味，毫不雕詞琢句，卻自然清麗，時時幽讀者一默，讓人會心一笑。

誠如文章所云「藝術是創造，也是消遣。」而「以藝術為消遣，或以藝術為人類精神的一種遊戲，是更為重要的。」通過藝術的創造，以追慕古人游於藝的精神，即是林語堂所謂「生活的藝術」。以閒適文化作為一種詩意的生活態度，也是一種與世俗共存的方式，林語堂所倡的「生活藝術化」，即以閒適為追求的人生觀，貫穿於其文學興味中即表現為幽默小品，獨抒性靈，不拘格套的創作，以及「閒談為樂」的娓語體（林語堂自創的文體）。這些語言風格展現他對藝術人生的詩境追求，對現世享樂的人生體驗，也是沖淡和諧，雅興趣味，文人風格的追求，亦是新一代文化人對於工業文明之後追尋優雅自在生活的理想。作為一名學貫中西、著述豐厚的文化大家，林語堂對於文學與文化一直保持超脫豁達的氣度，以藝術化、近情化的脈絡引導大眾親近古典文化，以幽默、閒適闡明中國哲學的生活態度，並「以自我為中心，以閒適為筆調」作為審美追求，在古今中西文化找到美學的靈魂。在林語堂的散文大作中，提倡自我心靈空間的營造，精神閒適而自由的享受人生，形塑成其文學作品中「自主」與「性靈」的文化人格特質。

肆．再做點補充

林語堂畢生致力於融通中西文化，作為一個翻譯家及文化傳播者，將東西方的文明視域溝通互補，多數著作以中國文化為其思想背景，以流利的英文寫作引薦東方哲學思想給跨文化讀者。此種雙重視域的溝通，往往具特殊視角，需關照到西方讀者對東方社會形態及傳統文化的接受與理解。林語堂曾云：「素來雖未著筆於小說一門，卻久蓄志願，在四十以上之時，來試寫一部長篇小說，而且不寫則已，要寫，必寫一部人物繁雜，場面寬闊，篇幅浩大的長篇。」四十歲之後即嘗試以小說的敘事方式，勾勒近現代的中國社會，幾部英文小說皆在西方世界造成轟動，文字雖樸實，但真誠而動人的故事，往往打動國外讀者，形成「林語堂旋風」。

身處變動的大時代，林語堂對於中國文化有一份自覺的使命感與傳承責任，輔以強烈的民族情感與人文關懷，又別具隻眼從西方視角反觀中國傳統文化，形成跨文化的雙向交流。在五四新文化運動思潮下，各種改革浪潮風起雲

身處變動的大時代，林語堂對於中國文化
有一份自覺的使命感與傳承責任，
輔以強烈的民族情感與人文關懷。
三〇年代外國人拍攝的北京城老照片。

湧，女性議題成為社會改革的焦點，對於性別、階級種種不公現象進行批判與改造。透過對人權議題的反思，媒妁之言、纏足、貞操、納妾蓄婢、三從四德、三綱五常等等封建思維，無一不是抨擊對象。一九二九年林語堂翻譯羅素夫人《女子與知識》，提倡男女平權，主張女性擁有性的自主及受教育的權利。林語堂的小說題材，其背景往往設定在清末民初至三十年代，整個中國受到劇烈變化，及新舊交替、中西交鋒的時刻，青年們身處家國動盪爭戰不休的近現代歷史洪流，小說透過女性人物的形塑及家國變遷時局變化，強調女性擺脫舊的傳統束縛，獨立追求自由的現代觀。

以英文寫作的第一部長篇小說《京華煙雲》（Moment in Peking，或譯為《瞬息京華》）於一九三九年問世，當時中國正處在烽火連天的對日抗戰，林語堂以英文寫政論，聲援愛國行動，向世界宣導抵抗日本侵略的正當性，而此部小說的創作動機，正是獻給英勇的中國士兵，犧牲自己的生命，「後代子孫才能成為自由的男女」，為了悼念英勇戰士，並表達自由與和平的嚮往。《京華煙雲》主要描寫清朝末年至一九三八年之間，三個大家族（姚家、曾家及牛家）歷經戰亂流離人事變遷，家國興衰與個人乖舛命運交織。小說敘事時間始於清光緒二十六年，八國聯軍即將攻入北京城，加上義和團舉起扶清滅洋大幟，姚思安舉家逃難到杭州城，兵荒馬亂之際大女兒姚木蘭走失，被人口販子運到德州販賣，幸而遇見曾家，將木蘭從人口販子手中解救，日後嫁入曾家，以報答其恩情。

民國十五年，木蘭十六歲女兒參與學生運動，北京段祺瑞政府派軍隊鎮壓

林語堂提倡男女平權，主張女性擁有性的自主及受教育的權利，擺脫舊的傳統束縛，獨立追求自由的現代觀。

遊行群眾，發生三一八慘案，大女兒遊行時遭遇不測，令木蘭傷心透頂。在國民黨北伐成功後，她帶著全家搬到南方的杭州，遠離傷心地，希冀過著平淡安穩的田園生活。民國二十六年七月七日蘆溝橋事變爆發，曾家媳婦素雲拒絕當日本漢奸而被槍斃。木蘭的妯娌曼娘，兒媳婦慘遭日軍姦殺，曼娘受辱前上吊自盡。日軍攻進杭州與南京城，一九三七年底木蘭帶著一家老小，加入數以萬計的戰爭難民逃往中國內地。隨著千千萬萬百姓逃難，木蘭融入廣大的群眾，深刻體驗萬眾一心共抗外侮的勇氣，心境從悲憤抑鬱到自適曠達，與眾多百姓共體時艱，共赴國難。小說聚焦於木蘭的生命史，透過其心境轉化，終能堅韌求生存，象徵家國苦難與時局的變遷下老百姓的處遇。

小說縱貫中國近代史，甫推出即受到西方讀者的喜愛，《紐約時報》認為作者透過姚家與曾家的家族史敘寫，重新回顧近代中國所歷經的大事件，此種紀實性使讀者不僅是在讀小說，同時也在經歷角色們活生生的人生歷程。林語堂似乎並沒有虛構情節，創造人物，因為命運及戰爭創造了這一切。彷彿作家只是將讀者帶到這些歷史現場，為讀者打開小說角色的人生故事，因此「身為小說家，林語堂可謂取得重大的成就」（Lin Yutang reaches great stature here as a novelist.）《北華捷報》評論，這本小說描繪西風東漸下中國人日常生活及對西方文明的看法。全書細膩鋪陳歷史背景及各地風俗習慣，介紹給西方讀者認識當時的中國民情及文化風貌，許多情節鉅細靡遺，像是一部社會寫實浮世繪，雖在描寫日常生活有時過於細節瑣碎，然不影響所要傳遞的人道精神及和平理

《京華煙雲》主要描寫清朝末年至 1938 年之間，三個大家族歷經戰亂流離人事變遷，家國興衰與個人乖舛命運交織。

想的普世價值。

西方評論家認為《京華煙雲》的主旨是以社會觀察家的角度剖析世道：「（這部小說）只是敘述當代中國男女如何成長，如何過活，如何愛，如何恨，如何爭吵，如何寬恕，如何受難，如何享樂，如何養成某些生活習慣，如何形成某些思維方式，尤其是在此謀事在人、成事在天的塵世生活裡，如何適應其生活環境而已。」全書似有《紅樓夢》的影響，但對西方讀者而言，《紅樓夢》過於精雕細琢，其美在於它的人物個性消極軟弱（weakness），人世的挫敗感傷（frustration）以及家族與社會的浮華頹靡（social decadence），《京華煙雲》反而呈現一個古老但生氣勃勃的中國，一個堅毅而美麗的女性如何歷經滄桑，迥異於大觀園內小兒小女的情態。林語堂曾評論中國人：「這是個古老民族的古老文化，他們知道生活的意義，不會為不可企及的事物努力。中國人的這種心思使他們失去了希望與渴望。而且因體認到幸福是一隻不可獲得的青鳥而放棄追逐——像中國俗語所說的『退一步海濶天空』，這時中國人發現幸福之鳥早就在自己的手中了，而且還差點在熱切捕捉想像中的鳥影期間把它扼死。」因幸福遙不可及，似乎也就無需強求，甚至力圖上進反而會得不償失，此種退避心態，消極處世的方式，道出民族積弱不振的文化因子，面對動盪時局，更應召喚青年積極進取之精神，熱愛生活，而不是頹廢厭世。林語堂認為中華民族與西方國家比較，進取不足，保守有餘，勇毅有為之精神不足，而動心忍性之功夫甚深。「中國人主讓，外國人主攘。」中國人民相較於西方民族，似乎

30 年代的北京街頭。

缺少了一種奮發勇往邁進的生命力。西方人的美德中，高尚（nobility）、雄心、對改革的熱情、熱心公益的精神、冒險意識和英雄的勇氣，是中國人所缺乏的。因此他塑造幾位堅強的女性人物來面對中國苦難，希冀鼓舞人民勇敢面對困境，勇於任事，積極奮鬥之精神。

《京華煙雲》呈現許多生活細節、人物情感及常民文化，栩栩如生，如躍紙上。整部小說結構龐大，且家族人際網絡錯綜複雜，藉由細膩情節鋪陳日常及生命緩慢而無所知覺的微小變化。評論家認為在以英文寫作詮釋中國這方面，林語堂甚至比大多數西方作者還要突出與優異，道出一個真實而堅韌的中國形象。由於此部小說深受中西方讀者喜愛，且數度入圍諾貝爾文學獎候選作品，近年兩岸皆有同名電視劇加以改編，臺灣在一九八八年的改編較為貼近原著的人物及情節鋪陳，製作精緻而考究。大陸二〇〇〇年後多次翻拍，增添更多的人物及劇情，以北京曾、姚、牛三大家族自義和團運動至中日戰爭，歷時三十多年間的悲歡離合與國仇家恨，巧妙穿插史實事件與歷史人物，如袁世凱奪權、張勳復辟、直奉戰役、軍閥割據、五四運動、三一八慘案等時代背景，敘事主軸是姚木蘭及家族興衰變遷，次要敘事線則旁及當時文人社群之間的交流互動，語絲派與現代評論派的筆戰論爭，青年左右路線之辨，二戰的爆發所影響的世界局勢，青年因而啟蒙與覺醒等。電視劇取材小說的菁華加以擴增虛構敘事內容，全景式的展現近代中國社會於風雲世變下的時代風貌。

（黃儀冠）◆

1926 年 318 請願學生團體與政府衛隊對峙。

1919 年五四運動遊行到天安門的學生。

13 茶經・一之源

歷史悠久的中華文明對於當代人類生活的主要貢獻之一，
大概就是飲茶文化了！這風靡全世界，
並被視為精緻、優雅生活象徵的飲用植物，
只有兩種稱呼，cha 或 tea，端看你從中國的那個地方輸入。
茶的風味是如此複雜、奇特，以至於很早開始
我們的祖先就為他摸索出一套與性靈、德行密切連結的鑑賞美學，
作為茶文化創世紀的陸羽《茶經》，便可以看出各種端倪。

壹・作者與出處

陸羽，字鴻漸。復州竟陵（今湖北天門）人。一名季疵。號竟陵子、桑苧翁、東岡子，又號茶山御史。生於西元七三三年，卒於西元八〇四年，享年七十二歲。是唐代著名的茶學家，時人譽為茶仙，尊為茶聖，後人祀為茶神。

《新唐書》、《唐才子傳》都載有陸羽傳奇的身世：嬰兒時就被父母拋棄在竟陵西郊一座石橋下，智積大師路過，聽到橋下有大雁哀鳴之聲，走到橋下一看，原來是三隻大雁張翼維護著一個凍得

發紫的男嬰，於是抱回寺中，拜託儒士李公撫養，起名李季疵。

季疵七、八歲時，李公夫婦計劃返回老家湖州養老，於是他就回到龍蓋寺智積大師身邊。智積一心想栽培他成為佛門傳人，無奈他面對黃卷青燈、暮鼓晨鐘的生活沒多大興趣，只想多認字讀書，做個有學問的人。在這期間他認真自學，遇到不認識的字，隨緣向人請教。經典詩賦讀多了，更無心向佛。十二歲時，師傅要替他剃度，他便伺機逃出佛寺。其後為自己占到一個漸卦，漸卦的第六爻的爻辭說：「鴻漸於陸，其羽可用為儀。」（意思是：鴻雁離開水澤棲息地，在遷徙的征途上「雁行有序」，有組織、有紀律，於是人們用鴻雁的羽毛妝成儀仗，用於重大活動的禮儀），於是改姓陸，自名羽，字鴻漸。可見他對自己的期許。

為了生活，他託身戲班，但因其貌不揚，又口吃，在自傳裡說自己：「（陸羽）字鴻漸，不知何許人，有仲宣（王粲）孟陽（晉、張載）之陋。相如（司馬相如）、子雲（揚雄）之口吃。」只能擔任丑角、編劇、作曲，學習各種雜技，後來他將這些見聞技巧記錄下來，寫成他第一本著作《謔談》三篇。

智積大師深解茶道，陸羽本來在品茶方面就有天份，又自幼受大師熏陶，加上唐代寺院多植茶樹，眾僧以茶助禪，他耳濡目染，早就熟悉種植茶樹、製茶、烹茶的方法，在研究茶的方方面面奠下基礎。在他著作的《茶經》裡，提到很多新穎的觀點，為了所提觀點的準確，就當起茶農來，力求對茶面面俱到深入了解。

天寶五載（七四六）竟陵太守李齊物獨具慧眼，留陸羽在身邊，在生活上照顧他，在學業上勉勵他，親自教授詩文。天寶十一載，禮部員外郎崔國輔貶為司馬，來到竟陵。竟陵是個「處處路旁千頃稻，家家門外一渠蓮」的魚米之鄉，司馬是個閒職，無勞形案牘，在這段期間，他倆兒成為忘年之交，終日宴談，討論茶道。這時陸羽的烹茶技藝，已遠近知名。

安史之亂爆發，至德元年，陸羽避亂渡過長江，開展了另一段經歷。他遍歷長江中下游和淮河流域，一一考察沿岸的風物特產，尤其是名泉、茶園。初到江南，與無錫尉皇甫冉，相識相知，在他研究茶事活動提供了很多幫助。次年，到達吳興，與烏程縣杼山妙喜寺皎然上人結誼，並客居妙喜寺，嘗試處士的新生活。與皎然朝夕相處，品茶論詩。皎然是有名詩僧，還擅長烹茶術，著有《茶訣》。他倆兒的友誼，四十多年來始終不渝。《茶經》也是在皎然資助下出版的。

陸羽在代宗八、九年間，進入湖州刺史顏真卿幕府，參加了由顏真卿主編的類書《韻海鏡源》的編纂類書工作，在編委名單中名列第二，這是陸羽的另一貢獻。顏真卿對他說：「任何一門技藝，要想流傳久遠，都必須形成道，形成文化。」經此點醒，他借著編纂的機會，大量閱讀關於茶的典籍，茶道漸在他腦海中形成，立志要寫一部茶書。

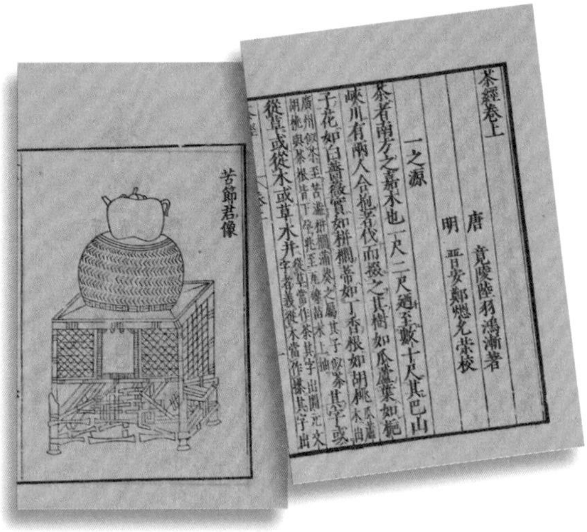

陸羽晚年回到江南，寓居蘇州虎丘山北。蘇州風景秀麗，是「吳中第一名勝」、「江南丘壑之表」，有丘陵可種茶，有清泉可品嚐，方便他深入研究水質對種茶的影響，他在虎丘山鑿泉種植蘇州散茶，總結出一整套對茶的栽植、採摘、製作的方法，開始撰寫《茶經》。這部著作，建構了精緻與閒雅的品飲之道，不僅影響了中國人的生活，更向外擴展，影響到全世界。是他把茶從藥用、飲用，提高到品用，將茶提升成一種道，一種文化，被後人奉為茶聖。連「茶」字的定稱也是由這部書開始流傳的。

陸羽流傳下來唯一有關茶的著作《茶經》，是史上第一本茶書，對當時和後世的品茶文化影響非常巨大。此書大約在陸羽二十八歲之前就已完成初稿，初印於公元七八〇年，其後屢經修訂，歷代的版本甚多。《茶經》的出版猶如茶道中的創世紀，從此以後，中國乃至周遭國家的飲茶文化與相關美學便開始有意識的發展起來。

《茶經》全文細分為三卷十篇，共七千多字，從溯源、工具、製法、烹煮的器具、用水、品茶的門道甚至產地等等，都加以描述、談論。從這些複雜的品項與考量中，我們也可以看出，在陸羽著書之前，中國人的品茶活動顯然已經十分成熟、完備了！

本文選自《茶經》的第一篇：〈一之源〉，這是整本茶經中開宗明義最重要的一章。

貳．選文與注釋

茶者，南方之嘉木也[1]。一尺二尺迺至數十尺[2]，其巴山峽川[3]，有兩人合抱者，伐而掇之[4]，其樹如瓜蘆[5]，葉如梔子[6]，花如白薔薇[7]，實如栟櫚[8]，蒂如丁香[9]，根如胡桃。

1 茶者南方之嘉木也：茶是生長在南方的優美植物。茶屬山茶科，有喬木和灌木兩型。嫩葉經加工後（如萎凋、殺菁、揉捻、乾燥、烘焙等，依不同茶類各有不同工法。）就成為可供沖泡或煎煮成茶湯飲用的茶葉。

2 一尺二尺迺至數十尺：茶樹高低不等，從三十公分到一二十公尺都有。唐代一尺約等於三十公分。迺：音、義皆同乃。

3 巴山峽川：大巴山和三峽，大致指四川、湖北一帶。

4 有兩人合抱者，伐而掇之：喬木型的大茶樹，樹幹粗壯到須兩個人伸出雙手才能環抱，所以得將枝條砍下來才能採摘茶葉。掇：音ㄉㄨㄛˊ，採摘拾取。

5 瓜蘆：是南方一種葉子像茶葉而味苦的植物，也有人拿它替代茶葉來煮泡飲用。

6 梔子：屬茜草科的常綠灌木，葉子橢圓形，很像茶葉。

7 白薔薇：屬薔薇科的落葉灌木，花形似茶花。

8 栟櫚：即棕櫚，屬棕櫚科常綠喬木，其種子似茶籽。栟：音ㄅㄧㄥ。

9 丁香：屬桃金娘科常綠喬木，原產於印尼，是一種香料。

其字，或從草，或從木，或草木并[10]。

其名，一曰茶，二曰檟[11]，三曰蔎[12]，四曰茗[13]，五曰荈[14]。

其地，上者生爛石[15]，中者生礫壤[16]，下者生黃土[17]。凡藝而不實，植而罕茂，法如種瓜，三歲可採[18]。野者上，園者次。陽崖陰林，紫者上，綠者次[19]；筍者上，牙者次[20]；葉卷上，葉舒次[21]。陰山坡谷者，不堪採掇，性凝滯，結瘕疾[22]。

10 其字，或從草，或從木，或草木并：茶這個字有好幾種寫法：從草部首的茶、從木部首的𣘻，和兼從草從木的荼。

11 檟：本意是楸樹，借作茶的別名，音ㄐㄧㄚˇ。

12 蔎：本意是香草，借作茶的別名，音ㄕㄜˋ。

13 茗：茶，吳地（長江中下游太湖一帶）稱茗，音ㄇㄧㄥˊ。

14 荈：漢代茶名，也有茶荈連用，音ㄔㄨㄢˋ。

15 爛石：山石風化完全，有機質、微量元素等保存較豐富的土壤。

16 礫壤：風化不盡完全，顆粒較粗，排水良好的砂土。

17 黃土：黏性重，有機質、礦物質、微量元素保存少的土壤。

18 凡藝而不實，植而罕茂，法如種瓜，三歲可採：種茶方式有二，其一是播種（有性繁殖），其二是移植（分株、扦插、壓條，皆屬無性繁殖）。前者須注意土壤壓實，後者要避免長不繁茂。播種法類似種瓜，即數粒種子同穴，這樣三年之後就可以採葉製茶了。

茶之為用，味至寒，為飲，最宜精行儉德之人[23]。若熱渴、凝悶、腦疼、目澁[24]、四支煩[25]、百節不舒，聊四五啜，與醍醐、甘露[26]抗衡也。

採不時，造不精，雜以卉莽[27]，飲之成疾。茶為累也，亦猶人參。上者生上黨[28]，中者生百濟、新羅，下者生高麗[29]。有生澤州、易州、幽州、檀州者[30]，為藥無效，況非此者？設服薺苨[31]，使六疾不瘳[32]，知人參為累，則茶累盡矣[33]。

19 陽崖陰林，紫者上，綠者次：茶樹要生長在日照充足的向陽山坡的林蔭之下，這樣茶多酚含量較充足，茶葉也會比較呈紫色。反之就會葉綠素較多，茶葉比較呈綠色。這符合唐代茶飲以餅茶煎煮的標準，雖偏苦不為過，故以紫葉為尚，和今世飲茶的觀念不同。

20 筍者上，芽者次：指茶的嫩葉，肥壯而長，形狀似筍的為佳，芽頭瘦而短的為次。

21 葉卷上，葉舒次：新葉初展，葉緣自兩側反卷為佳，表示葉芽柔軟。反之，新葉初展即攤平為欠佳，表示葉芽粗硬。

22 陰山坡谷者，不堪採掇，性凝滯，結瘕疾：生長在背陽陰濕的山坡谷地的茶樹，日照不足，葉芽薄小，茶性也比較凝滯不暢，有礙消化，多飲足以致病。瘕：音ㄐㄧㄚˇ，腹中結塊，與癥大致同義。

23 最宜精行儉德之人：最適合飲茶的人，就是能自我節制，凡事適可而止的修行人。

24 澁：即澀的異體字。

25 四支煩：四肢倦怠不輕便。支：同肢。

26 醍醐、甘露：古人心目中最理想有益的飲料。醍醐是經多次煉製的乳酪，甘露是指天然的露水。

27 雜以卉莽：茶樹間雜草叢生，沒有費心去種植照顧。卉莽：即草莽。

28 上黨：今山西南部。
29 百濟、新羅、高麗：都是朝鮮半島的古國名。
30 澤州、易州、幽州、檀州：唐時地名，在今山西、河北一帶。
31 薺苨：屬桔梗科草本植物。根莖似人參，誤食無益。
32 瘳：痊癒。
33 知人參為累，則茶累盡矣：若明白連人參這麼好的東西都不免有可能的害處，就可以明白茶也一樣，一不小心，也可能飲之無益有害。

參・可以這樣讀

《茶經》的十篇中，上卷〈一之源〉談的是關於茶的基礎常識，也就是它的稱呼、辨別，和作為植物最基本的特性與功能。〈二之具〉以條列名詞的方式，介紹從採收到焙製等生產茶的各種工具、器具。〈三之造〉介紹採製茶葉的契機與流程，但更著重於採茶與辨別茶葉品質的專業技巧。中卷只有〈四之器〉一篇，篇幅也較大。非常詳細的介紹了從料理到享用茶所需的二十餘種工具。

下卷的〈五之煮〉談的是煮茶的程序和各階段必須注意的細節，從炙烤茶餅、搗碎茶葉到用的碳、用的水都有講究。還有火侯、舀茶、分茶等等都要一絲不苟。〈六之飲〉綜論飲茶之事由維生本能到蔚為文化的發展與演變，如今甚至要能認知並克服所謂的「九難」，才能真正享受飲茶文化的精髓。〈七之事〉是本書篇幅最大的一篇，列舉了從上古時代到唐朝與茶有關的人物和記載，更努力收集了各種典籍裡頭，提到茶的軼事或典故。〈八之出〉詳細列出當時產茶的各個地方，並評鑒他們茶產的品質。〈九之略〉則於確立飲茶的嚴格要求後，在此提供特殊場合可以容許的權變措施，或可以省略的相關工具。但只要在「城邑之中、王公之門」則缺一不可。

〈十之圖〉最短，希望後人可以將《茶經》寫在絹布上，以供張掛、銘記，整個內容就完備了！

〈一之源〉開頭便說，茶是產在南方的美好植物，並介紹了茶樹的大小以及樹、葉、花、果的形狀。這整句話似乎同時也是向後世及全世界作的宣示。

茶的拉丁學名 camellia sinensis，意思是「中國山茶花」。

茶的拉丁學名 camellia sinensis 意思就是「中國山茶花」。當它被行銷到全世界之後，關於這美好的植物，大致只有兩種唸法，Cha 或 te，前者眾人皆知，後者的唸法則是跟閩南人學的。

不過「南方」的範圍現在要擴大許多——目前已有超過三千種茶樹的變種，被種植在南北緯四十度之間，但主要當然還是在亞熱帶。

接下來陸羽約略談到茶字的寫法和茶的說法，這也等於回顧了茶葉和古代中國人的關係。

原產於南方的茶，其實是一種頗能耐寒的植物。在熱帶或亞熱帶的溫暖氣候、充沛雨量、晝夜溫差大以及充足的樹蔭下它當然能茂盛的生長。有趣的是，像釀酒的葡萄一樣，一味的養分、茂盛或肥美並不吻合飲茶人精確甚至挑剔的期待。有時我們希望氣候稍冷一點，延緩葉子的生長，發展出更好的茶質，有時我們希望雨水不要太多，免得稀釋掉更好的味道。總之，土壤、海拔、氣候與種植方式，都在在影響了茶的風味與個性。所以陸羽接下來談的，就是種茶最適合的土壤、地點以及茶葉品質的鑒別。

在〈一之源〉非常重要的地方，則是最後在提到飲茶的功效以及評鑑茶葉的產地之外，陸羽提到茶的特質是其「味至寒」，所以最適合「精行儉德」之人飲用。其實茶葉特有的風味，決定了適合喝茶、品茶的情境、性格與態度。嚴格說來，茶葉給人的官能體驗是複雜的，相關學術研究分析，咖啡因讓它有了苦味，兒茶素讓它有了澀感，氨基酸和萜類糖苷讓它透出鮮味與甘甜，某些

原產於中國南方的茶，
其實是一種頗能耐寒的植物。

有機酸則讓味蕾感受到酸。整個苦澀、平淡的初步印象（在〈五之煮〉中說「茶性儉」），並不吻合一般人直覺上的美好味覺，而是需要某種探索、分辨、回味的複雜過程。因此最適合飲茶的人，就是心境平和、不追求重口味、能自我節制，凡事適可而止的修行人。在禪寺中成長、修行，最終悟了茶道的陸羽，把可以體會茶之神髓的心境與人格，和某種精神素質結合在一起（在〈七之事〉也提到一些樸素的典故），飲茶文化便迅速提升到更高的境界了。

精行儉德是全章主眼

讀完這篇《茶經・一之源》，你有什麼感想呢？粗看好像只是將與茶有關的各方面，如茶樹的形態、名字、生長環境、種植方法、優劣區分、茶性長短、飲用告誡等，一一介紹而已。但如果仔細咀嚼，便會發現隱隱有一點精神貫串全文。首先開宗明義點出茶是南方嘉木，但嘉在那裡呢？就在每一細節都有他恰如其分的講究，下文正是如此一一道來：形是集眾家之美，字則合草木之菁，名也通各方之俗。說到生長的土壤，有他嚴格的要求；種植的方法，更須步步到位。陽光當然要求充足，葉芽更須極致精美。終於談到茶之為用，因為味至寒，固然善能抒解熱惱悶煩，功侔醍醐甘露；但一涉耽溺，飲用成癮，也會造成身心的傷害。於是適時點出全文的核心要旨，就是「最宜精行儉德之人」。原來飲茶就是一種修德，只有修養到位的人，才能與茶之嘉美相得益彰。在這裡，陸羽頓時賦予了茶以一份隆重的人文意義。最後更將茶與最貴重的養生食品人參相提並論，以烘托出茶的地位，也和起筆的南方嘉木相呼應；就修辭而言，也算是天外飛來的奇筆呢！

但問題也來了！怎樣才是精行儉德之人呢？而所謂儉德又是什麼意思？我們一定得弄清楚這一點，才算真讀懂這篇文章。

儉德通儒道兩家乃是中華文化的核心精神

陸羽賦予茶隆重的人文意義，這部《茶經》對當時的飲茶風氣和後代的茶文化都有巨大的影響。這影響與意義可說就是讓茶足以代表中華文化的國飲，從而傳揚到世界各地。而茶是因為哪一點理由足以讓他代表中華文化的呢？就在茶之性和中華文化的根本精神是相融通相呼應的，那就是所謂儉德。

先來談談儉這個字的涵義：儉有減省、收斂、節約、簡樸的意思，這是第一層的基本義。由此引申，加上心靈自我的參與，遂有內省、節制、適可而止的意思。也就是說，儉由自然現象義發展出人文修養義了。最後，通過修養回到生命的源頭，也就是心靈自我，就更有淡泊、寧靜、真誠、樸實的意涵，這就是所謂儉德。人能內省，故有儉德；茶性收斂，也是儉德。人與茶就在這裡相通。

中華文化就是一種重心靈內省、反樸歸真，藉心靈的清醒明覺去善處人間紛繁的文化。而賦性收斂的茶，也能讓人清醒，自然容易人茶合拍。而相對的足以代表西方文化的飲料是酒，而酒性發散飛揚，令人沈醉，剛好呈現中西文化的有趣對照。

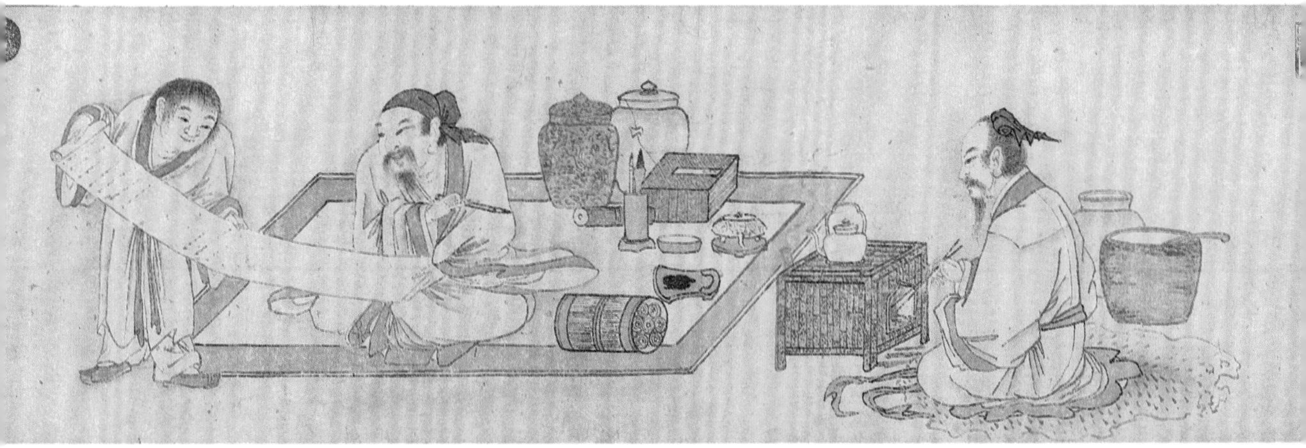

明代 王問作〈煮茶圖〉 國立故宮博物院藏

重心靈自覺的中華文化，表現於哲思，主要有儒、道兩家。兩家都重視心靈的清明自覺，但重點畧有不同，以致儉德的表現也各有差異。

儒家的重點在要求人當進行生活中的道德實踐時（所謂己立立人，要活出自己的人生意義，也要幫助身邊的人活出他的存在價值），要表現得恰當有效，不要過或不及。例如愛人，怎樣才是恰當有效，讓人感到愉悅的愛呢？就是要拿捏言行時地的分寸，有時少說了一句會讓人納悶，多說了一句會讓人驚疑，適可而止、恰到好處，才是讓人感動愉悅的真愛。這種善意表達的斟酌拿捏，孟子就稱為權衡，權衡得中才是道。在《論語》則稱為約。顏淵就曾感激孔子的教導說：「夫子博我以文，約我以禮。」（老師不但教我廣博的知識，更重要的是用身教教會我善用知識，要在恰當的時機，選用最恰當的知識來作最準確的表達。）於是約或儉便有恰當、準確的涵義，也就是在道德實踐、行善愛人時能適可而止的的中道。

但如果拿捏不準時怎麼辦呢？孔子認為過度比不及的傷害會更大，所以主張「禮與其奢也，寧儉。」（如果道德行為的分際難以拿捏準確，那麼與其鋪張失實變成虛文，還不如稍為減省反而能傳達多一點的情意。）這時道德實踐就有從外在的形式回到內在的真心誠意的意思了。儒家的儉約之德，大致就可以這樣理解。

至於道家，重點則是從權衡得中更落在回歸真我之上。因為所以會拿捏失準，最核心的原因就是良心昏昧不覺。如果情況輕微，還可以稍作反省便能復原；如果情況嚴重，就得先把行善愛人之心暫時放下，花一段時間去作充分的休養或者徹底的療癒。原來心靈所以會昏昧，乃是因為長期被習慣、成見、情

元代 趙原作〈陸羽烹茶圖〉國立故宮博物院藏

結、意識形態、因受傷未癒所形成的自我防衛如憂慮疑懼等所遮蔽，以致失去行動的準確判斷能力，乃至連愛人的初衷本性都無暇照顧了！與其一再做出事後會讓自己後悔的事，不如先什麼都別做，先請一段人生的假，去好好休養。這就是道家面對如此人生存在情境的主張：無為。先讓心安靜下來，好恢復原來的健康狀態，也就是自然。於是道家的儉德，便偏重減約退讓、清靜無為、樸素自然的涵義。

像老子便說：「我有三寶，持而保之：一曰慈，二曰儉，三曰不敢為天下先。」（關於立身處世，我有三點終身奉行的原則：第一點就是對人抱有不橫加批判的普遍同情心。第二點就是回歸自己最簡單素樸的真心。第三點就是凡事謙讓不與人爭。）又說：「事人治天莫若嗇。」（嗇也就是儉，順天應人的基本原則就是簡約、無為、低調。）

儒道兩家都推崇儉德，雖然重點上各有偏重，一主往前發展權衡得中、止於至善的道德節制義，一主往後回歸到清靜無為、簡約素樸的自然境界義；但其實兩者是互為本末，相反相成的。所以總歸結於講求心靈清明自覺的文化精神，而不妨名為儉德，而以同具儉德的茶為象徵。

儉德在《易經》的表示

《易經》是群經之首，哲思也通儒道兩家。例如在否卦：否是堵塞不通的意思，可說是《易經》六十四卦中處境最惡劣的幾個卦之一。他的大象辭就如此勉勵讀者：「天地不交，否。

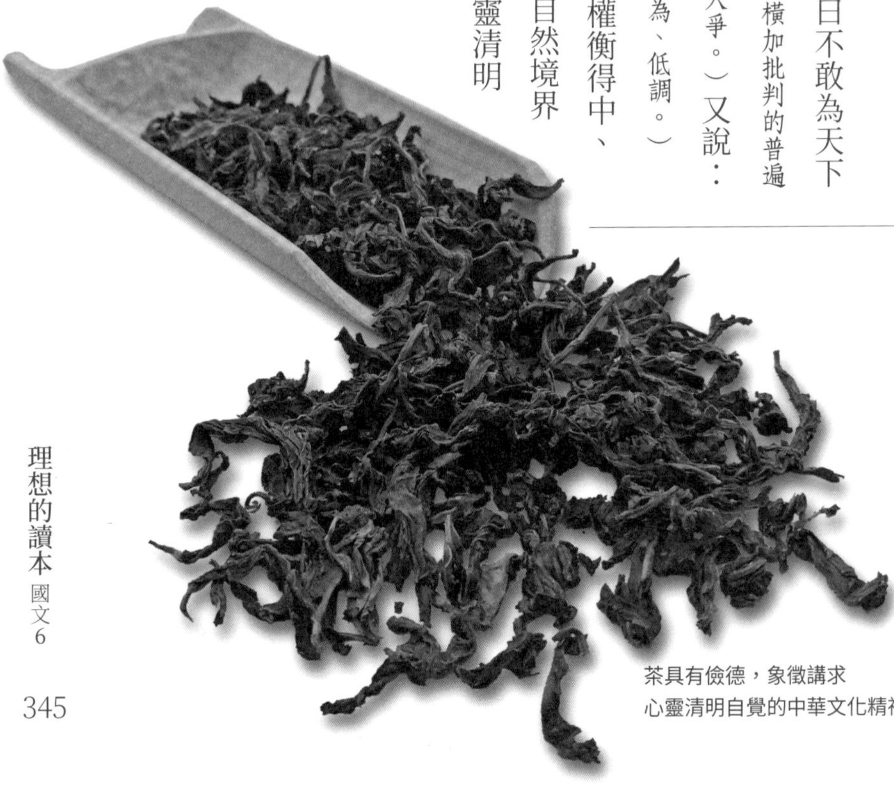

茶具有儉德，象徵講求
心靈清明自覺的中華文化精神。

君子以儉德辟難，不可榮以祿。」（天地各據一端，互相拒斥，正是制度僵化，障蔽不通的最惡劣情境。君子在這樣的際遇中該如何自處呢？就是要謙遜自守，與眾生共命；放棄居位擁權、高名厚祿，以免惹貧苦的大眾反感。）

又如復卦，是有過要及早反省，回歸初心的卦。他的大象辭是這樣說的：「雷在地中，復。先王以至日閉關，商旅不行，后不省方。」（雷深藏在地中，先不發作；這是個隨時反省己過的卦。因此先王建立了一個慣例，就是每年冬至這一天，所有人都要呼應時令，停止一切活動，待在家裡靜心反省。連經常到處奔波的商人都暫停行旅，政治領袖也停止到地方去巡行視察呢！）

正因《易經》具有時時提醒人要返本才能開新的精神，所以不倚靠結構的嚴整（如否卦天地各居其位，反而有僵化不通之弊），而強調創造動力的日新（乾卦大象辭就說：「天行健，君子以自強不息。」）所以天居下、地居上的泰卦，反而顯示天地相交的動態而得安。《易經》因此稱許謙遜自反、知所節制，富有工夫修養意涵的卦象。如六十四卦中只有謙卦無一爻不吉，又有節卦盛言因節制才有德業豐美的功效。都可供我們理解善用儉德的參考。

禪宗的儉德與茶境界

佛教從漢代傳入中國，逐漸融入中華文化，發展出特重真心的中國風格的宗派：華嚴宗、天台宗和禪宗。尤其是禪宗，更是和道家（尤其是莊子）合流，並稱佛老，成為通過修行掌握真心的大宗。儉德也因此從權衡得中、適可而止

茶香四溢，一室怡然。

的道德節制義更向清靜無為、簡約素樸的自然境界義傾斜了。

到唐代，禪宗大盛，馬祖道一禪師首先創立叢林（大型的出家修行道場），他的弟子百丈懷海禪師則首立叢林清規（規範修行人的生活內容與秩序），把飲茶列為重要的生活內涵與修行法門。從此茶的儉德便與明心見性、回歸自家本來面目的修行儉德合流。當時出家人不但飲茶，也種茶、製茶，培育新品種，推廣飲茶風氣，對茶文化的發展產生重大的影響。

就明心見性的修行而言，禪師們就經常借茶指點，留下來的最著名公案就是「喫茶去」。（趙州禪師問新來的學僧有來過這裡嗎？不管回答有或沒有，都說喫茶去，乃至對質疑為什麼都用一樣的話回答的旁觀者也是回應說：喫茶去！）可見茶中自有禪機。後來禪宗傳到日本，更把「茶禪一味」的精神發揚到極致；乃是指茶與禪有共通的內在本質，其實就是推到本來無一物的極致的儉德罷！

中華文化有道家甚至比有儒家更珍貴

因為儒道兩家一外一內、一往一來、一順一逆、一進一退，綜合為互補相成的儉德，使得中國人也普遍具有一種靈活調適、辯證詭譎的人生觀，那就是：得意時是儒家，失意時就變成道家。這在全世界各文化體中，可說是獨一無二。原來幾乎所有文化都是以進取奮鬥、向前發展為核心精神，只有中華文化兼具亦內亦外，可進可退的雙原則。正因有道家退讓回歸智慧的保護，使得中國人在遇到逆境打擊時，比較不致一蹶不振，而能夠及時穩住局面，低調度過難關，

飲茶可以明心見性，返璞歸真。

休養生息，徐圖再起。這使得中華文化成為人類歷史上唯一能緜延數千年的連續型文化（其他全是頂多五百年的斷裂型文化）。所以我們才說：中華文化有道家甚至比有儒家更為珍貴。

這種得意時是儒家，失意時就暫時變為道家的雙原則人生態度，我們可以舉兩個例子來說明：

首先最著名的例子就是蘇東坡，除了高妙的文采，他靈動活潑，隨機應變的性情恐怕也是他廣受後人喜愛的主要原因。他每在失意之時，很善於寫一篇詩詞文章來自我開解，於是煩悶的情緒頓時就煙消雲散了！例如在中秋夜懷念遠在他方的弟弟，就寫一首水調歌頭的詞，說一些人生無常中其實也有常的哲理來自我開導：「人有悲歡離合，月有陰晴圓缺，此事古難全。但願人長久，千里共嬋娟。」好像問題也就解決了！他《赤壁賦》也一樣：「自其變者而觀之，則天地曾不能以一瞬；自其不變者而觀之，則物與我皆無盡也。」鬱悶時轉個念，換一個觀點看人生，問題不就解決了嗎？

但蘇東坡只是個滑頭躲閃的人嗎？當然不是。他被貶到儋州（今海南島），依然能不灰心氣餒，以道德人文教化儋州的人民，使人民感念，尊他為文翁，立廟祭祀不絕。他能在艱困時「以儉德辟難」，道家智慧是功不可沒的。

我們再舉一個例子，就是明清之際的儒學大家王夫之（號船山）。他當明亡之際，悲憤至極，卻終能隱居衡山，放下所有的情緒創傷，專志於反省儒學，遍注群經諸子以至論史評詩，著述宏富，超邁前賢，成為明清之際三大儒之一。

而且志節堅貞，終身不薙髮也不見滿清官吏。他所以在此逆境依然能精神暢旺，剛健日新，不效法寄情詩酒，放浪苟活的文人感傷；據船山自述是因「薄得莊生之術」（稍運用了莊子齊一生死、乘物遊心的生命智慧）。可見真正的通儒，也一定是兼通儒、道的。

儉德在生活中的普遍印證

《茶經》所謂「精行儉德之人」，不是只有大儒者、大禪師、大詩人才做得到，其實這種儒道兼通、進退兩可的雙原則人生態度，根本已內化到所有中華文化區的人民身上，成為一種文化基因了！我們不妨就從歷史、文化、民俗各層面列舉一些例子以為證。

宋代 錢選作 〈盧仝烹茶圖〉國立故宮博物院藏。

我們先舉一些名言來作總提：

首先是「澹泊以明志，寧靜以致遠」。此語出於諸葛亮〈誡子書〉：「非澹泊無以明志，非寧靜無以致遠。」後人廣為引用，且簡化為「澹泊以明志，寧靜以致遠」。這兩句話非常精要地把儒道合一的儉德精神表達出來：致遠之志是儒家的道德理想或儒家型儉德，但要恰如其分地呈現，沒變質為過或不及的偽善，卻要通過澹泊寧靜這道家型儉德的考驗才行。這呼應了孟子說的「養心莫善於寡欲」。（要養成一份動機自由無私，表達如分得中的道德情懷，一個必要的起點就是澹泊名利，少私寡欲。）也呼應了孔子所說的「人而不仁，如禮何？」（一個人如果沒有一分真誠的善意，他那些照規矩去對人好的行為表現又算什麼呢？）所以很可以就拿來作為衡量人品的重要參考。

其次是「文窮而後工」。這話原出於歐陽脩〈梅聖俞詩集序〉，被後人濃縮為成語而廣為引用。其實何止文學作品要通過困阨際遇的考驗才能鍛練益精？人生尤其是生命人格的所有進境無不如此。這也呼應了孟子所說「人恆過然後能改」、「人之有德慧術知，恆存乎疢疾」。這也是能儉而後能豐的辯證義理啊！

再來是「繁華落盡見真淳」。這原是元好問評陶淵明詩的詩句，也是被後人普遍引用，成為名言。意思是要放下所有外表的華美色相，才能檢驗出其人是否真有內在誠樸的本質。這真是標準的反求諸己的儉德表示了！

在這樣的人生觀教育下，中國人普遍比較不怕處於逆境，再困窮的處境都

〈品茶圖〉（局部）
明代文徵明作 國立故宮博物館藏

能強韌地活下去，這也可以說是頑強的生存意志罷！所以才有「好死不如賴活」的話。中國人正是最能賴活的一群人，反而生活太豐裕會變得怠惰無聊，不知道該怎麼活呢！

正因這種在逆境更強韌的文化基因，使中國人特別欣賞能靠冬眠度過冬天的動物，如蛇（美化為龍）、龜等。所以龍與龜自古就有崇高的地位，就因牠們在資源極度匱乏之時，竟能也極度降低身體的新陳代謝，不食不動，僅靠體內儲存的少量營養素度過寒冬。這種極致的適應力，人類中恐怕也只有中國人辦得到罷！

這就是中華文化基因中的儉德。當然，若只靠基因的刺激反應，本質也不過就是一種無明習氣、情結業識，並不必然有益於人生。還是得有心靈的覺醒頓悟，生活的實踐體驗，才能在進退之間，恰如其分，這才是活活潑潑的真儉德，而非只能過苦日子卻無能善處富貴的窮酸。善飲茶者也一樣，要能知機應時，飲而有節：因茶清醒而不至於亢奮，與茶相親而能避免寒溼，自由飲茶而並不成癮，與客同歡而從無芥蒂。這才是知茶之性儉而與茶同儉的善飲者呢！

茶與酒的不同文化意象

前文曾提到茶適合用來代表中華文化的性格精神，相對的適合用來代表西方文化的飲料則是酒。在這裡不妨再綜合比較一下。

首先就是茶主清醒而酒主沈醉。所以茶適合代表內斂反省，以心靈明覺、道德實踐為主的中華文化。就這一支文化發展路向而言，可以稱為「德性的自我實現」。至於酒，則適合代表發散飛揚，以天賦發展、科學掌控為主的西方文化。就這一支文化發展的路向而言，可以稱為「才性的自我實現」。總之就是心、身兩端，各有所重，各顯精彩，都值得欣賞。當然，最後都應該身心一體，均衡發展。所以中西文化的融合互補，一定是未來世界文化發展的重心與主題所在。

關於茶與酒的文化抉擇，我們不妨先說一個傳說中的故事：據說夏禹王的時代，儀狄首先釀造了酒，獻給禹，禹雖然覺得味道甘美，卻仍立刻擱杯不飲，並且說：「後世一定有人因此亡國。」真沒想到預言成真，就是他的子孫夏桀，因酒池肉林，荒淫無度，遂亡於商。

從這個故事，我們可以明白：中華文化一早就是對酒有戒心的。所以商周青銅器，尊、爵等酒器杯口兩旁都有柱，作用就是警惕飲者不要乾杯，因為一乾杯，兩柱就會觸到兩頰。就因為酒的甘美令人沈醉，卻也容易令人沈迷上癮而亂性的緣故。

所以，歷代文人雖然愛酒的甚多，如王羲之的醉寫蘭亭、李白的醉令貴妃磨墨、高力士脫靴；詩中涉及酒的更是不計其數。其他許多文人的好酒軼事也膾炙人口。但大體來說，酒的地位，比較多是作為藥用，尤其是療癒心情的鬱悶創傷。如曹操的〈短歌行〉說：「何以解憂？惟有杜康。」（杜康是另一個傳說最早造酒的人，後以其名稱代酒。）魏晉名士如劉伶、阮籍，身處政治鬥爭森嚴的時代，更是常借酒來逃避。李後主身負亡國悲恨，以「醉鄉路穩宜頻到，此外不堪行。」來麻醉自己。比起茶之為國飲，酒的文化地位是差很多的。

這地位的差別僅從器皿上就可以明顯地比較出來：中國一般的酒器，大抵平凡粗陋，富豪之家的酒器雖然精美，卻通常只是材質工藝的貴重而非藝術的講究。但茶器卻不然，由於茶文化的代代演進，茶器也日益精美。以茶壺來說，明清以降，名匠輩出，作品多甚得優雅簡練之美（也是一種儉德）。試看拍賣會上，茶器常見，而鮮有酒器，高下之別便很清楚了！降及當代，茶席的簡練佈置，茶會的人文設想，其風雅韻致，更成為一道可欣賞親近的人文風景。

但迴看西方，深值得讚賞的卻是酒器的精美。僅看酒瓶，不止設計各擅勝場，酒標更是富有人文內涵，除了設計之美，更包涵酒莊的歷史、榮耀等等可堪品味的資訊。至於酒席上琳琅滿目的水晶杯，賓主盛裝互動的禮儀，乃至餐後的音樂舞蹈等餘興，都可說是西方人文之美在生活上的一種高峯呈現，而堪與我們的茶席茶會相對應。

這就是茶與酒作為文化的代表意象，在中西文化的不同地位。經由這簡單的對照，應有助於我們對茶、對茶與中華文化的儉德、對如何成為一個精行儉德之人的了解，而終於懂得如何品一杯好茶罷！

肆．再做點補充

關於陸羽的故事

一、相傳陸羽在蘇州研究泉品、茶葉的消息傳入京城，皇帝召他進宮，品嚐他泡的茶後，大為讚賞，佩服他茶藝之精，有意留他在宮中供職，培養宮中

茶師，他婉拒了。陸羽一生不羨榮華富貴，酷愛自然，《全唐詩》載有他一首六羨歌：「不羨黃金罍，不羨白玉杯。不羨朝入省，不羨暮入台。千羨萬羨西江水，曾向竟陵城下來。」就是他人生觀的寫照。

二、陸羽的品水境界，據唐人張又新在《煎茶水記》說：「西元七六六年李季卿途經揚州時，想喝一杯陸羽煮的茶，於是對陸羽說『陸君煮茶之術，驚震四方，而陸君將揚子江水中心南泠水，評為天下第七，如今君在、水在，二妙千古一遇，實在難得，不知陸君可否賜茶一碗？』陸羽說：『余理當奉陪品飲。』李季卿立即命士兵去揚子江中心取水。途中不慎將水潑灑過半，情急之下，取了岸邊的江水充兌。水取回來了，陸羽一嚐說：『是揚子江的水沒錯，但不是江心的南泠水。』士卒如實稟告後，再次取來真正的揚子江江心的南泠水，陸羽一嚐說：『這才是揚子江江心的南泠水』。從此他高超的品水功力，更被誇大傳揚得神乎其神了。

三、陸羽寓居蘇州時，曾拜訪盧仝，盧仝高興地把私藏的「玉帶茶」拿出來招待。陸羽一品，覺得這好茶的精華沒泡出來，太可惜了，於是取出隨身攜帶的茶具煮泡起來，茶香立刻彌漫了整個大院。盧仝驚嘆地說：「我空有好茶，卻沒有好的茶具！」陸羽聽後，便興起了設計整套煮茶、泡茶、品茶器具的想法。之後經反覆試驗琢磨，設計出了二十四種茶器，一經推出，便迅速在民間流傳開來。

陸羽品茶（石灣陶）

中華茶文化的發展

茶文化是以茶為載體，作為傳播民族文化的媒介。飲茶的起源，顧炎武根據古文獻的記載指出：「是知自秦人取蜀而後，始有茗飲之事。」然而，要到唐代陸羽的《茶經》出現，飲茶才從解渴的實用價值，提升到品茗的精神文化層面。

唐朝國勢強盛，社會安定繁榮，經濟發達，運輸暢便，茶業興起，成為貿易大宗，朝廷正式建立茶政，徵收茶稅。白居易〈琵琶行〉：「前月浮梁買茶去」，浮梁茶業是以量取勝，經營的是供給大眾飲用的商品茶，在當時是商業大宗；另有以質取勝的貢品茶，專供宮廷貴族享用，對茶中珍品的重視，自然出現了飲茶的品賞藝術。當時禪宗僧人過午不食，靜坐參禪，以達寧心靜氣的境界，能提神醒腦的茶，便成了禪院不可或缺的飲品。皎然〈飲茶歌誚崔石使君〉：「一飲滌昏寐，情思爽朗滿天地。再飲清我神，忽如飛雨灑輕塵。三飲便得道，何須苦心破煩惱。」茶的作用，不但可以清爽身心，且能遠離煩惱，返璞歸真，飲茶便充滿禪機。飲茶與修身養性融為一體，「以茶可以行道，以茶可以雅志」。被稱為趙州古佛的觀音寺高僧從諗禪師，不但自己好茶成僻，並且積極提倡飲茶，他每次說話之前，總要說上一句「喫茶去」，認為喫茶是悟道的機鋒，「喫茶去」後來成為佛教界的禪林法語，民間以茶待客、聯誼的慣用語。寺院提倡飲茶，由是推廣到民間。陸羽以其出身寺院的經歷，對茶藝的深入理解，寫成《茶經》一書，是茶文化形成的標誌。該書記述了茶葉生產

傅抱石的〈蕉蔭烹茶圖〉冊頁

的歷史源流、生產技術、飲茶技藝、有關茶文化的審美意義。他設計茶具，制定茶儀，發明一套飲茶的規矩。把原來只是物質需求的飲茶，提升為深具美學意味的藝術。由此帶動了飲茶的風氣，逐漸形成宮廷、寺院、文人、平民等茶道。宮廷講究排場，飲具精美高貴，民間率性隨意，茶具也富有逸趣。陸羽有關茶文化的主張，貫串整個中華茶文化的發展，成為傳統，在文化的審美意義上，一直影響到今天，甚至影響全球。

華人飲茶的習慣，各朝代有很大的變化。唐代飲茶用煮的，先把茶葉曬乾，碾成細末，製成茶餅、茶團。飲用時將茶餅烤過，搗碎，碾細，過篩。燒開水後，加入調料，再撒茶粉入鍋中煎煮，煮好後趁熱將茶渣茶湯一起喝下，繼承最初茶作為藥用的遺風，叫做「喫茶」。

宋代城市繁榮，市民階層興起，平民茶道逐漸成為主流，在唐代徵收茶稅的基礎上，宋朝有專賣的茶場，所有茶農必須入伙，禁止私下買賣，商販到各地賣茶要有茶引（茶葉專賣許可證），這是政府防止私賣的措施，茶業貿易成為國庫的大宗收入。唐代初出現的茶館，在宋代順勢興盛起來了。茶品愈來愈豐富，飲茶愈來愈講究，開始重視茶葉本身的色、香、味，用蒸青法製成散茶，烹飲手續大為簡化。此時點茶法取代了煮茶法，點茶過程講究優美協調，先溫盞，茶粉才容易浮起，把水煮到九十度左右，溫盞後將茶末倒進盞中，加入少量沸水，使茶末和水混合，成乳狀、濃膏狀茶液，接著是點水，有節奏的點在茶湯上，不能破壞茶面，另一隻手執行「運筅（筅：音ㄒㄧㄢˇ，竹製的攪打茶器）」（或稱「擊

宋代 劉松年作
〈攆茶圖〉
國立故宮博物院藏

拂」）手法，以茶筅或茶匙旋轉打擊和拂揚茶盞中的茶湯，直至浮起湯花（泡沫）。此時茶湯表面會呈現細小的白色泡沫，久而不散，倒出茶液，泡沫濃稠黏附在盞邊，形成綿密的湯花，所謂「白乳浮盞面，如珠星淡月」，茶的優劣，就以泡沫的分佈來判斷。茶湯色澤與採製技藝有關，純白為上，青白、灰白次之，黃白、泛紅為下。

分茶，是點茶的進階。煎好茶後，將茶湯倒入盞中擊拂，使湯面幻化出花鳥書畫，很像現代咖啡的拉花而更為抽象，為茶藝增添了娛樂性、藝術性。

鬥茶，是宋代風靡一時的茶文化活動，又稱鬥茗、茗戰，是集體品評茶湯素質的比試，所用的泡茶技藝和評判規則，與點茶法同。由鬥茶品評茶品質的優劣，對茶的色、香、味進行鑑賞，講究茶質佳、茶色白、茶香真、茶味甘，茶盞宜黑宜精，泉水宜潔宜淨。鬥茶活動，增加了飲茶的樂趣，讓茶葉的烹沏精益求精。

宋代茶藝結合了一切與茶相關的藝術，優雅精緻，詩人們經常把茶比作君子美人，蘇東坡說：「從來佳茗似佳人」，提升茶茗成為一種愉悅的審美享受。所謂品茶，「品」既鑑別優次，也包括欣賞，要有各方面的適當配合。蘇東坡一次在揚州西塔寺品茶，有詩記載此事：「禪窗麗午景，蜀井出冰雪。作客皆可人，鼎器手自潔。」品茶除了要有好的環境，好的茶器，好的水外，還要有不俗、可人的品茶者。

元代飲茶是散茶沖泡方式逐漸流行，民間講究品賞的也越來以散茶為主了。

明代品茶的特色重在藝術性的追求。明太祖朱元璋廢除餅茶、團茶而以芽

明代 唐寅〈鬬茶圖〉
國立故宮博物院藏

茶入貢，大力推廣炒青工藝，成為製茶主流，使炒青製法趨於完善，加上烘焙技巧精進，更容易保存茶的香味。處理散茶的瀹茶飲法，是直接以整葉茶沖泡，開現代泡茶的先河。品賞時重視茶的本香本味，泡後茶的葉芽完整，增加飲茶時的審美享受。從此飲茶方式由繁至簡，方便攜帶，沖泡簡單，很快就深入社會各階層，使茶文化成為大眾的生活藝術。這種新的簡易飲茶方式，促進了茶葉生產技術的進步，散茶品種迅速增加。明人認為：「茶是天地間自然之物，是養生的媒介，透過品茶可以與天地、自然契合。」文人雅士不再侷限於茶室內，將品茗空間轉移到大自然中，講究人與自然環境的和諧與品茶氣氛，著重性靈境界的質樸天真，追求品茶過程達成心靈超升，融入與天然和諧天人合一之境。

到了清代，茶與人們的日常生活密切結合起來，城市茶館更為興盛，把詩會、說唱藝術、戲曲等民間文化活動引進茶館，成為適合各個社會階層所需的活動場所。蓋碗茶是清代新流行的喝茶方式，蓋碗是由蓋、碗、托三部分組成。有防塵、防燙手的作用。

中國茶道以「法自然」為最高原則，從茶葉的採收，到烹茶時水源的選擇，製作茶具茶器，都崇尚自然。泡茶品茶時的儀軌，以隨緣自在，含蓄內斂為美。品茶人淡泊寧靜，返璞歸真，與茶的清味相諧，身心舒暢，品味人生真諦。

臺灣茶文化的特色

臺灣的茶藝，半世紀以來，可以說幾乎是臺灣唯一立根本土而富有創造性

清代流行的喝茶方式：蓋碗茶。

的文化藝術活動。他雖然脫胎於福建的小壺泡，但從茶具調整與命名、泡茶方法、茶席佈置、茶會舉辦等等，都有自覺而且集體的反省與創新。乃至開設茶藝館、成立茶藝組織、舉辦茶藝比賽、發表茶學茶藝理論、訓練與認證專業泡茶師，乃至收徒傳藝、逐漸形成不同的門派風格等。可說蔚成風氣，漪歟盛哉！

然後這整一波茶藝，以臺灣為中心逐漸向外傳播拓展。首先是傳到馬來西亞，然後是香港、大陸，最後還傳到歐美。日韓歐美人來台修習茶藝、參加茶藝比賽甚至得名的人也漸多。

首先，茶藝的興盛，最重要的基礎當然是茶葉。臺灣茶葉品質非常優良，因於氣候溫暖，潮濕且雨量均勻，自古有原生茶種，現在也還能在山野間看到野生茶樹。十九世紀時茶葉的出口暢旺，遠銷歐美，是臺灣經濟的一大支柱。尤其是烏龍茶更具特色。烏龍茶在六大茶類中（六大茶類包括全不發酵的綠茶、輕微自然發酵的白茶、白茶加上悶黃工序的黃茶、半發酵的青茶、全發酵的紅茶和不斷後發酵的黑茶。）屬於青茶，與福建武夷山可說是烏龍茶的兩大重要產區。但武夷山的烏龍茶以重發酵的岩茶著稱，臺灣的烏龍茶，尤其是高山烏龍則發酵烘焙較輕，富有香氣滋味變化多端的韻致。也因此構成泡茶技術與風格的更大考驗，也形成臺灣茶藝的獨特丰采。

其次，茶藝館的出現，是臺灣茶藝的重要節點。最早先試啼聲的是一九七七年開張的「中國功夫茶館」，一九八一年紫藤盧開幕，整個八〇、九〇年代，全台茶藝館風起雲湧，各逞巧思，各具特色，數量超過五百家，可以說是臺灣茶

台灣光復後茶業振興。攝影／萬光久

採茶宜於清晨露水未乾時。攝影／萬光久

藝的黃金時代。而因為茶藝館，使得這樣一種新的飲茶方式，可以動態地、富於嘗試性與發展性地向全民展示與推廣。茶藝館更形成了一個寬廣的人文空間，引進了藝品展覽、文學座談、個人靜思、友朋雅聚等等人文活動，直接間接提升了市民的生活品味。這種種表現，可說正是茶藝館的文化功能所在。

再來是茶藝組織的成立。這主要是一九八四年成立的中華茶藝事業聯誼會，後來改名為中華茶藝聯合促進會。總會下分設台北、台中、台南、高雄四個分會。促進會的功能除了聯誼，最重要的常態事務，就是每年舉辦茶藝比賽。先由四個分會舉行初賽，再由總會舉辦決賽。舉辦茶藝比賽的意義，不在勝負而在切磋。除了選手得到觀摩磨練、增廣見識的機會；更重要的，是借此觀察一年年茶藝發展的走向，出現了那些新的嘗試？崛起了那些新的人物？評審也可以在此提出一些現象觀察後的整理與建議。可說是臺灣茶藝界一個交流整合的重要平台。

再來是茶會的舉辦。茶會廣義地說，所有因茶而產生的聚會都是，所以在此所說的茶會，主要是指比較大型的飲茶空間的規劃、主題的設定與流程的安排。比如配合節令（如冬至茶會）、著名景點（如梅花茶會）、特殊紀念（如某茶館開幕五週年），也可以把茶會劇場化（如影隱飲茶會），不一而足。總之，茶會的舉辦，可以展示某種嘗試、企圖、規劃，看對於茶，可以有如何的延伸拓展空間？例如從二〇〇八年初開始舉辦的「臘八府城封茶會」，原來只是台南的幾位茶人歲末茶敘，聊起大家都有一些剩餘的茶該如何處理？結果決定辦一個茶會，大家一起將茶封藏於陶甕，貼上封條，注明日期，各人更將對這款茶的品

奉茶，是台灣極富人情味的茶文化。

嘗經驗書於字條一起封藏。待若干年後再開封品賞，看茶葉在歲月推移中的轉韻老化如何？結果此一創舉從此年年在臘月八日舉行，而且傳播到香港、大陸、馬來西亞，大家約定時刻，天下同封。像這樣無心插柳，蔚為風氣，也真是茶藝界的一大盛事呢！

所有的人文創新與實踐，到最後都需要發展出理論性的論述與詮釋，才能通過層層疏理，凝成精要的結果，以供後人參酌，而不致風流雲散，畢竟成空。關於臺灣茶藝半世紀來的行動呈現，也的確有全程參與的觀察者與理論家在從事疏理的工作。文人們以詩意的文筆記述了數十年來臺灣茶藝的風流跌宕；尤其讓許多曾一閃而逝的吉光片羽，也在這滾滾大流中有一席之地。

真的，臺灣許多茶人都有一種理想在心，勇於嘗試，默默付出，不求聞達的品質（這也是一種儉德罷），的確需要被有心人看到並且加以記述。而在理論的提鍊上，也有學者就茶藝之美的本質、呈現、輻射、延伸作出論述。例如點出「茶之體在澹，而其用在虛。」前一句是說好茶具有一種內在的永恆本質，即使經過一、二十泡到茶湯極淡之時，仍然本味不失，甘甜如故；因此可以喻道。後一句則是點出茶對己雖有內在的永恆自信，對人卻是無限謙遜，能夠虛己待人，遂在人我之間，形成一個寬廣開放的人文空間，以供生命人情的自由來往；因此可以喻道在生活中的發用。而體用一如，自在呈現，依然不離儉德的精神呢！

（曾昭旭）◆

中式婚禮新人向長輩奉茶的儀式。

【世界文學】

14 共讀一本書——卡繆《瘟疫》

中外歷史上對人類物種的存續威脅最大的，應該就是各種流行疫病了！面對這些巨大、難解又不可測的災難，人類的脆弱與人性的善惡就被彰顯出來，習以為常的價值觀也會受到考驗。諾貝爾獎作家卡謬的《瘟疫》，可能是描寫疫病最著名的小說了！在疫情期間閱讀它，讓我們對於瘟疫、人性與存在的意義，都有更深的理解與思考。

全能型的寫作天才——卡繆

阿爾貝特．卡繆（Albert Camus，一九一三～一九六〇，以下簡稱卡繆）出生於北非法屬阿爾及利亞，父親是法國人，母親則是西班牙人。卡繆出身寒微，父親在他出生不到一歲時，便被徵召參與第一次世界大戰，不幸被砲彈擊中頭部身亡。年幼的卡繆被母親帶回娘家撫養，並靠著替人打掃洗衣維持生活。卡繆在艱困的環境中始終不放棄學習，屢屢保持優異的成績，並於一九三一年進入阿爾及爾大學，六年後取得阿爾及爾哲學碩士學位。大學畢業後卡繆開始擔任編輯，並在報章雜誌上發表文章，報導殖民地卡比利亞山區阿拉伯人的貧困狀況。二次大戰爆發前夕，阿爾及爾當地報刊因政治因素遭到查禁，法國殖民當局與

阿爾貝特・卡繆（Albert Camus)

阿拉伯人矛盾日益加劇，卡繆於是遠赴巴黎，任職《巴黎晚報》擔任秘書，並與鋼琴家芳莘．弗爾結婚。

一九四一年卡繆再度回到阿爾及利亞，在歐蘭城私校任職，並完成哲學論著《薛西弗斯的神話》，隔年回到法國，加入里昂地區地下抗德運動，並出版小說《異鄉人》。卡繆被視為存在哲學重要代表作家之一，與沙特並稱為二十世紀法國文壇雙璧。一九五七年，四十四歲的卡繆獲頒諾貝爾文學獎，成為首位出身北非殖民地的獲獎人。卡繆是有史以來第二年輕的諾貝爾得獎者，他在瑞典皇家學院的領獎致詞中說道：「寫作之所以光榮，是因為它有所承擔，它承擔的不僅僅是寫作，它迫使我以自己的方式、憑自己的力量和這個時代所有的人一起，承擔我們共有的不幸和希望。」對卡繆而言，寫作並非僅為展現個人才華，更重要的是拒絕謊言，反抗壓迫，成為時代的良知之眼。一九六〇年，卡繆乘坐出版商米歇．伽里馬駕駛的汽車，不幸於法國小鎮維勒布勒萬車禍意外身亡，享年四十七歲。

卡繆堪稱是全能型的寫作者，舉凡戲劇、小說、散文或時事評論，都顯出過人的才氣。代表作品有《異鄉人》、《瘟疫》、《墮落》、《快樂的死》、《放逐與王國》以及遺作《第一人》，戲劇作品有《卡里古拉》、《誤會》、《正義者》、《戒嚴》與《附魔者》等。論述作品則有《薛西弗斯的神話》、《反抗者》，兩者皆被列為存在哲學思想經典代表作。卡繆的作品影響無數人，諸如奧罕．帕慕克、莫欣．哈密等，都曾公開宣稱自己的寫作受到卡繆影響。

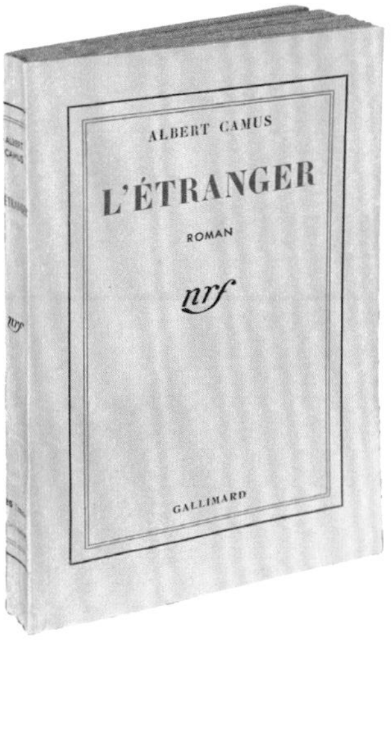

卡繆堪稱是全能型的寫作者，
代表作品之一《異鄉人》，

卡繆與《異鄉人》

談起卡繆，不得不提到他最重要的作品《異鄉人》。這部小說被譽為「存在哲學」代表經典之作，一九九九年被法國《世界報》票選為「二十世紀一百本最傑出的著作」第一名。《異鄉人》是卡繆奠定文壇聲名之作，更是卡繆本人寄予厚望的作品，出版前曾商請幾位他十分重視的朋友閱讀，並徵詢相關意見。同樣身為知名作家的馬爾侯提供這部小說非常高的評價，宣稱《異鄉人》是「了不起」的作品，並給予諸多建議。儘管受到文壇名家的肯定，但《異鄉人》的出版過程並不順利，主要是因為當時法國部分地區已被納粹占領，佔領區內的出版社受到嚴格監視，納粹祕密警察有時會介入審查機制。再加上戰時的原物料短缺，紙張價格飆漲，使得出版社老闆伽利瑪甚至一度想委託卡繆幫忙在阿爾及爾購買印刷書籍的紙張原料，但因運費高昂而作罷，直到一九四二年，《異鄉人》才正式問世出版。

《異鄉人》獲得迴響，主要是很少有作家能像卡繆生動描繪殖民地生活，小說主角莫梭是一位藍領小人物，因無力奉養母親而將之送往養老院，某天他接獲通知，母親病歿，他前往料理喪事。因為無心於現實，呈現精神恍惚的狀態，甚至連眼淚也流不出。從守靈夜到喪禮結束，他始終不發一語，面無表情，最終默默離開。莫梭試圖讓自己的哀傷有出口，回到城裡嘗試新生活，他和瑪莉交往，與鄰人雷蒙相互往來，卻意外捲入一場謀殺案。在一次海灘假期中，莫梭因雷蒙巧遇阿拉伯人仇家，兩人聯手抵禦反擊，之後又不慎將對方殺死。

◀《異鄉人》於 1967 年拍成電影，由馬塞洛·馬斯楚安尼主演。

莫梭被檢察官以「蓄意謀殺罪」起訴，找來眾多親友作證，莫梭喪禮上因哀傷而恍惚冷淡的姿態，竟被指控為「冷血」，為轉移失恃情緒的私人交遊，也被說成「毫無人性」的證據。《異鄉人》最經典的一幕，檢察官對著法庭眾人激忿熱烈的喊道：「沒錯，我控訴這個男人帶著一個罪犯的心埋葬了母親。」莫梭無心殺人，但世人不原諒他。理由很簡單，他們沒有看見莫梭表現「懊悔」的樣子。但「懊悔」可以用來刻意表演嗎？人們究竟要如何用外表的言行判斷此人「良知未死」或「無心悔過」呢？

《異鄉人》的莫梭被法官判了死罪，臨行前監獄牧師來探望他，質問他為何之前一再拒絕探視，又逼迫他聆聽教誨，牧師指著監獄的石牆說道：「這些磚石滲著痛苦，我很清楚，我每次看到時總是感到焦慮不安。但在內心深處，我知道即使是最卑鄙可恥之徒也曾經看到黑暗的牆面中有張神聖的面容，這便是你要看的。」莫梭誠實回答自己看了幾個月卻始終沒發現磚石中浮現過甚麼聖像，牧師則氣憤的朝他大吼，希望他相信有「來世」（《聖經》中馬太福音或約翰福音都曾提到死後的世界，作者稱其為「來世」，即經歷天國最後審判後的「天堂」或「地獄」）。莫梭也不甘示弱的還擊暗諷，說人當然有權選擇自己，哪怕最後成為「活在道德面具下的行屍走肉」。莫梭在行刑前的夜晚仰望牢獄的小窗，點點星光映入眼簾，夏季的靜謐如潮汐般覆蓋他，他想起了母親，唯有與死亡如此靠近，他才深刻體會到母親的解脫之感，長年為病所苦的母親，終於止息了世間的勞

苦，一如現在的他，已準備好再度重生，這就是他在喪禮上不曾流淚的原因。莫梭對母親的思念沒有人理解，他那看起來就像是「蓄意殺人」的「犯罪表情」也得不到世人的原諒。他無心殺阿拉伯人，但命運卻選擇了他。

《異鄉人》是卡繆對司法正當性的質疑，充滿深刻的道德與人性反思，人真的有權審判他人的靈魂嗎？用甚麼樣的標準？虔誠的信奉宗教就一定要相信來生？人間種種命運遭遇，有時荒謬至極，但那又如何呢？莫梭仍舊不願為生命找尋依託，卻更願意在荒野中孤獨奮鬥。生命盡是個人的「選擇」，哪怕卓絕艱苦，也足以撼動人心。作為文學經典代表，《異鄉人》的影響無遠弗屆，不但促進了法國社會相關司法改革議題，更被譯為六十多種語言，改編成戲劇、電影與漫畫出版，甚至還有學者為該書寫作「傳記」，探討書籍的評價與版本問題。《異鄉人》呈現出卡繆始終堅持以「正直」對抗庸俗的精神，他在給友人信中提到自己筆下的角色莫梭，可以視作他對良知與道德的最高準則：「誠實」。卡謬說，莫梭至死都拒絕說謊，他不容許自己去說「所知」以外的東西，甚至拒絕為了順從社會觀感而扮演好人。他的存在就像太陽底下的一塊石頭，自然世界中的海洋與微風，如此平凡卻「真實」，令人為之動容。

熱愛「追劇」和「寫劇」的卡繆

除了《異鄉人》之外，卡繆還有劇本創作。他對戲劇的熱愛眾所周知，在《異鄉人》的故事裡，還穿插了兩位男女主角觀賞喜劇電影的橋段。卡繆

曾參與阿爾及爾電台劇團，自己也曾創立過劇團，甚至擔任過劇團的演員，實際上陣演出。他常與友人開玩笑宣稱，自己兼具法國諧星費南代爾與亨佛萊．鮑嘉與日本武士三者綜合的氣質。卡繆從三〇年代開始就嘗試劇本寫作，重要代表作有《卡里古拉》、《正義者》、《誤會》等。其中《卡里古拉》與《正義者》，都是歷史上真有其人，而《誤會》則取材自布拉格發生的真實新聞事件。卡繆自言曾閱讀過布拉格地方報紙刊登的一則消息，一對母女經營旅館，搶劫與謀害住店旅客，沒想到一日竟陰錯陽差，將多年未謀面的兒子殺害。卡繆用新聞事件重新改寫為戲劇，彰顯了人我之間的疏離與冷漠，人真的能了解彼此嗎？血緣之愛是否就是親疏關係的解答？《誤會》邀請讀者思考隱伏在人際表象下的關係本質，這或許也是卡繆自身的疑惑，如同他始終擺盪在北非殖民地與法國本土之間的矛盾情感。

至於《正義者》與《卡里古拉》兩部劇作，則呈現卡繆對革命與極權統治者的反思。《正義者》選擇了革命青年卡利亞耶夫的故事主角，故事描寫卡利亞耶夫因反對俄國帝制，加入革命組織，在一次奉命刺殺謝爾日大公的活動中，卡利亞耶夫因看見車上同乘兩個無辜孩童（謝爾日大公的侄兒和姪女），心生不忍，遂放棄行刺。回到組織後，卡利亞耶夫與夥伴史代潘等人激辯，史代潘認為正義的實現本來就免不了犧牲。但卡利亞耶夫卻質疑，革命難道不是為了眾人的幸福？卡利亞耶夫對組織成員們激昂陳詞：「我不會為了一個死去的正義，再增添新的不正義。」卡利亞耶夫所言正是卡繆本人對革命採取的態度，「有所

▶《異鄉人》的影響無遠弗屆，
不但促進了法國社會相關司法改革議題，
更被譯為六十多種語言，
改編成戲劇、電影與漫畫出版，

不為」才是人們應當維護的公理價值，才是為真理而戰的「正義」。革命組織最終同意了卡利亞耶夫的觀點，安排了第二次行刺，這次卡利亞耶夫與同伴順利完成任務，但也因此被捕入獄。卡利亞耶夫拒絕供出同黨換得苟活，最終慷慨就義。卡繆以《正義者》揭示革命之於人類的意義，革命是不得不為之的「手段」，絕不是目的，人不該落入「以惡止惡」的負面循環中，暴力的本質不會因為高舉「正義」的旗幟就改變，哪怕是作惡多端之人，同樣有「存在」的意義與價值。卡謬說，對抗腐敗惡勢力，「革命」是情非得已的行動，《正義者》卡利亞耶夫和他的組織最終相信生命都具有同等的價值，沒有任何理念得以凌駕「生命」之上，卡利亞耶夫就是卡繆的代言化身，也是他對當時風起雲湧革命浪潮的良知回應。

同樣取材自歷史人物的《卡里古拉》，描述西元三十七年登基的羅馬三世皇帝卡里古拉，刻意違反社會倫理道德，倒行逆施，導致國家生靈塗炭。《卡里古拉》是卡繆對納粹極權統治者的強烈批判，書中的主教卡里古拉令人聯想到當時的阿道夫．希特勒。卡繆在《反抗者》語重心長說道：「人是唯一拒絕忍受現狀的生物，問題是要弄清楚，這個拒絕必定導致其他人和自身的毀滅嗎？」這段文字可以作為《卡里古拉》的最佳詮釋，卡里古拉以種種荒誕行徑挑戰社會秩序，悖離人們眼中的道德常規，運用權勢創造一切瘋狂，任意處死富人，將他們的財產收歸國庫。卡繆為這位瘋狂統治者設計的經典台詞是：「治

《正義者》敘述了革命青年卡利亞耶夫的故事。

取材自歷史人物的《卡里古拉》，描述西元三十七年登基的羅馬三世皇帝卡里古拉，刻意違反社會倫理道德，導致國家生靈塗炭。

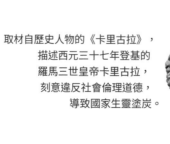

國，就是搶奪，誰都明白，只是方式不同而已。」卡里古拉企圖用暴行來挑戰世界，但結果是自己也不免走上虛無主義。他在臨死之前曾痛苦說道：「我碰到的是你，永遠是你面對著我，我恨你入骨，我沒走對路，我毫無結果。」他口中的「你」就是自己，暴行最終必然自食惡果，一如卡里古拉的結局，因偏執而走上毀滅之途。

大疫時代必讀的文學經典：《瘟疫》

除了《異鄉人》與戲劇著作，卡繆的小說《瘟疫》同樣具有代表性，堪稱是具有永恆價值的文學必讀經典。對照近年來新冠肺炎疫情延燒下的人類處境，《瘟疫》深刻描摹人性與歷史衰敗顯相，更使人感到驚心動魄，宛如閱讀預言之書般天機巧合，掩卷慨歎。《瘟疫》出版於一九四七年，距離二次大戰結束後僅兩年，多數評論家認為，《瘟疫》的故事隱喻了納粹佔領下的法國，以及政治極權下諸多被迫害與犧牲的人。卡繆亦曾在札記中自言：「我想透過《瘟疫》來傳達我們曾經承受的壓迫與曾經歷其中的威脅與流亡氛圍。」「瘟疫」如同一則當代警世寓言，比起瘟疫，更可怕的是人心與慾望，心靈的疫病難以根治，一如隨時準備好再度襲擊歐蘭城的鼠疫桿菌，潛伏伺機，等待災禍降臨的歷史時刻。卡繆以《瘟疫》見證人性中的愛與死、貪婪與渴望，重新定義活著的價值與意義。生命無常，人類唯有彼此合作，拋卻自私與冷漠，才能共同抵禦疫病，終結走向集體滅亡的命運。

《瘟疫》的故事隱喻了納粹佔領下的法國，以及政治極權下諸多被迫害與犧牲的人。

瘟疫就是人類存在困境的隱喻

卡繆曾在《薛西弗斯的神話》為讀者說一則故事，是關於希臘神話中被諸神懲罰的薛西弗斯，他日復一日推著巨石上山，雙頰佈滿汗水，粗糙的手掌上佈滿傷痕，一次又一次，咬緊牙關，他將巨石緩緩推上斜坡，每抬一步，腳下的雙足便深陷泥濘。他的指尖滿是厚繭，偶爾掉落的碎石如同雹擊般劃出血色的傷口，像一陣雨。薛西弗斯受苦的情狀被卡繆用來比喻人類存在的處境，世間之路並沒有那麼容易，生命的旅程往往充滿挑戰，不管如何艱苦困難，人都只能靠自己的力量活下去，全力奮戰。卡繆說，生命的過程往往是「荒謬」的，有時一再經歷苦難，無論如何努力，卻不見得能抵達生命預期的目標。唯一的辦法，就是無所畏懼，開張耳目，放手體驗，保持正直努力活下去，這才是身而為人最重要的堅持與勇氣。

《瘟疫》的寫作與《薛西弗斯的神話》所欲體現的反抗精神頗雷同，《瘟疫》是卡繆文學生涯中非常重要的作品，與《正義者》和《反抗者》並列為卡繆「反抗三部曲」。每個時代都有無法預期的浩劫：戰爭、天災與傳染疾病，全都是人類無法抗拒的自然循環，但卡繆主張人必須起身「反抗」命運，而非聽憑天意，哪怕最終的結果是失敗，仍要堅持尊嚴與意志活下去。《瘟疫》書中描寫的諸多角色，正是作家心中追求的理想人格，諸如李爾醫生、塔胡和格蘭。他們不畏艱難，冒著感染鼠疫的危險，為市民們提供醫療與協助，他們或者擔任危險的醫療工作，或者志願加入民間衛生組織，鎮日奔走，忍受離散之苦，為

卡繆藉由希臘神話中薛西弗斯的故事闡述存在的真實意義。
〈薛西弗斯〉，是義大利畫家提香所繪，收藏於西班牙普拉多博物館。

陌生人貢獻一己之力，他們是一群貌似平凡人的英雄，更是瘟疫見證者。卡繆說，人類身上可讚美之處多於可鄙，災難之中，更可得見人性種種試煉，但也唯有全然接受，雙腳踏實地在這塊苦痛大地向下扎根，人才能見證生命的力量。

卡繆選擇以「瘟疫」作為文學隱喻象徵，別有深意。卡繆出身於阿爾及利亞法國工人家庭，青少年時期在北非殖民地過著困苦生活，成年後才轉往法國定居。他曾經歷法屬殖民政權與阿爾及爾當地人的衝突矛盾，二戰時期又親眼見證納粹佔領法國的高壓手段，因此對於戰爭的野蠻行徑深感厭惡。《瘟疫》以近乎現代寓言的方式直指戰爭的荒謬，大自然的暴行與人類自食惡果都同樣殘忍，死亡的景象終將成為日常，見怪不怪。《瘟疫》開篇刻劃了一幅詭異的城市即景：成千上萬的老鼠從地下道裡鑽了出來，在烈日當空的大街小巷瘋狂奔竄，老鼠大軍無預警的倒地發抖，尖聲嘶吼，最終在飽受驚嚇之人的腳跟旁死去。小說的主角李爾醫生，在偶然的清晨時分目睹了一切，心中隱然升起了不祥預感。但此刻還有另一件令他憂心的事，李爾醫生深愛的妻子已經病了一年多，必須遠赴他處養病。在離別的清晨，李爾陪伴妻子與看護前往送行的火車站，月台送行的他不免心中愴然。身為醫生，他竟無法陪伴在妻子的身旁，火車汽笛應聲響起，在一陣尖銳的長鳴聲中，李爾看見妻子不經意回頭，眼眸充滿了淚光。儘管與妻子痛苦生離，但李爾最終卻沒有離開歐蘭城，他放棄了陪伴在妻子身旁，選擇與受苦的歐蘭城民並肩作戰，共同對抗瘟疫。李爾內心念茲在茲「如常」的生活，時時提醒「做好自己分內的工作」。對他而言，「工作」並非只是「工作」，而是關乎生命意義的「選擇」。《瘟疫》中李爾曾經對摯友塔胡說道：「但我也就那麼一點傲氣撐著，真的。我既不知道前方有甚麼難題，也不知道未來會如何轉變。眼前有病患，就是要醫好他們，接下來，他們會去思索，而我也是。」《瘟疫》刻意以李爾醫生與妻子的訣別作為故事

中世紀醫生查看瘟疫時的特殊醫療裝扮。

的開端，時代之於個人，後者往往無可選擇，哪怕身為醫者的李爾，面對妻子的疾病尚且束手無策，人是如此的渺小與脆弱，這不僅是李爾的生存困境，更是所有人類可能的境遇。世道無常，生離亦如死別，更何況在大疫即將播散蔓延的歐蘭城，比分離更恐怖的瘟疫正朝所有人襲來。

死生有命，人理當正直且「如常」的活下去……

《瘟疫》中李爾醫生的形象是良知的代表，是人類無畏之心的隱喻，無論何時何地，總會有那樣一群人，願意放下自身的需求，為他人的苦難承擔起責任。除此之外，李爾醫生與卡謬強調薛西弗斯的「反抗」精神如出一轍，無論遭遇多大的挑戰與困難，都應當選擇如實面對，而非逃避。卡謬說，人不能只期待上天，因為服從命運並不等同於選擇「真理」，卡繆藉李爾揭示堅持個人信念的價值：人必須反抗命運，如同日日將巨石推上山的薛西弗斯，哪怕生命的苦難如此沉重，無可轉圜，人終究必須靠自己的力量，突破重圍，明知不可為而為之，這才是身而為人的正直與勇氣。卡繆每每藉小說人物之口殷殷勸諫：「人們說災難是不真實的，是一場惡夢，一場總會過去的惡夢。但事實並非如此，惡夢並未消失，而是一場接著一場，結果消失的是人類。」盛世太平時，沒有人會念及生命的無常與短暫，但是歷史的教訓剛好相反，盛極而衰，循環往復，這是再自然不過的道理。李爾是醫生，也是被迫活在瘟疫時代的芸芸眾生之一，但他的使命感與危機意識使他顯出異於常人的警覺。安逸舒適的生活

瘟疫如同一面鏡子，照見人性的種種面向。老彼得勃魯蓋爾畫作《死亡的勝利》。收藏在西班牙馬德里的普拉多博物館

常使人們失去戒心，但對李爾來說，生老病死就是他「日常」的一部分，大疫來襲，他比別人更加敏銳。李爾在腦海中思考關於「死亡」的意義：他清楚知道，對普羅大眾而言，除非有成千上萬的屍體橫在眼前，人們才會訝異於生命「無常」，明白活著是何其幸運之事。大難當前，人們卻毫無警覺，誤以為生活依然像從前般自由無慮。但這種天真的「誤解」，不過是習焉不察的慣性，自由正在消失，哪怕人們避而不談，只要災難尚存，人就沒有自由可言。這無疑是一段發人深省的文學家「預言」，無論是戰爭，自然災害或疫病，個人的命運都不免被牽連其中，無一倖免。

歷史循環，殷鑑未遠

除此之外，卡繆在《瘟疫》中大量利用文學映襯的效果，對比生與死矛盾的雙重意涵，乍看幸福無憂的歐蘭城，實則危機重重，只有少數清醒之人，隱隱預知死神降臨。卡繆藉李爾內心獨白提醒讀者，世人總是健忘的，但是歷史終究會給出相反的答案。回顧人類各種流行疫病傳染紀錄：西元前四百多年前的雅典大瘟疫，希臘人幾乎死亡超過半數。西元五世紀到十一世紀的鼠疫大流行，使歐洲人口減少將近三分之一。著名的畫家約瑟．李菲克謝曾在畫中描繪相關的故事，呈現當時瘟疫發生的情況：畫中兩具被白布嚴實裹著的軀體，正在舉行簡陋的喪禮，一旁的人們流露出恐懼與哀傷的神情，其他的死者陸續被搬運工揹過來，由遠而近，緩緩拾級而上，無助等待神職人員執行膏油祝禱的喪儀。

約瑟．李菲克謝（Josse Lieferinxe），
〈聖塞巴斯蒂安代瘟疫災區向神祈禱〉，
1497 年作，美國巴爾的摩市沃爾特斯藝術博物館藏。

還有十七世紀的倫敦大瘟疫，教會每周被迫發出公報，上面鉅細靡遺公佈死亡人數，每周下葬的人數多達幾百人，這道歷史風景成為作家丹尼爾．狄福《大疫年紀事》的小說題材，令人讀來心驚。十八世紀的馬賽大瘟疫，導致法國政府下禁令封城，違反者必須處死，至今還留下著名的「鼠疫牆」，城牆用石頭堆疊，原始高度將近兩公尺，可以想見當時政府因瘟疫而束手無策的慘況。不只如此，一八四九的香港鼠疫，死亡超過兩萬多人，三分之一的人口被迫遷徙。還有著名的雅法城瘟疫，連拿破崙都曾親眼目睹了瘟疫如何奪走原本身強體健的法國軍士們性命，迫使他下令自己麾下向來驍勇善戰的騎兵，以戰馬優先載運大量病患或死者回返故土。

歷史中關乎瘟疫的故事太多了，說也說不完。人們再怎麼健忘，也無法擺脫集體命運的災厄。歷史的最小單位是人，個人的命運就是歷史的橫剖面，卡繆提醒世人殷鑑未遠，而且還會繼續。只要有人類的地方，疾病會如影隨形，這是演化的自然法則，無法抗拒。小說描寫李爾醫生耳畔響起的電車之聲，一如世代的隱喻，朝向不可知的未來駛去。這是人類無可迴避的災難，哪怕成千上萬的人死去，海洋依舊是海洋，大地依舊是大地，新的時代仍會兀自降臨。瘟疫即將席捲歐蘭城，徹底改變生活在城市裡的人們，被厄運選中的人，將被奪去性命，他們再也看不見春天澄藍無瑕的天空，只留下倖存的親人，他們被隔離在死者生前活過的房子裡，在驚恐中接受天人永隔的消息，連一場正式告別的喪禮都無法舉行，流淚尚未停止，一切都隨風逝去。甚至倖存者自身也岌岌可危，等待即將到來的

十八世紀的馬賽大瘟疫，
至今仍留下著名的「鼠疫牆」。

命運宣判。《瘟疫》藉李爾與妻子的生離死別，對照歐蘭城被瘟疫摧毀的集體命運，以及千千萬萬猝然死去的人，縱使相隔百代，人們哭泣聲亦將不停輪迴。

瘟疫，災難的心靈啟示錄

《瘟疫》提醒眾人歷史並未過去，人類的集體災難往往是人類自己造成的，且疫病一旦蔓延，人性的愚昧與缺乏警覺的無知又往往製造更多災難。

卡繆在《瘟疫》暗諷種種官僚行政體系，小說開端，堅守工作崗位的李爾親眼看見愈來愈多的病患出現鼠疫的症狀，曾經憂心忡忡向衛生單位提出警告，認為大規模的患者高燒死亡與淋巴腫脹並不尋常。但當局並未採取積極正面的態度防疫，而是過度樂觀。起初李爾向省政府通報了鼠疫的症狀與疫情爆發的危險性，但當局採取的措施遠遠不足，整座歐蘭城將老鼠的死亡視為單純的衛生問題，對照身處第一線的醫生，李爾親眼見證窮人們如何在死亡之前苦苦掙扎，地方政府粗陋的應變方式、急就章的緊急封鎖線、以及缺乏充足醫療資源，甚至用破舊大樓權充隔離病房，罔顧病患家屬哀泣的乞憐。對李爾這類第一線抗疫醫療人員來說，現實並非當局口中的例行通報程序，人命關天，豈止是日日攀升的死亡數字？李爾與病人真實接觸，親眼看見病人腫脹的淋巴結，膿血從傷口汩汩流出，聽聞他們臨死前的痛苦嚎叫，他必須極端克制自己，才能冷靜為病患做出診斷。李爾的心中痛苦萬分，小說描寫他對著窗外澄清的藍天不發一語，這是醫者沉默的良知，無論如何，他再也不忍見蒼生受苦，因為這些

藝術家根據薄伽丘《十日談》描繪 1348 年佛羅倫薩的黑死病慘況。

人都是他的同胞。他憂心忡忡打電話給官方衛生局的李察醫生，建議必須有一套完善防疫措施，得到卻是無力疲軟的回答：「我無權決定。」卡繆意有所指，旁敲側擊，瘟疫其實不只是天災，更是人禍，這場鼠疫終將映照出人性，官僚體制將等待救援與奄奄一息的病患隔離在重重封鎖之外，少數冷血與麻木的主事者卻決定了多數人的命運，或生或死，或隔離或處決，心靈的疫病遠比鼠疫更加無藥可醫。如此生機盎然的春季，竟成了眾人同赴黃泉的集體喪禮。

李爾決意直接面對最高層級的官僚體系，一如他誠實且正直的面對病患。最終打了電話給省長，這通電話顯然「逾越」了他的身分，省長開始時只是淡淡地說：「確實，這數據令人擔憂。」卡繆藉對話突顯出李爾和省長截然不同的態度，相較於李爾的憂心忡忡，省長的話語恰巧顯示出冷血官僚的作風，「令人擔憂的數字」就是他對死亡的理解，李爾難掩憤慨，諷刺說道：「下令？而且他們還要有點想像力才行。」《瘟疫》描寫鼠疫大爆發，整座歐蘭城即將陷入慘境，而電話另一頭的官員竟事不關己的淡然回應，沒有人關心病患死去時的尖銳吶喊，也沒有人問及窮人如何在簡陋的醫院裡命懸一線。相較於李爾，官僚們似乎缺乏同理心，他們唯一願意做的，就是透過比「儀式」更繁瑣的行政程序確認自己的「權勢」。他們運用權力下令封城，好整以暇的分配與調度血清，建造更多的焚化爐焚燒屍體，但自始至終卻無感於蒼生之苦。卡繆巧藉李爾之口諷刺省政府的同理心匱乏，連對「災難」二字都缺乏想像力。

《瘟疫》映照出人性的至善或醜惡，相較於「瘟疫」，比之更恐怖的其實是人心。現實裡的疫病總能想方設法的控制，或者予以隔離，但心靈的疫病卻很難治癒，甚至比真實的瘟疫更使人驚懼。人們對無關切身的死亡總是感到遙遠，但真的遙遠嗎？不，一點也不，因為沒有人能真正倖免。瘟疫將教會人們許多事，包括失去。卡繆以近乎預言家的姿態誠實剖白：大難之前，人人平等。這是一場沒有盡頭的戰爭，因為鼠疫血清的數量只夠應付當前確診的人數，一旦疫情擴大，血清將供不應求。小說深刻描寫歐蘭城大疫來襲前的景象，正是災難降臨前的春天，百花齊開，萬物茂盛。歐蘭城自鄰近郊區運來很多玫瑰與百合，準備慶祝即將到來的節慶盛會。此處的「玫瑰」與「百花」象徵祭奠的隱喻，一切看起來與日常無異，但歐蘭城的故事未完，下一段隨即而來的「封城」二字，鏗鏘有力，總結預言市民的未來。小說開篇的封城不過只是開始，人們即將面臨分離，以及天人永隔的悲劇，戀人或夫妻，父母子女，摯友與孩子，最後只有少數的人可以存活下來。

還有許多《瘟疫》中的精彩人物角色，諸如鎮日觀察城市的塔胡，沒多久便與李爾醫生成立民間志願衛生隊，協助防疫，從見證者成了殉道者，最後死於這場瘟疫。一心想離開歐蘭城和未婚妻團聚的記者藍伯，在買通守衛出城的前一刻，放棄了個人的愛情，選擇留在城裡加入塔胡與李爾的行列。鐵面無私的審判法官歐同，在瘟疫中經歷喪子之痛，最終也加入隔離所志工，甚至染疫身亡。一場瘟疫終將改變所有人，改變歐蘭城。那麼李爾呢？小說最終的結局

描寫失去摯友與妻子的李爾醫生，壓抑著巨大的悲傷，將一切說不出口的寄情於文字，謎底終於被揭開，原來《瘟疫》這本書隱藏的全知敘事者其實就是李爾醫生，卡繆讓他代替了摯友塔胡完成了寫作心願，每個人都有面對困頓的個人抉擇，他選擇成為「見證者」，但他的悲傷也只能屬於自己。小說結尾李爾孤獨地行走在封城結束後人們歡慶的街頭，穿過教堂的鐘聲與薄霧的小城，一張張歡快的臉龐從他身邊經過，但他心中再清楚不過，瘟疫從未真正遠離，隱伏危機的和平不過是假象，歷史告訴我們，瘟疫隨時會再回來，人們終將被迫分離與放逐，因為這是一場永遠不會完結的故事。卡繆說，為了給人類吃點苦頭，受點教訓，鼠疫桿菌會藏在人們看不見的地方，耐心等待，直到歷史的關鍵時刻，再次喚醒他的鼠群。

對比今昔，《瘟疫》無疑是卡繆寫給人類的預言之書，故事中的愛與死、道德與勇氣，都是關乎生命價值的重要課題。卡繆說：「我們每個人心裡都有瘟疫；沒有一個人，這世界上沒有一個人免除得了。」心靈的「瘟疫」就是種種人性之惡，是相互仇恨與惡意傷害，這才是真正將人們心靈「圍困」的不治之症，人類的文明如此璀璨，但人性中的貪婪與攻訐卻始終如影隨形。《瘟疫》以悲憫之心提醒眾人，我們與「惡」的距離並不遙遠，因為個人的抉擇終將匯聚成一整個時代，或者導致災難，使人們流離失所，無家可歸。卡繆說，唯有直視走向集體毀滅的自私與人性荒謬，用友誼與愛相互支持，人類才能免於自我禁錮，活出真正的自由與希望。

（江江明）◆

▶現實的疫病至少能想方設法的控制，
但心靈疫病卻難以治癒。
阿什杜德瘟疫也被法國藝術家
尼古拉斯·普桑（Nicolas Poussin）
稱為達貢神廟中的方舟奇蹟。
原畫目前懸掛在巴黎的羅浮宮。

編輯後記

編製一部教材或讀本的主要動力有三：

一、是教育者對於他所傳授的知識內容真心喜愛與認同。

二、是教育者對傳授與分享這些知識充滿熱誠，並相信透過這樣的交流，有助於某些理想的達成。

三、是對於受教育者的期待與需求有較精確的理解，對於學習的情境與心理有更深刻的體會。

但是在制式化的流程裡，這三種動力都不免被消磨，甚至扭曲了！以致於我們漸漸忘了教育者最初的願景與樂趣。

每個人對於國文教材都會有不一樣的期待與想像。我們對它的期待與想像，比較像是一個深受傳統、當代文學及各式文化思潮薰陶，並從中獲得思想內涵、自我表達能力、從中獲得提升生活品質之種種文化資源的過來人，渴望將這些資源回饋於社會、傳承給下一代；或者說，更像是一個受惠者急於分享。

根據我們自身的教育及受教過程與經驗，國文這門科目除了強化文化主體建構之外，帶給我們很多的益處與效用。這些功用與收穫，點滴在心頭；教學當中的缺失與限制，我們也心知肚明。對這些正面與負面經驗的反思與檢討，讓我們有了想編製一部理想國文讀本的動機。

為此，我們重新尋找、探索編製教材的動力，綜合以上三個面向，訂定出理想高中國文讀本應該具備的功能或滿足的指標：

1. 能讓我們更周延、更深入地了解中文各種文體與各式語法，熟習進階的中文表達技巧。
2. 透過對更多文史著作、文化經典的認識，提升我們的國學常識。
3. 豐富我們的審美經驗，增進我們的審美能力，提升我們的美學素養。
4. 傳承傳統價值，建構文化主體，建立文化自信。
5. 培養思考方式，訓練邏輯分析，奠定論理基礎能力。
6. 了解現代意識，培養現代心智或現代化的感受主體。
7. 了解當代社會環境，熟悉現代的普世價值，掌握觀看世界的新觀點。
8. 了解自己，透過個性化表現與作品風格的體悟，探索屬於自己的生活態度。
9. 培養創意思維，豐富我們的想像力。
10. 透過各種翻譯的經典作品，認識世界、培養和世界交流的能力。
11. 熟悉在地生活經驗與特有文化，深植我們的共同記憶。
12. 培養多元、包容的價值觀，認識、學習少數族群的心靈。

在漫長的文化發展過程裡，中華民族累積了各種文學形式、經典作品與重大的成就。不過各朝各代積累的文化資產並不平均，許多時候甚至是停滯與倒退的，或不符合現代人的感受。所以在國文教學素材的整合與選擇上，我們大致以時間為座標，但根據不同時期作品對當代學習者的意義與功用，衡量適切比重，對選文的出處做出：

先秦諸子、先秦文史（含詩經、楚辭等）、兩漢經史、漢詩文賦、魏晉南北朝、唐代詩歌、唐代文史（含傳奇）、宋詩宋詞、宋代文史（含宋明理學、不含話本）、元代文史、明代詩文、明清小說戲曲、清代詩文、最後的古代、民國新文學、當代華文創作、世界文學、現代思潮等十八項大致的分類，它基本上反映出我們所認知的國文教育重點，再根據認知的比重，把它們表現在內容安排上，如同訂出必選或優先學習的主題或文類，希望在高中等級的國文教育中，每個重點都可以讓學習者有機會接觸、領略。

對於文言文與白話文比例之爭，我們也有我們的看法：我們學習文言文，是為了讀懂祖先的智慧與經驗，進而建立我們與傳統的聯繫。文言文在現實生活裡已失去主要的應用價值，但是文言文最重要的意義，在於它記錄並承載了我們整個民族數千年來的文明資產，不只是簡單的表達工具而已。對自己過去的文化、傳統的價值、祖先的記憶感到熟悉、親切，我們就有了根、有了精神原鄉，未來，無論我們走到那裡、學習到什麼新的東西，才會有一個文化主體來進行對話、吸收、辯證、改良。

白話文是一個還在生長，並充滿發展、進化能量的語言，我們在生活的各個場域裡頭都有機會學習它、使用它。白話文的表達，我們是從幼稚園、小學時代就開始學習的。因此我們要問的是，在高中教材裡，我們要透過白話文的學習，獲得什麼更進一步的東西。

現代中文白話文學的發展，迄今不過一百餘年的光景，中間經歷了戰亂與鉅變，嚴格說來，成熟傳世的經典作品尚待積累，目前國文教材裡大部分的當代選文，在表達技巧、觀點及訊息量上，甚至往往不如一般媒體或書籍裡的篇章。我們要學習的，其實是了解白話文後面所傳達、承載的整個新世界的文明與心智。

簡單的說，我們用文言文認識我們文化之所由出；透過白話文認識、理解當下與未來可能的世界。所以我們強烈地認為，白話文的文本應包括更為深刻、廣泛的世界各地文學、重要著作的翻譯；不管做不做得到，有些白話文學應該以「書籍」、以「本」作為單位，每個高中生在畢業之前，應該被要求讀完幾本白話文創作或翻譯的書籍。

我們當然明白，目前的國文師資，並無法應付白話文這一面向的教學任務；目前教學理念的貪多與搖擺，更讓無所適從的學生瞎折騰，從而消耗了學習的熱誠。在這部國文讀本的編製中，我們試著努力把事情想清楚，回到教育者的初心，一步一步來，局部教材的修改與活化，也許會促成師資培訓內容的改變、教學方式與評鑑方式的改變，這何嘗不是強化國文教育、改革國文教學的契機？

由於資源、人力、時間、生產方式與經驗的限制，目前的讀本還達不到我們原先預期的基本要求，例如：我們努力探索的專業與觀點、表述的文字風格與腔調、體例的合理與周延……都還有很大的進步空間。我們在此野人獻曝、拋磚引玉，因為我們相信：國文教育就是一個民族靈魂基因的傳遞，是我們下一代的心靈教育，也是一個充滿理解、包容與創新的社會的基礎。

傳世經典 006
理想的讀本— 國文 6

撰 述 委 員 —— 王安祈．向鴻全．江江明．何淑貞．李玲珠．林安梧．林玫儀．林淑貞．
張高評．曾昭旭．黃儀冠．楊宗翰．解昆樺．蕭麗華．羅智成 (依姓氏筆畫排序)
編 輯 委 員 —— 何淑貞．林淑貞．羅智成
執 行 編 輯 —— 尚軒
美 術 設 計 —— 李林
校　　對 —— 許逢仁．洪國恩

發 行 人—— 王章力
出　　版—— 一爐香文化事業有限公司
財團法人漢光教育基金會
信　　箱—— alusan777@gmail.com
地　　址—— 臺北市信義區松仁路 90 號 2 樓

總 經 銷—— 時報文化出版企業有限公司
電　　話—— (02) 2306-6842
地　　址—— 桃園市龜山區萬壽路二段 351 號
書 籍 編 號—— Z000138

印　　刷—— 永光彩色印刷股份有限公司
初 版 一 刷—— 2022 年 9 月
定　　價—— 新臺幣 480 元
(缺頁或破損的書，請寄回更換)

理想的讀本：國文 / 王安祈．向鴻全．江江明．何淑貞．李玲珠．林安梧．林玫儀．
林淑貞．張高評．曾昭旭．黃儀冠．楊宗翰．解昆樺．蕭麗華．羅智成撰述
初版．— 臺北市：一爐香文化事業有限公司，2022.9
384 面　19×26 公分 — (傳世經典；006)
ISBN 978-986-98484-6-6　(第 6 冊：平裝)
1. CST：國文科 2. CST：閱讀指導 3. CST：中等教育
524.31　111015229

ISBN 978-986-98484-6-6
Printed in Taiwan